中國學術思想 研究輯刊

三五編

林慶彰 主編

第 4 冊

從周文傳統到孔子：
《左傳》中的「德」、「禮」思想研究

汪美葵 著

花木蘭文化事業有限公司

國家圖書館出版品預行編目資料

從周文傳統到孔子：《左傳》中的「德」、「禮」思想研究／汪美葵
著 -- 初版 -- 新北市：花木蘭文化事業有限公司，2022〔民
111〕
目 4+246 面；19×26 公分
（中國學術思想研究輯刊 三五編；第 4 冊）
ISBN 978-986-518-806-1（精裝）
1.CST：左傳 2.CST：研究考訂
030.8   110022422

ISBN-978-986-518-806-1

中國學術思想研究輯刊
三五編 第 四 冊   ISBN：978-986-518-806-1

從周文傳統到孔子：
《左傳》中的「德」、「禮」思想研究

作　　者　汪美葵
主　　編　林慶彰
總 編 輯　杜潔祥
副總編輯　楊嘉樂
編輯主任　許郁翎
編　　輯　張雅淋、潘玟靜、劉子瑄　美術編輯　陳逸婷
出　　版　花木蘭文化事業有限公司
發 行 人　高小娟
聯絡地址　235 新北市中和區中安街七二號十三樓
　　　　　電話：02-2923-1455／傳真：02-2923-1452
網　　址　http://www.huamulan.tw 信箱 service@huamulans.com
印　　刷　普羅文化出版廣告事業
封面設計　劉開工作室
初　　版　2022 年 3 月
定　　價　三五編 23 冊（精裝）新台幣 62,000 元

從周文傳統到孔子：
《左傳》中的「德」、「禮」思想研究

汪美葵　著

作者簡介

汪美葵，女，湖南瀏陽人，39 歲。2009 年畢業於北京師範大學古籍與傳統文化學院，獲碩士學位，專業方向為歷史文獻學；2020 年畢業於輔仁大學中文研究所，獲文學博士學位，師從王初慶教授，專業方向為先秦經學（春秋學），特愛《左傳》。本書是作者博士學位論文。

提　要

　　本文透過以《左傳》為中心的文本考察，揭櫫春秋時期「德」、「禮」思想演變之跡，以見從周文傳統到孔子儒學之間的一段觀念史進程，並討論其與孔子學說中心概念之間的關係。

　　「德」與「禮」，足以稱之為周代以來至春秋思想史中的兩種核心觀念，其意義演變歷程與先秦道德人文主義的進展直接相關。西周金文及周初傳世文獻中已大量出現作為一個重要觀念的「德」，從《尚書》可見，周文傳統中「德」的根本性質，是一個天命觀前提下的最高政教理念，既具有宗教面向，又顯耀著強烈的人文性質，其核心涵義為一泛指意義上的「美德」義。

　　至《左傳》中反映的春秋時期的「德」觀念，是在周文傳統此種「德」的意涵基礎上產生了極大的拓展與意義變化。「德」的人文性得以繼承與進一步強化，同時其宗教性日漸減弱；且在「德」的人文性意義中，亦產生內在的意義演變，一方面「德」的政教性意義繼續發展；另一方面隨著泛指意義的「美德」義漸轉出「道德」義，及諸德目的倫理性意義的形成，「德」的倫理性意義亦日益凸顯。

　　「禮」當起源於宗教祭祀和風俗習慣。周代的「禮」，實際指涉是一套作為事實存在的政教文化設施，即周代禮制，春秋時人乃日益透過此禮制實體，對「禮」進行了大量的意義詮釋。從《左傳》來看，春秋時期「禮」觀念的主要指涉包括：儀文儀節層面的「禮儀」義、制度規範層面的「禮制」義及精神內義層面的「禮意」義等，其意義演變趨勢則體現為：「禮」的政治意義得到強化；「禮」的精神內義不斷走向深化，尤其「禮」與「德」形成彼此相依的統一關係；「禮」的倫理價值越來越多地落實到個體層面，成為個體的立身原則。

　　春秋時代思潮中的「德」、「禮」觀對孔子學說實產生直接的影響，成為其中心概念形成的重要思想基礎；而孔子則在前者的基礎上進行了重要的意義創新與轉化。孔子進一步推動了「德」之倫理道德義的發展，進而將原先作為一種具體德目的「仁」，經由創變而成為道德理性本體，從而以「仁」代「德」而作為最核心概念，且攝「禮」歸「仁」，為「禮」賦予內在的道德理性根據，由此建構了其學說基本的中心概念體系，開創了由內在向外在的價值實現之坦途。

目次

緒論　對孔子之前「德」、「禮」觀念史
[註1] 的探討

　　本論文之研究目的，旨在透過以《春秋左氏傳》為中心的文本考察，揭櫫春秋時期「德」、「禮」思想演變之跡，以見從周文傳統到孔子儒學之間的一段思想史進程，及孔子學說中心概念形成的重要歷史視域。在進入正論之前，以下先對本文的研究動機、研究意義、研究範疇、前人研究成果以及研究方法作一說明。

第一節　研究動機與研究意義

壹、問題的提出

　　中國哲學，自孔子始有系統性之理論，此為學界共識。自 1919 年胡適先生發表《中國哲學史大綱》（上卷），開創現代意義的中國哲學史、中國思想史研究以來，此後馮友蘭先生的《中國哲學史》、以及被譽為「第一部名副其實的中國哲學史論著」[註2]的勞思光先生的《新編中國哲學史》[註3]，其

〔註1〕 本文所謂「觀念史」，是指對「德」、「禮」觀念在時間進程上的意涵演變、發展情形的描述。
〔註2〕 韋政通先生所言，參見韋政通編：《中國思想史方法論文選集·代序》（臺北：大林出版社，民國 70 年 10 月），頁 4。
〔註3〕 勞思光先生於 1968 年開始發表《中國哲學史》第一卷，共成三卷，1980 年代更名《新編中國哲學史》而出版三卷本。

論中國哲學,無不從孔子正式談起〔註4〕,其後學者多從之。

　　固然,哲學史之研究是以哲學家之具系統性、自覺性的理論為對象,然而,哲學家之思想亦皆有所自,不能憑空產生,以孔子所建立的儒學而論,亦不例外。論及孔子思想之所自,乃承自周代文化傳統——準確而言,即周代的人文精神傳統〔註5〕,此於《論語》中已為夫子所自道,《論語・八佾》篇有云:

　　　　子曰:周監於二代,郁郁乎文哉!吾從周。〔註6〕

〈子罕〉篇亦云:

　　　　子畏於匡。曰:「文王既沒,文不在茲乎?天之將喪斯文也,後死者
　　　　不得與於斯文也。天之未喪斯文也,匡人其如予何!」〔註7〕

可見,孔子本人是以繼承周文傳統為職志的。勞思光先生在論中國古文化傳統形成時指出:「孔子之學,始於研禮,而後反溯至『義』與『仁』,遂生出中國哲學之大流,故無論孔子在血統上是否屬於殷人,其精神方向則全由周文化之提升及反省生出。」〔註8〕又有學者認為,孔子儒學之建立,是對周代傳統進行革新而成,如余英時先生將「軸心突破」概念應用在先秦諸子學起源的研究上,提出:「代表古代知識階層的儒、道、墨三個學派都對當時流行的『禮樂』抱著深切的不滿……但是他們並不主張完全拋棄『禮樂』傳統,而是各自對它賦予新的意義」,而孔子的儒學即由改造這一周代「禮樂」傳統而來,且突破的是禮樂傳統背後的巫文化〔註9〕。

〔註4〕胡適先生《中國哲學史大綱》(上卷)(又名《中國古代哲學史》)則先從老子、繼而孔子談起,但其後學者多不以老子年代在孔子之前,故多從孔子而談中國哲學。

〔註5〕關於本文「人文」一詞的具體所指,請參見第一章第一節第壹部分下「春秋人文思潮的勃興」中的討論。

〔註6〕參見〔清〕阮元校刻:《十三經註疏・論語註疏》(北京:中華書局,2009年10月第1版),頁5358。

〔註7〕〔清〕阮元校刻:《十三經註疏・論語註疏》,頁5407。

〔註8〕參見勞思光著:《新編中國哲學史》(一)(臺北:三民書局,民國76年10月增訂三版),頁74。

〔註9〕參見余英時著:《論天人之際——中國古代思想起源試探》(臺北:聯經出版事業股份有限公司,2014年1月初版),頁23~70。所謂「軸心突破」,是德國哲學家卡爾・雅斯培(Karl Jaspers)在《歷史的起源與目標》一書中正式提出的,是針對西元前第一個千紀之內,「哲學的突破」以截然不同的方式分別發生在希臘、以色列、印度和中國等地,人對於宇宙、人生等的體認和思維都跳上了一個新的層次而發。即,「軸心突破」主要指世界古代文明在發展

　　以上兩種代表性的觀點，乃指涉出孔子儒學與周文傳統關係的兩個方面：一即繼承，一即革新。然而，由此產生的問題是：從周初文化建設（西周時間斷限：西元前 1122 年～前 771 年〔註 10〕）到孔子（前 551 年～前 479年）儒學之建立，兩者之間相隔約五個多世紀，其間的思想史是一個怎樣的歷程？而孔子思想對周文傳統是如何進行承接以及如何實現轉變的？是由思想史發展的漸變而來還是屬於一個突變的現象？

　　這一問題是如此實在地存在著，即算哲學史研究者有充分理由將其略過，卻毫無疑問應當納入到以人類思想活動為研究對象的思想史研究的範疇〔註 11〕。然而，反觀近幾十年來才興起的中國思想史研究，對孔子之前這一思想史進程的描述，亦是很簡略的，如韋政通先生在其《中國思想史》一書中所指出：「以目前的研究成果，還很難為這一期描述出一個完整的面貌」，韋先生甚至失望地說：「僅根據文獻資料和考古學家所發現的出土資料，要想對孔子以前的思想源流，或是中國哲學正式成立以前的思想起源，做詳細的描寫，還是做不到的。」〔註 12〕

　　誠然，研究孔子以前的思想源流，由於文獻不足，夐古難徵，成為中國思想史研究領域的一個難點，然吾輩卻不可因其難而裹足不前，事實上，這一研究亦非毫無可為：周代以前的文化情形，確難考究，然而周文傳統的基本樣貌，仍可通過《尚書》、西周青銅器銘文等文獻以及相關社會史等研究，作一追溯；而對孔子思想之形成起到直接的、極重要影響的歷史階段——春秋時期的思想史進程，亦是可透過《左傳》、《國語》、《詩經》等文獻，佐以地下出土資料的印證等，而進行一番刻劃的。

　　此即本論文的研究出發點。

貳、論題的研究意義

　　問題既已存在，意義不言自明，在此，本文引入哲學詮釋學中的幾個概念，再作一詳細論證。

　　　　過程中的精神大躍動，最後導致系統性的哲學史或思想史的正式發端。亦參
　　　　見余書之〈代序〉，頁 1～9。
〔註 10〕以下記西元前某年皆省「西元」二字，而逕書「前某年」。
〔註 11〕本文所謂「範疇」，非表「基本概念」的哲學名詞，而是「範圍」、「類屬」的
　　　　意思。
〔註 12〕參見韋政通：《中國思想史》（上）（臺北：水牛出版社，民國 87 年 10 月第 12
　　　　版），頁 21。

現代詮釋學在關於人的理解活動的剖析上做出了重要推進，這一哲學意義上的進展適用於一切的理解活動，包括本文要研究的歷史對象的理解活動。此但取哲學詮釋學中的「視域」、「前理解」、「視域融合」等概念，略述與本文相關的一些基本觀點。所謂「視域」，從常識意義上而言，本指一個人視野範圍內的區域，該詞在西方近代哲學史上、自尼采和胡塞爾以來，特別明顯地被用於哲學的術語裡，用來標示「思想與其有限規定性的聯繫以及擴展看視範圍的步驟規則」〔註13〕，它也被德國哲學家加達默爾（Gadamer）使用在詮釋學中，加達默爾在他的哲學詮釋學經典著作《真理與方法》一書中指出，「一切有限的現在都有它的局限」，繼而引出「視域」的概念，謂：「視域就是看視的區域，這個區域囊括和包容了從某個立足點出發所能看到的一切。」〔註14〕簡單而言，「視域」這個概念標示出個人的思想是有一個特定的視野範圍的。

在定義了「視域」這一概念後，加達默爾承繼了海德格的詮釋學思想，進一步闡釋了視域的形成首先是由「前見」、「前理解」帶來的。所謂「前理解」，即，人的理解不能從某種精神空白中產生，而是有一個「先在結構」的，對於人文（精神）科學而言，對歷史傳統的「先見」是不可免的，專家、典型的「權威」——一般來講仍是一種傳統——也是不可免的，因為人文（精神）科學本身是歷史性的，有其傳統，理解只有在傳統所提供的視域中始成為可能〔註15〕，或者說，個人是不能夠站在歷史與傳統之外去進行理解活動的。用加達默爾的原話，即謂：「一種詮釋學處境是由我們自己帶來的各種前見（前理解）所規定的。就此而言，這些前見（前理解）構成了某個現在的視域，因為它們表現了那種我們不能超出其去觀看的東西。」「一切理解都必然包含某種前見。」「如果沒有過去，現在視域就根本不能形成。」〔註16〕

進而，對歷史、傳統的理解的形成，在加達默爾的觀點中，則是一種「視域融合」的過程。所謂「視域融合」，即詮釋者的視域投入到被詮釋者（包括

〔註13〕此引加達默爾（Gadamer）之說，參見加達默爾著，洪漢鼎譯：《真理與方法》（第一卷）（臺北：時報文化出版企業股份有限公司，1993 年 10 月初版），頁 395～396。

〔註14〕加達默爾著，洪漢鼎譯：《真理與方法》（第一卷），頁 395。

〔註15〕參見沈清松：〈《真理與方法》導讀〉，收入加達默爾著，洪漢鼎譯：《真理與方法》（第一卷），頁 xii。

〔註16〕加達默爾著，洪漢鼎譯：《真理與方法》（第一卷），頁 400。

歷史文本、文化傳統等）的歷史視域之中，兩個視域相互融合，從而形成詮釋者的理解。這一觀點被普遍接受，成為當前認識理解活動、實踐理解的前沿理論。

由以上詮釋學上的觀點，給我們帶來的啟發是，首先，任何一個思想家，都有其特定的視域，其思想必基於「前理解」，他必得在其歷史的處境中，來展開理解活動，而由歷史、傳統等「前理解」所形成的視域，決定了一個思想家的理解範疇；其次，思想家在面對文化傳統時，其本身的視域與傳統的視域相融合而達到對傳統的新詮釋，在兩個視域之間，既有可融合的部分，同時也必產生了思想家獨有的創造性的意義。那麼，如果我們能深入了解一個思想家形成其理論學說的歷史視域，以及剖析其相關理解活動（視域融合）本身，析出其對傳統所作出的創新意義，則將直接有助於了解其理論學說的真正內容和真正意義所在。

為此，當我們將此點認識投射到孔子儒學的研究上，便可知對孔子思想之歷史視域及視域融合的探討，是如此地重要。如果說，目前哲學史的研究，刻劃了孔子系統性的思想「是什麼」的問題，那麼，這一思想得以形成所關涉的「為什麼」、「過程如何」的問題，則是思想史研究所必須面對的重要任務。由此，對於構成孔子學說所形成的歷史視域，包括孔子之前的相關文化傳統、哲學觀念的研究，與孔子所處歷史環境、時代思潮的研究，以及對於孔子在詮釋周文傳統時，面對時代思潮時，其所產生融合的思想視域及在此基礎上產生的新的詮釋意義的研究，都成為了關於先秦思想史及孔子學說研究中的重要議題。此即本論題探討孔子之前的相關思想觀念史進程及其與孔子思想之關係的首要意義。

再者，本論題之研究，尚有一現實層面上的研究意義。孔子思想的歷史視域本身，亦是經歷了一長段時間的思想演化而形成，而本論題集中探討的孔子及其前的春秋時期之思想史進程，前後歷時約二百四十餘年，期間正是吾國思想文化之「軸心突破」的前夕，中國文化中的諸多核心理念在此期間被時人反復提出、討論，經重重之哲學反省，逐漸被賦予足以奠定民族文化精神的基本意涵，並為其後諸子百家的爭鳴鋪墊下重要的思想文化基礎。對於這樣一個重要歷史時期的思想史進程的探討，實質上亦是對吾國文化核心精神的反省與重新檢討，以此來對比觀照當下的歷史處境和社會價值觀，向真正的傳統道德理念、人文精神尋根，亦是本論文的一個真誠追求。

第二節　研究範疇

本文論題為「從周文傳統到孔子：《左傳》中的『德』、『禮』思想研究」，從這一論題出發，所論包含了三個面向上的研究範疇，即時間範疇、思想概念範疇以及文本對象。以下一一進行闡釋。

壹、時間範疇：春秋時期

如前所述，本論文之研究，所基於的問題是從周文傳統形成後到孔子儒學之間的思想史進程為如何，這一歷史時期包括了歷史學上所界定的西周時期和東周之春秋時期，從《尚書》、金文等文獻可考見，周文傳統在周初即以奠基，然西周中後期的思想研究卻缺乏可考之資料，故本文研究的主要時間範疇是放在春秋時期。而實際上，周代文化真正發生深刻變化正是始於春秋時期，其間步步深化，終至戰國時期諸子學完成對思想文化的「軸心突破」〔註17〕，亦即：從周文傳統到孔子儒學之間，呈現出極其重要的思想演變、對孔子思想起到最重要影響的歷史階段實為春秋時期。

「春秋」時期這一得名，來自孔子所修之《春秋》經，故本文即以《春秋》紀事之起止年限，即魯隱公元年（前 722 年）至魯哀公十四年（前 481 年）〔註18〕為重點研究的時間範疇。此外，為說明相關觀念的起源，亦對周代以前的情形作一必要追溯。

貳、思想範疇：以「德」、「禮」觀念為核心

本文研究春秋時期之思想史進程，乃選擇以「德」、「禮」兩個觀念為核

〔註17〕余英時先生認為，從孔老開始的諸子學興起時期是為中國的「軸心突破時代」，參見余英時著：《論天人之際——中國古代思想起源試探》，頁 1～20。本文以為，春秋人文思潮的勃興與其後戰國的百家爭鳴在思想史上是一個連續發展的過程，因此，春秋時期亦應屬於中國思想文化史上的「軸心時代」範圍，而非「前軸心時代」；而從孔、老至戰國諸子學說的興起，確是一個集大成的、極具代表性的思想大突破的階段，以此稱之為「軸心『突破』時代」是合適的，故本文仍採用余英時先生的說法。

〔註18〕對於春秋時期的起止時間，存在不同說法，本文採用以《春秋》起止時間為斷，既出於針對孔子思想所受直接影響的歷史階段而考量，亦由於本文所用文本對象《左傳》為《春秋》之傳。又，傳統說法以《春秋》經止於魯哀十四年之獲麟，《公羊傳》、《穀梁傳》所傳《春秋》皆止於此年，《左傳》所傳之《春秋》，實追記至魯哀十六年（前 479 年）孔子之卒年，但此所謂「續經」，故本文亦取魯哀十四年為《春秋》紀事之結束年。

心。之所以選取這兩個概念，有兩個緣由：其一，是從孔子思想的中心概念反溯而來，其二，是落實到周文傳統與春秋社會思潮的反復觀照中，而確認其與孔子學說中心概念具有一脈相承性，且足以稱之為周代至春秋人文思想中的兩種核心觀念。

孔子之學說，是以「仁」這一道德主體的最高道德追求為中心，此為學人之共識，故學者常謂孔子之學為「仁學」；以「仁」為本體，孔子學說實具有一套核心概念體系，此如勞思光先生所論，孔子學說乃以「仁」、「義」、「禮」三個觀念為其理論之主脈：「禮」觀念為孔子學說之始點，而後攝「禮」歸「義」，進而攝「禮」歸「仁」，且「義」亦以「仁」為基礎，而「仁」則為其學說之中心與終點〔註19〕。那麼，循此以推，孔子既以繼承周文傳統為志，則此「仁」、「義」、「禮」觀念在周代文化中是否有其來源？而當我們由此觀照周初之文化建設，便恰能尋繹出這一來源：「仁」、「義」之理念，在孔子將其作哲學上內在超越性之反省或意涵深化之前，其意涵原只限於美德的兩種具體表現形式，即，在孔子之前的思想語境中，它們皆屬「德」概念的範疇（道德倫理層面），而「德」這一概念，正是在周初作為一個劃時代的、帶著強烈人文色彩的最高政治理念而被大力強化與尊崇起來的。

具體而言，從出土的甲骨卜辭來看，殷商時期的思想氛圍是充斥著宗教鬼神信仰色彩的，而周代也仍是一個宗教與政治合體、有著濃郁的鬼神觀念的社會，在殷商之際的天人關係中，天、帝對人有著至高的主宰權，故商紂謂「我生不有命在天乎」〔註20〕，實為當時人真實意識的呈現。然而，當周人以蕞爾小邦攻克共主「大邑商」，取而代有天下之初，隨著急遽的政治替變，人們開始反省到天命靡常，加之周初政治上重重之危機：天下未平而武王早逝，成王幼弱，旋即發生武庚、管蔡之亂及東夷之亂，諸如此等，皆令周初開國者們產生了強烈的憂患意識，從而提出「敬德保命」、「以德配天」的理念，於是對護佑政權的「天命」做出了全新的詮釋，以人自身德行上的努力，來詮解「天命」的走向，樹立起「天佑有德者」的信仰。這一帶著深重憂患意識的「敬德」觀念，在《尚書》中俯拾即是，如《尚書・召誥》中，召公三呼「王敬德」：

〔註19〕參見勞思光著：《新編中國哲學史》（一），頁110～122。
〔註20〕引自〔漢〕司馬遷《史記・殷本紀》，參見楊家駱主編：《新校本史記三家注並附編二種》（一）（臺北：鼎文書局，民國69年3月第3版），頁107。

> 嗚呼！天亦哀于四方民，其眷命用懋。王其疾敬德！

又：

> 王敬作所，不可不敬德！我不可不監于有夏，亦不可不監于有殷。我不敢知曰，有夏服天命，惟有歷年；我不敢知曰，不其延。惟不敬厥德，乃早墜厥命。我不敢知曰，有殷受天命，惟有歷年；我不敢知曰，不其延。惟不敬厥德，乃早墜厥命。

又：

> 肆惟王其疾敬德，王其德之用，祈天永命！〔註21〕

〈召誥〉記載的是召公告誡周成王之語，此篇中，這位跟隨文、武克商，經歷了艱苦創業、慘烈戰爭的老臣召公反復叮嚀年輕的成王，務必謹慎修德，指出夏、商皆曾有天命，惟因不敬德，以致天命墜落，王朝滅亡，故當以二代為前車之鑒，警戒自身，敬慎修德，以長保天命。不僅在〈召誥〉，檢視整個《今文尚書》〔註22〕中可信的《周書》文本，「德」字共出現八十八次之多，足以顯示這一觀念的重要性，可以說，正是這一「敬德」意識，開創了周代人文精神傳統，成為了周文化的基石。此如勞思光先生所言：

> 周人雖不廢天命觀念，然力求置天命於自覺意志之決定下；天命歸於有德，而是否能敬德，則是人可自作主宰者。於是，人對於天命，並非處於完全被動承受之地位；反之，人通過「德」，即可以決定天命之歸向矣……此種強調人之自覺努力之思想，乃周文化之第一特色……日後周文化之其他特色，可說皆由此基本方向生出。〔註23〕

意即，在依然出於畏懼而信仰天神的上古思想背景下，周人第一次將代表著人之自覺努力的「德」觀念上升到「配天」的高度，在思想意識形態開創了一種帶有強烈人文色彩的周文化特色。

　　周文化的另一特色，則在於禮樂制度的建設。周代禮制的涵蓋面十分廣泛，指涉一整套包含宗教、政治、倫理、文化等層面的規制和秩序，幾乎滲透到社會的方方面面，如，於宗教層面有祭祀制度，於政治層面有宗法分封

〔註21〕參見〔清〕孫星衍撰：《尚書今古文註疏》（北京：中華書局，1986 年 12 月第 1 版），頁 396～399。
〔註22〕關於《尚書》文本內容的選用，詳見本文第二章中的專門說明。
〔註23〕參見勞思光著：《新編中國哲學史》（一），頁 71～72。

制、嫡長子繼承制及職官制度等政治建設，於倫理層面則有各種人倫規範，於文化層面有各種儀制儀節，它們彼此依存、合為一體，由此形成周代蔚為大觀的制度文化。正由於周初「敬德保命」的信仰和周禮的建設，二者共同形成了周代「郁郁乎文哉」的文化新面貌，也正是此中所滲透的尚德治、尚禮治的政教理念，逐漸形成了周代最具代表性的人文精神傳統——簡稱「周文傳統」，這便是孔子一心要繼承的傳統，是其系統性學說的核心理念「仁」、「義」、「禮」的思想根源之所在。

　　然而，進言之，周初的「德」觀念主要是一種政教理念，而周「禮」主要指涉的是一套政教文化設施，但到了孔子，「仁」觀念則已成為其學說的本體概念，其「仁」、「義」、「禮」皆是道德主體自覺的、內在的、具有普世意義的道德價值，與周初的「德」、「禮」觀念實已判然有別，也就是說，從周初到孔子，這些觀念是經歷了重要的意義演變的。在反復考察《左傳》等文本的基礎上，本文認為，二者之間最重要的演變就發生在春秋時期。事實上，當我們以「德」、「禮」觀去觀照文獻中的春秋時代時，確又可見，「德」、「禮」觀念實為其時人文思想文化中的兩個核心觀念，圍繞這兩大觀念，我們亦可在春秋兩個半世紀的歷史中，明確尋繹出其意涵在橫向上的擴展及在縱向上的演化——這樣一種演變之進程。

　　春秋時期，這一偉大的時代，是人類自身的演化正好到達一個人性全面覺醒的階段，而在吾國政治社會發展史上，恰逢周王室對天下的統治失控、周代禮制走向崩壞、大小諸侯相互侵伐、霸主迭興的一個政治亂世，這種千載難逢的歷史機遇，極大促進了人文思想的勃興，於是，古老傳統中的重要人文理念如「德」、「禮」等，被人們拿出來反復地省察、討論，不斷進行新的詮釋，這才為此後思想觀念全面地、集體地走向質的飛躍——即諸子百家爭鳴的局面奠定了重要的基礎。一方面，以集中反映春秋歷史樣貌的《左傳》文本而論，其中「德」字出現約三百餘次，從其二百五十餘年的史事記述中可見，無論對於霸主爭霸、諸侯治國、大夫為政等重要政治事件，還是對於個人的言論行事，在當時人的討論中，處處可見以德行禮義為價值評價標準，要之，從思想上而言，「德」觀念作為當時社會主流的價值追求，正被廣泛地置於宗教、政治和倫理的層面進行反省；另一方面，從文化上而言，春秋時期又被公認為是一個具有「禮文化」特色的時代，儘管傳統周禮一直在走向崩壞，然而，如徐復觀先生謂，春秋時代仍是一個「以禮為中心

的人文世紀」〔註24〕，韋政通先生亦謂，從《左傳》中對非禮、踐禮等記載，「可以看出至晚到春秋時代，禮已代表文化最主要的現象之一」〔註25〕。故結合文獻考察可見，「德」、「禮」之觀念實為春秋時期人文思想中兩種核心的理念，且正是在春秋時人對其傳統意義不斷進行重新討論和詮釋的過程中，二者的意義皆逐漸發生著諸多重要演變。

「德」與「禮」既是貫穿在周文傳統、春秋思想史直至孔子學說中的兩種極為重要的觀念，故本文乃選擇以其為核心，對《左傳》所反映出來的春秋時期的相關思想史──也就是「德」、「禮」觀發生了重要意涵演變的歷史時期集中進行探討。

參、文本對象：以《左傳》為中心

本文討論春秋時期的思想史進程，乃以《左傳》為核心文本，其首要理由，即因《左傳》是記載春秋史事最為詳實且可信的重要文獻。事實上，學者在討論先秦思想尤其春秋時期的思想時，徵引《左傳》的內容已是通行的做法，但《左傳》何以能成為研究春秋思想史的最佳材料？以及如何用作思想史材料？此則再進行一番必要說明。

如前所述，《春秋》記載了從魯隱元年（前722年）至魯哀十四年（前481年）之間的史事，然《春秋》記事極簡，於一文一字中見褒貶進退，重在評判，而《左傳》是對《春秋》進行解釋之作，其中除少量直接闡釋經義的內容外，主要為詳細補述《春秋》史事之來龍去脈。《史記‧十二諸侯年表序》記載《春秋》與《左傳》的述作緣由，乃謂：

> 是以孔子明王道，干七十餘君，莫能用，故西觀周室，論史記舊聞，興於魯而次春秋，上記隱，下至哀之獲麟，約其辭文，去其煩重，以制義法，王道備，人事浹。七十子之徒口受其傳指，為有所刺譏褒諱挹損之文辭不可以書見也。魯君子左丘明懼弟子人人異端，各安其意，失其真，故因孔子史記具論其語，成左氏春秋。〔註26〕

以上史遷所述，包含了這麼幾個基本史實：一，孔子因舊史，刪定而成《春

〔註24〕參見徐復觀：《中國人性論史》（先秦篇）（臺北：臺灣商務印書館，1969年1月初版），頁36～62。

〔註25〕參見韋政通：《中國思想史》（上），頁35。

〔註26〕參見楊家駱主編：《新校本史記三家注並附編二種》（一）（臺北：鼎文書局，民國69年3月第3版），頁509～510。

秋》，於書中寄寓大義；二，魯君子左氏為保存《春秋》經之真義，故對《春秋》「具論其語」，成《左氏春秋》〔註27〕（漢代以後多稱為《左傳》）。由此可知，從經學的角度而言，《左傳》為詮解《春秋》而作，是為解經之作；從史學上而言，《春秋》本是史，《左傳》也是史。故而，《左傳》具有經、史的雙重身份，既是對《春秋》的解經之作，亦是信史，這是《左傳》文本的基本性質。

作為解經之作，《左傳》與《公羊傳》、《穀梁傳》的不同在於，《左傳》主要是以敘事方式來解經的，即廣記史事，以備言其事之本末，此亦《漢書·藝文志》中所謂丘明「論本事而作傳，明夫子不以空言說經也。」〔註28〕而《左傳》具論本事的體例與主旨，則在晉杜預《春秋左氏傳序》中有云：

> 左丘明受經於仲尼，以為經者不刊之書也，故傳或先經以始事，或後經以終義，或依經以辯理，或錯經以合異，隨義而發。……身為國史，躬覽載籍，必廣記而備言之。其文緩，其旨遠，將令學者原始要終，尋其枝葉，究其所窮。〔註29〕

杜氏即謂《左傳》對《春秋》經之傳解，或先於經文而追述史事，或接續經文而記其後事，或依傍經文而闡發其義、詳述其事，或詳錄、對舉與經文不同處，明相關史事之全貌，原則上皆出於解釋《春秋》經義之需要，左氏身為史官，親覽諸國史策實錄，故尤重在備述史事之來龍去脈，令學者能「原始要終」，追究經義之所在。

要之，《左傳》主要採用備述史事的方式詮解《春秋》經，具有經、史之雙重身份，然正因此種雙重身份，在學術史上屢被爭論能否列入正統經學，甚而連帶其信史的性質也曾遭質疑，至清末民國經今古文之爭中，竟被今文

〔註27〕今文家或謂《史記》所謂《左氏春秋》非《春秋》之傳，如清劉逢祿以《左傳》本與《春秋》無關，本名《左氏春秋》而為劉歆改為《春秋左氏傳》，以與《春秋》相附，然劉氏之說並無實據，章太炎先生曾就劉氏之說諸條提出辯駁，考證《左氏春秋》為《春秋》之傳，且並非劉歆偽作，王初慶先生亦對此進行充分辯證。諸說參見王師初慶：〈《春秋左傳》通論〉，《曙青春秋三傳論叢》（台北：洪葉文化事業有限公司，2013年10月初版），頁60～64。

〔註28〕參見楊家駱主編：《新校本漢書並附編二種》（二）（臺北：鼎文書局，民國86年10月第9版），頁1715。

〔註29〕〔晉〕杜預：〈春秋序〉（或題「春秋左氏傳序」、「春秋經傳集解序」等），收入阮刻十三經註疏本《春秋左傳正義》，參見〔清〕阮元校刻：《春秋左傳正義》（台北：藝文印書館，民國102年3月初版），頁6。

經學家指為漢代劉歆偽造，然此「劉歆作偽說」在民國十八年錢穆先生發表〈劉向歆父子年譜〉一文後，乃得以徹底破除。如錢穆先生在其書中所云：「《左傳》遠有淵源，其書大部分應屬春秋時代之真實史料，此無可疑者」〔註30〕，乃以確鑿之據證實《左傳》絕非劉歆偽造；而隨著近代以來考古學的發展，地下出土文獻不斷面世，《左傳》更是得以與出土文獻如清華簡《繫年》等史書之內容相互印證〔註31〕，其信史身份已無可疑。

此外，亦有學者指出《左傳》敘事中存在「虛飾」成分，即作者在記述史事時加入了一些情節上的杜撰、人物語言的修飾、細節和場面的虛構，令人對文本的可信程度產生懷疑，論者往往舉《左傳》中鉏麑觸槐而死之前自言自語事，以其死無對證，史官何以得而記之為例〔註32〕。無可否認，在歷史敘事中，出於史書作者的主觀性而形成了作品中的「虛飾」成分，實在所難免，然《左傳》仍被公認為信史的原因在於，其內容總體上仍秉持史官據實直書的原則，作者採用的一些合理性的虛飾手法並不影響基本史事的真實性。不僅其基本史事可信，且如過常寶先生所云，即便是這些虛飾成分，也有著史官的某種「道德真實性」〔註33〕，而史官的道德真實性，反映的也是其時代的某種道德事實。

由此，《左傳》記載春秋時期真實可信之史事固無可疑，然而《左傳》既

〔註30〕 參見錢穆：《兩漢經學今古文平議·自序》（臺北：東大圖書股份有限公司，民國78年11月臺三版），頁3。

〔註31〕 「清華簡」即清華大學收藏的一批戰國竹簡，是在 2008 年 7 月自香港搶救入藏的。《繫年》係其中最重要的內容之一，是一篇記自西周初年、迄至戰國早期的完整史書，其關於春秋時期的史事，大多數與《左傳》相合，些許史事細節上與《左傳》稍有出入。可參見李松儒著：《清華簡〈繫年〉集釋》（上海：中西書局，2015 年 10 月）。

〔註32〕 事見《左傳》魯宣二年：「宣子驟諫，公患之，使鉏麑賊之，晨往，寢門闢矣，盛服將朝，尚早，坐而假寐。麑退，歎而言曰：『不忘恭敬，民之主也，賊民之主，不忠；棄君之命，不信。有一於此，不如死也！』觸槐而死。」歷來多有學者以此為想象性描寫，如錢鍾書謂：「上古既無錄音之具，又乏速記之方，駟不及舌，而何其口角親切，如聆謦欬歟？或為密勿之談，或乃心口相語，屬垣燭隱，何所據依？如僖公二十四年介之推與母逃前之問答，宣公二年鉏麑自殺前之慨歎，皆生無傍證，死無對證者。」參見錢鍾書著：《管錐篇·左傳正義六七則》（第一冊）（北京：生活·讀書·新知三聯書店，2008 年 6 月第 2 版），頁 271。

〔註33〕 參見過常寶：〈《左傳》虛飾與史官敘事的理性自覺〉，《北京師範大學學報（社會科學版）》，2006 年第 4 期（總 196 期），頁 69～76。

是對《春秋》的解經之作，《春秋》為孔子所修，則《左傳》的內容是否只為孔子思想作註腳？能否成為反映孔子之前思想史進程的研究材料？本文以為，正因《左傳》的經、史雙重身份，使得《左傳》恰能成為研究與孔子思想密切相關聯的、孔子之前思想史進程的最佳材料，原因如下：

其一，《左傳》內容並非只為孔子思想作註腳，因為從史學的角度而言，它是一部具有獨立品格的史書。與《春秋》經不同的是，《春秋》雖是由史策而刪定，但之所以稱之為「經」，是因其中寄寓了不刊之大義，具體可說是孔子因《春秋》而建構了一套政治哲學觀〔註34〕，從而以此理論體系來統攝史文，但本文以為，《左傳》沒有這樣一套政治哲學建構，《左傳》秉持的是一套推崇道德與人文精神的史觀，它在主旨上呼應《春秋》大義的同時，對春秋歷史中湧現的哲學思想、理念卻是包羅萬象的。這種史學特色是如此的鮮明，故使得今文經學家往往質疑左氏「不祖孔子」、「不祖聖人」，尤其非議其多語及「怪、力、亂、神」，卻不知此種「怪、力、亂、神」恰是真實地反映了春秋社會的思想特色與春秋時人的思想狀況，是為《左傳》以史解經的獨立「個性」所在。

其二，《左傳》的史學特色仍可統攝進入其作為解經之傳的性質中去，兩者並不矛盾。因史書雖秉持據實直書的原則，但仍不可能脫離於作者的價值選擇之外而進行書寫，《左傳》作為解經之作，其對史料的選取，正是緊緊圍繞《春秋》經義，在主體原則上貫徹、烘托著《春秋》之大義，故其所搜集之實錄、所敘述之史事既與孔子思想相關聯，又真實地反映了春秋約兩個半世紀的歷史發展過程中，相關思想的多面化樣貌及歷時性演變，從而成為研究孔子之前相關思想史進程的最佳文獻。此中具體情形，將在本文第二、三章集中呈現。

實際上，將《左傳》用作研究孔子之前相關思想觀念史的材料，真正需要處理的文本問題是，須將《左傳》中直接解釋經義的內容與基本史實分開來對待，此因直接解經部分代表的是《春秋》之義理與作者個人之詮釋，而相對而言，基本史實才能較為真實地呈現其時代普遍的思想情形。取基本史實用作春秋思想史分析的直接對象，不取與思想史不相干的傳文，而斟酌參考《左傳》作者的部分評述，是為本文在《左傳》文本內容上的取捨原則。

然則須對《左傳》內容再做一具體析分。前輩學者於此實已做充足的工

〔註34〕這裡指的是公羊學、穀梁學所詮釋的「春秋大義」。

作，本文以為，張素卿先生在其《敘事與解釋——《左傳》經解研究》一書中的相關分析特為中肯切實，故在此取作借鑒〔註35〕。張素卿先生從解經方式的角度，將《左傳》內容大別為兩類：其一是「論說經義」的部分，下分「書法義例」、「評論」兩個類別；其二便是「敘事解經」的部分——「敘事解經」，即以「事」為主，依時間流程載述史事的發展脈絡、人物的行事脈絡，此類內容是《左傳》文本中最為龐大的一塊，是為本文的主要研究對象。

「論說經義」，其內容在《左傳》中所佔比例較少，其中「書法義例」一類，即以「凡例」和「書」、「不書」、「稱」、「不稱」、「言」、「不言」等提引的「變例」，來直陳《春秋》的書法原則，此類內容與本文所關注問題沒有關係，故不納入討論。另一「評論」類，其下又可細分為三小類：

（1）「禮也」、「非禮也」等簡要評論，這一類內容有助於了解春秋時期的禮制，而不影響對時人思想觀念的研究，故本文將其納入參考對象。

（2）「仲尼曰」、「孔子曰」等稱引孔子來評人論事的內容，這一類評論納入本文對孔子思想的討論部分，而不納入孔子之前、之外的春秋思想史的討論之列。

（3）「君子曰」一類的評論，即《左傳》中以「君子」的身份或對史事，或對人物，或對《春秋》書法本身發表評論的內容，此中雖常有涉及「德」、「禮」觀念之思想，然其所謂「君子」者，如張以仁先生所言，或為作者的自稱，或指孔子，亦或為當時賢者〔註36〕，由於很難明確判定各處具體對應何者，亦難明確判定其時代，故此類內容一律不採用。

總而言之，在對《左傳》文本內容進行分析時，必根據內容所反映的思想的實際所在歷史時段，來進行謹慎的區別和具體的詮釋。

此外，追述周文傳統中的「德」、「禮」觀念時，本文主要參照《尚書》傳世文本，輔以西周金文、清華簡書類文獻、《詩經》等。在論及孔子思想時，則以《論語》為本。又，《國語》一書，是反映春秋時期史事和人物言論的另一部重要文獻，本文亦根據所論之需，並取《國語》等相關內容作參照和補充，但《國語》中有與《左傳》內容重複或所體現的思想並無太大差異的言

〔註35〕參見張素卿：《敘事與解釋——《左傳》經解研究》（臺北：書林出版公司，1998 年 4 月一版），頁 50～68。
〔註36〕參見張以仁：〈關於左傳「君子曰」的一些問題〉，《孔孟月刊》民國 53 年 11 月第 3 卷第 3 期，頁 29～30。

論，則不一一羅列；而如《禮記》等書，其所論思想雖與本文論題相關，但屬於春秋之後的作品，體現的亦是春秋之後的思想觀念，故不納入研究對象。

第三節　相關研究回顧

如前所述，迄今為止，學界對春秋時期思想史的研究尚屬簡略；而近年來，雖多有學人對《左傳》中反映的各種思想進行了討論，卻又多屬一種止於《左傳》文本的內考證、內研究〔註37〕，而極少將其置於諸子學之前的思想史流變進程中作前後觀照，亦很少將所述思想置於春秋本身的歷史長時段中作演變性的分析。儘管如此，前輩學者仍為後學鋪墊下了重要的研究基礎，在此，本文將從前的相關學術研究成果，取與本文論題最為密切且具代表性意義者，依專著、論文之別，進行必要的回顧。

其一，綜述專著部分：

以現代學術方法系統研究中國哲學史、中國思想史，是從一個世紀前才開始的。如前所述，1919 年胡適先生發表的《中國哲學史大綱》（卷上），是從老子、孔子談起，不涉此前思想史狀況；1930 年馮友蘭先生出版的《中國哲學史》（上冊），則從孔子談起，以「孔子實有有系統的思想，由斯而言，則

〔註37〕傳統的「左傳學」研究主要屬於春秋經學的研究領域，而由於《左傳》本身的特性，其史學和文學價值亦得到重視和研究，然其思想層面的研究價值，卻是在近代新學術興起之後，直到近半個世紀以來才得到關注的。約自 1980 年以來，台灣高校開始陸續出現對《左傳》中的思想進行專門研究的學位論文，如李啟原：〈左傳載語之禮義精神研究〉（高雄師範大學碩士論文，1980 年），楊美玲：〈左傳倫理精神研究〉（高雄師範大學碩士論文，1984 年），王聰明：〈左傳之人文思想研究〉（台灣師範大學碩士論文，1986 年），劉瑞等：〈左傳禮意研究〉（台灣師範大學博士論文，1998 年）等；近二十年來，從思想層面研究《左傳》更是呈現出多角度、多層次的研究視角，約有十餘篇學位論文，分別從命與德、倫理道德、忠孝思想、義利觀、人格論、禮文化等角度進行了研究；而自 1980 年以來討論《左傳》中各種思想的期刊論文則約有四五十篇，對《左傳》中的天概念、人本思想、政治理念、鬼神觀、禮學精神、人才觀、天人關係等各抒所見；然多屬對《左傳》文本的內在研究，與本文將《左傳》相關思想置於從周文到孔子之間的思想史進程中進行觀照的關注點不大相關。

另，大陸方面對《左傳》思想的研究論文，也是從 1980 年代學術環境較寬鬆後逐年增加，討論角度也很多，如《左傳》中的天命觀、道德觀、婚姻觀、美學思想、軍事思想等等，整體呈現出較為零碎、重複研究及研究不深入的現象，亦多與本文關注點不相關。

在中國哲學史中,孔子實佔開山之地位」,認為「蓋在孔子以前,無有系統的思想可以稱為哲學也。」〔註38〕但馮氏在談孔子之前,對「孔子以前及其同時之宗教的、哲學的思想」做了一個簡略的追述,引《詩》、《書》、《左傳》和《國語》的相關內容,談及孔子以前的「鬼神」觀、「術數」、「天」概念和春秋時部分人的「開明之思想」、「人之發現」。馮氏所論雖略,但其以《左傳》所載來分析孔子以前及孔子同時之思想智識情形,至少是關注到《左傳》對於思想史研究的價值的。

1952 年,錢穆先生的《中國思想史》出版,此書將古今諸思想家分別列舉,進行了簡略的介紹,其論古代思想,僅從春秋中晚期開始,且僅舉鄭國子產和魯國叔孫豹為例,談及了春秋時人對生死問題的看法。所論雖更為簡略,但錢氏已指出,春秋後期子產、叔孫豹的思想,是對孔子思想產生了重要影響的〔註39〕。

1962 年,徐復觀先生發表《中國人性論史》(先秦篇),此書真正對孔子之前的思想做了系統而詳細的討論,提出了真知灼見。徐先生在其書〈序〉中指出:「我認為中國哲學思想的產生,應當追溯到殷周之際,所以我便從周初寫起」〔註40〕,故此書通過認真細緻的資料爬梳,特為闡述了周初和春秋時代的思想面貌。雖然此書所論中國哲學思想史,是圍繞「人性論」這一特定問題為中心,但徐先生所謂「人性論」,是指各家各派對人的生命的根源、道德的根源的基本看法,故其論孔子之前的相關思想史的部分,與本論題的研究範疇緊密相關。

在《中國人性論史》描述周初思想的一章中,徐氏著重闡述了周初「人文精神」的躍動,並論及周初「敬」觀念的出現,而「敬」常與「德」連用為「敬德」,故徐氏亦對周初之「德」觀念做了扼要的分析。在描述春秋思想面貌的另一章中,徐氏則直以「以禮為中心的人文世紀」、「宗教之人文化」來指稱春秋時代;而討論春秋人文精神之前,徐氏慎重檢視了「禮」這個概念,提出「禮」在周初主要指祭神的儀節,而春秋時期所謂「禮」,則是承接了周初「彝」字的涵義;且重點討論了春秋時代的「禮」觀念以及宗教的人文化,

---

〔註38〕 參見馮友蘭著:《中國哲學史》(上冊)(臺北:臺灣商務印書館,2002 年 11 月增訂臺一版五刷),頁 29。

〔註39〕 參見錢穆著:《錢賓四先生全集·中國思想史》(24)(臺北:聯經出版事業公司,1998 年 5 月初版),頁 2～7。

〔註40〕 參見徐復觀:《中國人性論史》(先秦篇),頁 3。

所論多引《左傳》內容而加以分析〔註41〕，皆中肯切要。

　　1968年，勞思光先生的《中國哲學史》（第一卷）出版，亦以「孔子於周末創立儒學，方是中國最早的哲學」，「因孔子最先提出一系統性自覺理論」〔註42〕，故其討論中國哲學，亦從孔子而正式談起，但勞氏對孔子之前的歷史文化傳統仍做了必要回顧，不僅從古史資料中苦心考證出古文化之南北傳統，且對於孔子之前的思想，關注了《詩經》中的「形上天」觀念，《易經》中的「宇宙秩序」觀念，《書經》中的政治思想等，然而，這些討論中，所取材料惟《詩》、《書》及《易》之卦爻辭，勞氏雖謂「春秋三傳尚屬先秦資料」〔註43〕，卻未對其內容作考究，亦未對孔子之前的春秋時代思想作專門討論。但是，勞先生在論及中國古文化傳統形成時，談到周初的政治形勢，指出了周人提出的「德」觀念，是為歷史上一「新看法」〔註44〕，此「德」觀念所強調的「人之自覺努力之思想」，實為「周文化之第一特色」，且衍生出周代禮制秩序之建立，而孔子的哲學思想正是由周文化提升和反省生出，而後成為中國哲學思想之主流，形成中國文化傳統之特性〔註45〕。此實大致勾勒了周文精神和孔子思想之間的內在承接關係。

　　1979年，韋政通先生寫成《中國思想史》一書，雖謂目前尚難以對孔子以前的思想源流「做詳細的描寫」，但仍專列「孔子以前的文化與思想」為一章，做了相關描述，其中對周代的思想文化情形，討論了宗法、井田、禮樂等制度，對周禮承自殷禮也做了論證，並著重討論了周代的宗教和道德，指出，道德意識的表現和道德觀念的流行是「周代文化中一個重要的現象」，而周人「敬天祭祖與道德之間相互增強的關係，是使中國文化沒有繼續向宗教的超越性一面發展，反而向道德與社會的世俗化一面發展的最大關鍵。」〔註46〕對於春秋時期的思想情形，韋先生專門討論了「魯文化的特徵——禮」，並指出以禮為重要特徵的魯文化對孔子思想起了直接的影響；此外討論了《左傳》中的人文思想，舉春秋時期的管仲、晏嬰、鄭子產、叔向等「人

〔註41〕徐復觀：《中國人性論史》（先秦篇），頁15～62。

〔註42〕參見勞思光：《新編中國哲學史》（一），頁101。

〔註43〕勞思光：《新編中國哲學史》（一），頁79。

〔註44〕但勞氏並非提出這一觀點的第一人，前此，1935年郭沫若已在其《先秦天道觀進展》一文中指出，「德」的觀念是西周以來新的思想因素，是周人所發明出來的、獨有的新思想。參見郭沫若著：《青銅時代》，頁1～49。

〔註45〕勞思光：《新編中國哲學史》（一），頁63～102。

〔註46〕參見韋政通：《中國思想史》（上），頁30～40。

文主義先驅者」的思想為例，亦指出他們都對孔子思想產生過影響，謂：「以道德的人文主義為其特性的儒家思想，不但有其深遠的歷史背景，而且在春秋晚期，這已是許多著名人物思想的共同傾向；孔、孟、荀代表這一思想的匯流，並予以理論化，及賦予理性的根據，使歷史久遠的人文思想更具發展性。」〔註47〕

　　也就是說，韋政通先生明確指出了春秋時人的道德人文思想與孔子儒學理論之間的內在關係。

　　2002年，陳來先生發表《古代思想文化的世界——春秋時代的宗教、倫理與社會思想》一書，是一部專門討論孔子之前的春秋思想文化史的著作〔註48〕。此書吸收了考古學和歷史學的研究成果，對「前諸子時代」——即孔子以前的整個春秋時代的神話傳說、道德倫理觀念、宗教信仰、禮儀文化、社會思想等「精神文化生活的各個領域」，進行了具體觀照。陳來先生總結春秋時期的思想文化特色，是一個神本觀念的明顯衰落和人本思潮的廣泛興起的過程，並同樣指出，這種「神－人關係」的發展，決定了孔子及諸子時代不是以宗教的「超越的突破」為趨向，而是以人文的轉向為依歸；亦指出諸子學的發生是和其前時代的思想文化有著密切的關聯的，具有一脈相承的連續性〔註49〕。

　　此書具體從春秋時期的占筮、星象、天道、鬼神、祭祀、經典、禮治、德政、德行、君子等角度做了闡述和分析，然重在宏觀論述，重在文化哲學和思想文化史角度的觀察，與本論文以「德」、「禮」為核心的思想觀念史研究截然有別，但陳先生的研究，仍有重要的參考意義，尤其他將研究焦點集聚在「前諸子時代」，在古代思想史研究上具有深刻的意義。

〔註47〕 韋政通：《中國思想史》（上），頁47～52。

〔註48〕 此書可說是陳來先生《古代宗教與倫理——儒家思想的根源》（1996年首次出版）的第二部。《古代宗教與倫理》一書從巫覡、卜筮、祭祀、天命、禮樂、德行、師儒等多方面討論了夏、商、周三代的思想文化，並從中尋求儒家思想的根源；而此《古代思想文化的世界》承接前書的視角，對西周末期和春秋時代的思想文化做了具體研究。參見陳來著：《古代宗教與倫理——儒家思想的根源》（北京：北京大學出版社，2017年4月第1版），及《古代思想文化的世界——春秋時代的宗教、倫理與社會思想》（北京：北京大學出版社，2017年4月第1版）。

〔註49〕 參見陳來著：《古代思想文化的世界——春秋時代的宗教、倫理與社會思想》，頁1～22。

　　2009 年，鄭開先生的《德禮之間——前諸子時期的思想史》一書出版，此書亦有志於剖析「前諸子時期」（自殷周之際到春秋末年之前）的思想史議題，且聚焦於「德」這一主題，分別從文字考釋、姓氏制度、文化視野、道德系譜學等多角度進行了考察，提出「『德』不僅是獨步於前諸子時期思想史的關鍵詞和支配性主題，而且也是中國思想史特別是先秦思想史中最核心的概念之一」，並從「德」、「禮」之間相互建構的角度和視野，來揭示和把握前諸子時代的思想史，又提出，從「前諸子時期」到「軸心時代」，思想主題與核心概念由「德」轉變為「道」〔註 50〕。其書對「德」概念的文字和文化考察較為詳盡，亦不乏創見，雖與本文注重從原始典籍出發以尋繹春秋思想觀念演變的理路頗相異趣，但仍有一定參考價值。

　　2014 年，余英時先生發表《論天人之際——中國古代思想起源試探》，其書借用雅斯培的「軸心突破」觀點作為探討中國思想史起源的切入點，以從孔、老開始的諸子學興起時期為中國軸心突破時代，提出「三代的禮樂傳統（也可簡稱「禮」）為中國軸心突破提供了直接的歷史文化背景」，並認為禮樂與巫文化互為表裡，而中國的軸心突破，突破的正是禮樂傳統背後的巫文化，從而出現一個超越的精神領域——具體而言，是指在天人關係的轉變下，作為天、人之中介的巫被諸子的哲學思想破除，巫文化被諸子學各自的「道」所取代。其中，余氏認為，對於儒家而言，孔子對從前被巫文化所壟斷的「天命」和「禮」都重新賦予了哲學的闡釋，使其學說走向了內向超越〔註 51〕。又，在〈軸心突破與禮樂傳統〉一章中，余氏詳細討論了從周公到孔子，對於「禮」的詮釋的轉變，指出周公是以「德」說「禮」，而孔子是以「仁」說「禮」的〔註 52〕；在〈結局：內向超越〉一章中，余氏還探討了「軸心突破」前的醞釀期，指出大約在「孔子出生前一世紀左右」即春秋中後期，在卿大夫階層間興起了「一個新的精神運動」，「而與『軸心突破』相銜接」，他將其稱之為春秋時期的「修德」運動，指出此時「『德』的涵義已發生了很大的變化」〔註 53〕。以上所論，皆由史料中「反復爬梳」而來，多有精闢之見。

〔註 50〕　參見鄭開著：《德禮之間——前諸子時期的思想史》（北京：生活・讀書・新知三聯書店，2009 年 1 月第 1 版），頁 1～24。

〔註 51〕　參見余英時著：《論天人之際——中國古代思想起源試探》，頁 1～70。

〔註 52〕　余英時：《論天人之際——中國古代思想起源試探》，頁 85～110。

〔註 53〕　余英時：《論天人之際——中國古代思想起源試探》，頁 235～248。

　　此外，楊向奎先生在 1987 年寫成的《宗周社會與禮樂文明》一書中，下卷專論宗周的禮樂文明，闡述了「禮的起源」、「周公對於禮的加工和改造」、「孔子對於禮樂的加工與改造」，其中亦略為討論了「德」與「禮」的關係〔註54〕。

　　其二，對於以往之論文，約舉最密切相關者作扼要回顧：

　　1957 年，錢穆先生寫有〈論春秋時代人之道德精神〉一文〔註55〕，分上、下兩篇，從《左傳》中舉出二十三個「極富道德精神之具體事例」，討論了春秋時代的道德，並指出此種道德精神即中國傳統文化之特點，亦即孔學精神之特點；而近年之相關論文，其思想特具深度者，則如謝大寧先生〈儒學的基源問題——「德」的哲學史意涵〉〔註56〕，將孔子作為「周文的詮釋者」，以「德－禮樂」結構為孔子思想的「前理解」，引早期史料及《左傳》等內容，分析了從西周之前到春秋時期，「德－禮樂」之結構從神話意義轉變到倫理道德意義的過程，試構了孔子之前儒學的形成；再如晁福林先生〈先秦時期「德」觀念的起源及其發展〉〔註57〕、李德龍博士〈先秦時期「德」觀念源流考〉〔註58〕等，皆從觀念史的角度，分析了先秦時期「德」的起源與演變；又如陳一弘博士〈春秋時期之道德：以《左傳》、《國語》為中心〉之學位論文〔註59〕，從文本出發，討論了春秋時期道德的重要性、根源、春秋時人的道德自覺，並分析了春秋時期仁、義、忠、禮等道德概念。

　　此外，從思想層面研究《左傳》中的「禮」，亦不乏論著論文，如楊茂義先生的《左傳之禮研究》〔註60〕、吳車先生〈左傳禮學的根本精神〉〔註61〕、

〔註54〕 參見楊向奎著：《宗周社會與禮樂文明》（北京：人民出版社，1992 年 5 月第 1 版），頁 229～440。

〔註55〕 參見錢穆：〈論春秋時代人之道德精神〉（上）、（下），收入《錢賓四先生全集·中國學術思想史論叢（一）》（18），頁 271～333。

〔註56〕 參見謝大寧：〈儒學的基源問題——「德」的哲學史意涵〉，《鵝湖雜誌》，1996 年 6 月第 16 期，頁 1～51。

〔註57〕 參見晁福林：〈先秦時期「德」觀念的起源及其發展〉，《中國哲學》，2005 年第 9 期，頁 15～26，頁 73。

〔註58〕 參見李德龍：〈先秦時期「德」觀念源流考〉，吉林大學博士學位論文，2013 年 6 月。

〔註59〕 參見陳一弘：〈春秋時期之道德：以《左傳》《國語》為中心〉，國立政治大學博士論文，2015 年 7 月。

〔註60〕 參見楊茂義著：《左傳之禮研究》（北京：中國社會科學出版社，2015 年 3 月初版）。

〔註61〕 參見吳車：〈左傳禮學的根本精神〉，《勤益學報》，1988 年第 11 期，頁 1～20。

劉瑞箏先生〈左傳禮意研究〉〔註62〕等，皆對《左傳》之「禮」義多有闡發，於本論題皆具一定的參考價值。

綜而言之，諸位前輩學者的成果，皆給予後學以極大的啟發和引導，本文即在以往研究的基礎上，從《左傳》等材料的集中梳理中，通過「德」、「禮」之核心觀念的挈領，以前後貫通的脈絡，對孔子之前的春秋思想史演變進程試予以詳細具體之刻畫，試提出本文獨立的看法。

第四節　研究方法

基於所要研究的問題，以及根據先秦思想及材料的某些特性，本論文所採用之研究方法，分一般性方法與特定性方法。所謂一般性方法，是指學術研究的一些基礎方法；所謂特定性方法，是本文所特別運用的一些方法。

本文採用的最基本、也是最重要的研究方法即歸納分析法。這一方法所基於的文獻對象，首先是要針對第一手的材料，即對以《左傳》為中心的相關文本內容進行分門別類的歸納整理，而非基於他人整理或詮釋後的二手材料。且在歸納一手材料後，再盡力進行細緻分析，致力於讓材料說話，而非採用套用某種理論、再將材料用作此種理論之註腳的做法。如徐復觀先生謂：「治思想史的人第一責任便是服從材料」，即「先讓材料自己講話，在材料之前，犧牲自己的任何成見」，〔註63〕故本文圍繞據以出發的問題，在盡力準確解讀可靠材料的基礎上來推出認識。

基於先秦思想史材料的特殊問題，即中國古代思想（哲學）史料既散亂，又常有託古偽作，且偽作雜入真作之中，以成為研究所面臨的第一個困難，故欲使第一手材料達到可靠，須運用的基礎性方法又有對材料本身的辨偽、考證法。因此，本文在選用相關先秦文獻之前，必先斟酌文獻之可靠性，如涉及《尚書》，則採用前人辨偽的成果；涉及《詩經》，則對所用內容之年代進行說明；又如對《左傳》相關內容，其他文獻有與之記載不同處，亦引以參照；並特別重視出土文獻，對青銅器銘文、相關出土簡帛加以採用。徐復觀先生曾談及治思想史中的考據工作，謂必細讀文獻，重視訓詁、校勘及版本，再「加以條理，加以分析，加以摘抄，加以前後貫通，左右比較」

〔註62〕參見劉瑞箏：〈左傳禮意研究〉，國立台灣師範大學博士論文，1998 年 6 月。
〔註63〕參見徐復觀：〈治古代思想史方法——答輔仁大學歷史學會問〉，收入韋政通編：《中國思想史方法論文選集》，頁 169。

〔註64〕，此誠為最基本的研究工作。

在獲得了可靠的一手材料後，則重點運用歸納法。之所以採用這樣一種方法為主，亦是因先秦思想史研究的特性所決定。總體而言，中國古代哲學思想不似西方哲學那樣以論證式邏輯的面貌呈現，如徐復觀先生所言，「西方的思想家，是以思辨為主，思辨的本身，必形成一邏輯的結構。中國的思想家，係出自內外生活的體驗，因而具體性多於抽象性」，此實為中國古代思想本身的一大特性，故先哲之思想觀點往往散在文獻材料中，較為零碎，非能自成系統；然徐先生亦指出，那些在生活經驗基礎上形成的哲理，並非沒有內在的邏輯結構，只是「這種結構，在中國的思想家中，都是以潛伏的狀態而存在。因此，把中國思想家的這種潛伏著的結構，如實的顯現出來，這便是今日思想史者的任務。」〔註65〕而要完成這一任務，特別需要運用的方法便是歸納法，即，蒐集諸多個別的「樣本」，將一條一條的原文獻內容分類加以歸納、總結，最終抽繹出具有普遍性原則的看法，進而提出結論。此方法雖然繁複勞苦，是一種「笨功夫」，但實為最可靠、有效的一種方法。且本文所重點研究的文本為《左傳》，內容既宏富，亦非直接性的思想材料，而是須得在時人的各種言論與史事當中，抽繹出時人的思想觀念，由此，圍繞所要研究的問題，將零散分佈的、可作為思想史的材料進行搜集和歸納，是為最基礎的一件工作。

在歸納法的基礎上，繼而所運用的一般性方法即分析、綜合和比較法。即針對已分門別類的材料，以一定的哲學識見、統一的判斷原則進行分析與綜合，以如實求出思想觀念的真面目，盡量揭示史料背後所蘊含的思想深義；而在通過分析與綜合以得出各個歷史階段「德」、「禮」關係的確切所指後，因本文重點探討的是「德」、「禮」觀念在特定歷史時期意義的發展演變過程，故又特須運用比較法，將前後歷史階段中觀念的所指進行對比研究，觀照其在在時間序列上的演變，從而尋繹從周文傳統到孔子之間，前後貫通的思想演變之跡。

通過以上辨偽考證法、歸納法、分析法、綜合法和比較法，冀以達本文

〔註64〕 參見徐復觀：〈中國思想史工作中的考據問題——兩漢思想史卷三代序〉，收入徐復觀著：《中國思想史論集續編》（臺北：時報文化出版事業有限公司，民國 71 年 3 月初版），頁 35～39。

〔註65〕 參見徐復觀：〈研究中國思想史的方法與態度問題（代序）〉，收入徐復觀著：《中國思想史論集》（臺北：臺灣學生書局，民國 77 年 2 月第 8 版），頁 2。

所秉持的忠於原始材料而得出觀念發展之真面目的理論追求。

　　除了以上基礎的方法運用外，本文又配合採用「字源研究法」與「發生研究法」等特定性方法。其一，在追溯「德」、「禮」觀念的起源時，必涉及二字字源的意義，為此引用甲骨文、金文等相關資料，結合《說文解字》中的說法，為觀念之起源尋繹線索，此即所謂「字源研究法」的應用。其二則採用「發生研究法」，此方法為勞思光先生所總結，是著眼於「思想如何一點點發展變化，而依觀念的發生程序作一種敘述」〔註 66〕，由此，本文即盡力羅列有關觀念變化的材料，依歷史發展及觀念研究脈絡，探討觀念之發生、步步演變的具體情形，最終達到「明變」的目的，此亦如韋政通先生所言，「一部思想史，它必須是一部思想活動的歷史」，「思想活動的歷史，必有前後承續的關係，必有思想演變和發展的線索可尋，說明關係，發現線索，是思想史的主要工作。」〔註 67〕

　　以上即本文採用的主要研究方法。

〔註 66〕勞思光：〈論中國哲學史之方法〉，收入韋政通編：《中國思想史方法論文選集》，頁 184。
〔註 67〕參見韋政通著：《中國思想史・自序》（上），頁 5。

第一章　周文傳統中的「德」、「禮」觀

　　本文擬從《左傳》述論春秋時期「德」、「禮」觀的演變，那麼，在春秋之前，周文傳統中的「德」、「禮」觀念的基本內涵究竟如何？本章即先略為追溯「德」、「禮」觀念的起源，而後從《尚書》等文獻出發，集中討論周文傳統中的「德」、「禮」涵義。

第一節　「德」、「禮」觀念的起源

壹、「德」的起源

　　「德」字的今義，多用作道德、品行義，又引申有恩惠、感恩等義〔註1〕，然而，「德」觀念的起源為何，「德」字的初義為何，則是一個見仁見智，迄今仍沒有定論的問題。

一、上古社會史的相關考察

　　論及有文字記錄之前的「德」觀念之起源，總結前輩學者的說法，多是取早期文獻中「德」字的某種基本義項，來進行溯源或尋求印證的。這些基本義項，出現在先秦傳世文獻中的主要有三種：1. 道德品行義；2. 性質、屬性義；3. 以「德」為「得」義；又，近年從甲骨卜辭的研究中，有學者還提

〔註1〕　參見漢語大字典編輯委員會編：《漢語大字典》（臺北：建宏出版社，1998 年 10 月初版一刷）「德」字義項，頁 353～354。及中國社會科學院語言研究所詞典編輯室編：《現代漢語詞典》（北京：商務印書館，2012 年 6 月第 6 版），頁 271～272。

出一種以「德」為某種具體行為義的說法〔註2〕。透過結合「德」字的後起義或解析先秦文獻中「德」字之意,從人類社會史角度回溯或印證「德」觀念之起源的,有以下幾種代表性意見:

如,基於「德」字的「道德品行」義溯源,李澤厚先生認為,「德」觀念「大概最先與獻身犧牲以祭祖先的巫術有關,是巫師所具有的神奇品質,繼而轉化成各氏族的習慣法規」〔註3〕,以「德」觀念起源於原始社會,而後到了周初,「逐漸由必需『循行』的習慣法規轉義為品格要求」〔註4〕。不過,李澤厚先生沒有對他的意見進行具體的論證。

又如,基於以「德」為「得」義(此義將在下文「文字溯源」條目下詳述),晁福林先生也提出「德」觀念起於原始時代,認為在原始社會後期私有觀念發生後,隨著貪慾和權勢的出現而產生了構成「德」(道德)的諸因素,但能夠確證已經出現「德」觀念之時是在殷商時期,而殷人的「德」並非道德義,認為甲骨卜辭和《尚書·盤庚》篇中的「德」的涵義皆當訓為「得」,「意指得到『天』的眷顧與恩惠」。晁先生謂,由於商人「對於神靈的盲目崇拜」,具體而言,商人之「德(得)」是從兩個方面獲取:一是天命,二是高祖,因此,「殷商時代的『德』,實際上是其天命觀、神意觀的一種表達」,「殷人以為能夠得到天和先祖的眷顧而有所得,這就是『德』。」〔註5〕

在關於「德」的起源的各種意見中,極富創見且具說服力的,當屬李宗侗先生(1895~1974年)在《中國古代社會新研》中提出的「德」起於圖騰生性之說〔註6〕,以「德」的初義與「性」相類,而性即姓即生,都代表的是圖騰的生性。李宗侗先生運用人類學、比較史學的方法,在研究了中國上古社會的若干情形後指出:「團(Clan)乃原始社會最習見的組織,凡一團的人

〔註 2〕 參見邱豐饒:〈卜辭德字暨《周書》「德」字涵義考釋〉,《國立嘉義大學通識學報》,2012 年 11 月第 10 期,頁 54~55。

〔註 3〕 李澤厚:《歷史本體論·己卯五說》(北京:生活·讀書·新知三聯書店,2003 年 5 月第 1 版),頁 173。

〔註 4〕 李澤厚:《中國古代思想史論》(台北:三民書局,2012 年 3 月二版一刷),頁 86。

〔註 5〕 晁福林:〈先秦時期「德」觀念的起源及其發展〉,《中國哲學》,2005 年第 9 期,頁 15~26。

〔註 6〕 李宗侗先生字玄伯,《中國古代社會新研》出版時是用「玄伯」之字署名。參見李玄伯:《中國古代社會新研》(上海:開明書店,民國 37 年 9 月初版),頁 182~185。

皆以為共有一種圖騰」，因一團的人皆以為共有某種天生的事物，故「其人皆自稱『出自圖騰』」，或「謂與圖騰有共同性質」，圖騰既是一個社會團體的代表物，原初即以姓氏來標明，「姓實即原始社會之圖騰」〔註7〕，因此，一團之人共有天生事物之「生」、與圖騰「共有性質」之「性」、姓氏之「姓」，皆指涉圖騰一物。李宗侗先生用各種證據，證明了古代中國也存在圖騰社會時期，而古代所謂姓就是圖騰〔註8〕。

　　至於「德」的初義，李宗侗先生認為，「德」的初義不是德行、道德，其引《左傳》中的「周德」、「代德」等文辭為證而提出：「德是一種天生的事物，與性的意義相似。」「最初德與性的意義相類，皆係天生的事物。這兩字的發源不同……其實代表的仍係同物，皆代表圖騰的生性。」〔註9〕又引《國語・晉語四》中一段文字作為印證：

　　司空季子曰：「……凡黃帝之子二十五宗，其得姓者十四人，為十二姓：姬、酉、祁、己、滕、箴、任、荀、僖、姞、儇、依是也。唯青陽與蒼林氏同于黃帝，故皆為姬姓。同德之難也如是。昔少典娶于有蟜氏，生黃帝、炎帝。黃帝以姬水成，炎帝以姜水成。成而異德，故黃帝為姬，炎帝為姜，二帝用師以相濟也，異德之故也。異姓則異德，異德則異類，異類雖近，男女相及，以生民也。同姓則同德，同德則同心，同心則同志，同志雖遠，男女不相及，畏黷敬也……」〔註10〕

按照李宗侗先生的意見，以上引文中，「同姓則同德」，「異姓則異德」，此「德」即代表圖騰。其中，「異姓則異德，異德則異類」，足證每姓的德（圖騰）各不同；「黃帝以姬水成，炎帝以姜水成。成而異德，故黃帝為姬，炎帝為姜」，則因圖騰社會發展至宗法社會後，出現了圖騰團的父係化、個人化等演變，故此足證每人的德亦不必盡同，黃帝與炎帝各有其德，即各有其個人圖騰；「同姓則同德」，亦同德則同姓，在圖騰社會時期，說同德即等於說同姓、同性，後來隨著文字意義的分化，「性與德的意義逐漸劃分，性只表示生性，德就表示似性而非性的事物。」〔註11〕

〔註7〕李玄伯：《中國古代社會新研》，頁33～34。
〔註8〕李玄伯：《中國古代社會新研》，頁169。
〔註9〕李玄伯：《中國古代社會新研》，頁182～185。
〔註10〕徐元誥：《國語集解・晉語四》（北京：中華書局，2002年6月第1版），頁333～338。
〔註11〕李玄伯：《中國古代社會新研》，頁169～185。

　　李宗侗先生以「德」與「生」、「姓」、「性」意義相類且皆代表圖騰的這一說法，被很多學者接受，其後的學者又進一步將「德」的初義總結為一種「神聖屬性」〔註12〕，如林啟屏先生在《從古典到正典：中國古代儒學意識之形成》一書中論及「命與德」，便是基本接受這一觀點，但針對《國語·晉語四》中的這段引文，林啟屏先生進一步指出，引文中的「姓」不能用血緣關係下的「姓」來思考，「因為光是黃帝二十五子，卻分得有十四『姓』」。林先生論證，在黃帝、炎帝之時，「姓」的政治意義其實高於血緣意義，同樣，作為促使族群凝聚的「神聖屬性」，「德」既是族群得「姓」的重要條件（後則為周代受「命」的依據），也是和政治權力密切相關的，即「德」自產生之初，便是具有政治性意涵的，「『德』當是一種屬於政治統治權力結果的宣稱。」〔註13〕

　　綜而言之，前輩學者多認為，「德」的意涵最初並非「道德」，但「德」的起源究竟為何，雖然各家說法都有其道理，但畢竟皆屬推測，對於先秦文獻上「德」義的解讀，也並非定論。儘管從倫理學上而言，人類既是群居性動物，自生民之初，即有人際倫理，則亦當產生對個人美善德行之評判，道德之「德」的觀念遂逐漸形成，但以迄今的研究而言，「德」觀念在吾國上古社會中究竟如何形成，起先又與何種人類行為直接相關，則仍不是一個能夠確切證實的問題。

二、文字溯源

　　在有文字記載之後，出現於先秦文獻中的「德」字即已有多個義項，如上文提及的道德品行義、性質屬性義、以「德」為「得」義、某種行為義等，而在多個義項中，哪一個才是「德」字的原初本義？或者「德」字的初義是否另有所指？從文字學角度進行溯源，對這個問題也是很難澄清的。

　　《說文解字》彳部下謂：「德，升也。从彳，悳聲。」段玉裁註曰：「升當作登。……德訓登者，《公羊傳》：『公曷為遠而觀魚？登來之也。』何曰登？讀言得，得來之者，齊人語。齊人名求得為得來。」〔註14〕則將「德」

〔註12〕參見林啟屏：《從古典到正典：中國古代儒學意識之形成》（台北：台灣大學出版中心，2007年7月初版），頁36～37。

〔註13〕林啟屏：《從古典到正典：中國古代儒學意識之形成》，頁33～48。

〔註14〕〔漢〕許慎撰，〔清〕段玉裁注：《說文解字注》（台北：洪葉文化事業有限公司，2016年10月三版一刷），頁76。

訓為「得」。

又，《說文》心部下另有「悳」字：

　　悳，外得於人，內得於己也。

段註謂此「俗字叚『德』為之」，即以「悳」為「德」之本字〔註15〕。依段註，「德」即「悳」，訓為「得」；而《說文》「外得於人，內得於己」的釋義，也常被後世儒者用來詮釋道德之「德」的初義。另，訓「德」為「得」者，亦多見於戰國及漢代文獻中，如《莊子‧天地》謂：「物得以生，謂之德。」〔註16〕《淮南子‧齊俗訓》謂：「得其天性謂之德。」〔註17〕且這類定義不僅以「得」訓「德」，且以「德」所得者為「生」、「性」。然而，今之學者多不認為「德」之初義為「得」，從思想史的角度而言，「外得於人，內得於己」的釋義明顯帶有儒學的思想背景，是儒家道德修身學說產生之後的觀念；而「物得以生謂之德」、「得其天性謂之德」，則與戰國時期開始廣泛流行的對「性」的概念及人性論的探討有關，這些都是後起之義。

又，若撇開段註，《說文》既謂「德，升也」，而斗部下有「升」字，謂：「升，十合也，从斗，象形」〔註18〕，則「升」是一個計量單位，與典籍中的「德」義完全不合，也無可建立聯繫。可見，通過東漢許慎《說文解字》中對「德」的釋義，不能了解到「德」字真正的初義。

再追溯至甲、金文，甲骨卜辭中，有「𢖳」、「𢔘」之字形，今隸定作「徝」，前輩學者多有將此字釋為「德」之初文者，如清代學者孫詒讓謂：

　　「𢖳」字古从彳，左亦从直，當即「德」之省文。〔註19〕

清羅振玉亦釋其為「德」，且謂此字「卜辭中皆借為得失字，視而有所得也，故从直」〔註20〕。因金文中的「德」字為「𢛳」、「𢜔」等形，是在此字上加「心」符而成，而在甲文上加「心」符是甲骨文發展到金文的過程中常見的一種現象，故釋此甲文「𢖳」、「𢔘」為「德」字，有其字形演變上的一定依據，然而，通觀此字在卜辭辭例中的涵義與用法，其與周代以後的「德」字實

〔註15〕〔漢〕許慎撰，〔清〕段玉裁注：《說文解字注》，頁507。
〔註16〕〔清〕郭慶藩撰：《莊子集釋》（中）（北京：中華書局，2004年1月第2版），頁424。
〔註17〕參見何寧撰：《淮南子集釋》（中）（北京：中華書局，1998年10月第1版），頁759。
〔註18〕〔漢〕許慎撰，〔清〕段玉裁注：《說文解字注》，頁726。
〔註19〕于省吾：《甲骨文字詁林》，頁2250。
〔註20〕于省吾：《甲骨文字詁林》，頁2250。

難建立意義上的聯繫。以《甲骨文合集》中收納的相關甲骨為例，其中計有百餘條卜辭中出現此字〔註21〕，其義皆指涉某種具體行為，這百餘條相關卜辭中，大半記錄的是占問「是否徝」一事，如：

合 07236：王勿徝，入。

合 07259：（1）貞，勿徝。（2）貞，徝。〔註22〕

且此字後面常加方位詞，或以地名、方名（國名）、族名為賓語，如：

合 7227：（2）庚戌〔卜〕……徝于南。

合 20540：（1）己酉〔卜〕，貞，王徝于中商。

合 6389：（1）貞，王勿徝土方。（2）貞，王徝土方。

合 07265：貞，勿徝戎，戈。〔註23〕

可見，在甲骨卜辭中，此「徝」字明顯是一個動詞，但具體指涉何種動作行為，尚不能確證，在較為可信的考證中，或訓其為巡守、巡視義，或訓為征伐義。訓為巡守、巡視義的，卻多將此字釋為「循」，如學者葉玉森謂：

各辭中之 古，如釋「德」似不可通，訓「得」亦未安，當即「循」字。《禮·月令》「循行國邑」，循即巡，《左》莊二十一年傳「巡者循也」，循、巡古通。〔註24〕

李孝定先生亦釋此字為「循」，謂「羅（振玉）釋『德』，然金文『德』字均從心作，契文 古 字無慮數十百見，無一從心者，可證二者實非一字，且釋『德』於卜辭辭例亦不可通。」而謂「惟葉君釋『循』，於字形辭義均優有可說。」「卜辭言循伐者，言以兵威撫循之，……單言循或言循某方者，則行巡視之義也。」〔註25〕于省吾先生亦主張此字當釋「循」，讀作「巡」〔註26〕。

〔註21〕參見胡厚宣主編：《甲骨文合集釋文》（一）（北京：中國社會科學出版社，1999 年 8 月第 1 版），編號 00032、00438、00559、00846、00847、19134，編號 06389～06400，編號 07227～07276，及《甲骨文合集釋文》（二），編號 20401，編號 20540～20548，編號 22219、24900、26092。兼參劉釗主編：《新甲骨文編》（增訂本）（福州：福建人民出版社，2014 年 12 月第 2 版），頁 108～109。

〔註22〕胡厚宣主編：《甲骨文合集釋文》（一），編號 07236、07259。

〔註23〕胡厚宣主編：《甲骨文合集釋文》（一），編號 07227、06389、07265；《甲骨文合集釋文》（二），編號 20540。

〔註24〕于省吾：《甲骨文字詁林》，頁 2251。

〔註25〕于省吾：《甲骨文字詁林》，頁 2252。

〔註26〕于省吾：《甲骨文字詁林》，頁 2256。

　　不過，亦有將此字訓為巡守義、但不釋其為「循」者，如清代學者王襄便將此字釋為「省」，謂：「⿰彳⿱屮目，古省字，从彳，反文⿰屮目，即眚，从生省，从目。」「疑省、眚古本一字。」謂省即省方之意，「省方，即《尚書·舜典》巡守之禮。」又如饒宗頤先生、屈萬里先生，則皆釋作「徇」〔註27〕。

　　此外，尚有將此字釋為「直」者，如郭沫若起先認為此字非「德」，而是「循」，後又改變看法，謂此字為「直」的繁文。郭氏謂，此前釋為「循」，緣毄鼎中有一「⿰彳⿱屮目」字與此近似，「然彼乃从彳、眚聲之字，自是省視字之繁文，與此从⿱屮目者有異。今按此蓋直之繁文也。」〔註28〕郭氏釋其為繁文「直」，亦是依據此字在卜辭辭例中的文意而來，在《甲骨文合集》的相關辭例中，不僅出現多條與「伐某方」類似的「⿰彳直土方」之文例（約有十六條），且常見此字與征伐之「伐」、與動詞「出」連用，如：

　　　　合 07229：丙戌卜，爭貞，王⿰彳直伐。

　　　　合 06399：（1）庚申卜，殻貞，今□王⿰彳直伐土方。〔註29〕

又如合 32 之卜辭，其整版卜辭都與戰事相關，其中亦出現「⿰彳直」字：

　　　　合 32 正面：（13）王□出⿰彳直。（14）王勿隹出⿰彳直。〔註30〕

從以上卜辭辭例的上下文意推斷，可知「⿰彳直」字當與戰事相關，故郭沫若釋其為「直」，乃因「直者正也，『⿰彳直伐』殆猶言征伐，又直音古與特同，則由雙聲讀為『撻伐』亦可通。」此外，商承祚先生、陳煒湛先生亦皆訓「⿰彳直」為「征伐」義，商承祚先生謂：「《左》襄七年傳『能正人之曲，曰直』，⿰彳直从彳者，行而正之，義當為征伐之⿰彳直之專用字。」陳煒湛先生亦謂：「驗之卜辭，知其義與征伐確近。」〔註31〕

　　由上可知，對於甲文「⿰彳⿱屮目」、「⿰彳目」究竟釋為何字，是存在很多不同意見的，即，甲骨文「⿰彳⿱屮目」、「⿰彳目」是否就是「德」的初文，甲文中是否有「德」字，是不能下定論的，且即便根據字形將此字釋為「德」，此字在甲文中也是個動詞，表示某種具體的行為，而具體為「巡守」義、征伐義抑或其他義，尚不能確知，但無論如何，此字跟西周之後作為一種政教理念或「美德」義的「德」字，在意義上是很難建立起聯繫的，其與金文「德」字有字形演變上的

〔註27〕以上諸說均見于省吾：《甲骨文字詁林》，頁 2251～2253。

〔註28〕參見于省吾：《甲骨文字詁林》，頁 2251～2252。

〔註29〕胡厚宣：《甲骨文合集釋文》（一），編號 07229、06399。

〔註30〕胡厚宣：《甲骨文合集釋文》（一），編號 00032。

〔註31〕以上諸說均見于省吾：《甲骨文字詁林》，頁 2251～2254。

承接關係，亦有可能是金文「德」將甲文「徝」用作了聲符的緣故。

　　故以目前的資料而言，從字源角度對「德」進行原初涵義的溯源，亦不能得到明確之結論。然而，在西周金文及傳世之周初文獻中，已大量出現一抽象概念之「德」，並成為一個極為重要的觀念，卻是一個不爭的事實。那麼，如此成熟的一個概念，是在周代憑空產生的麼？必定不然，在《尚書・商書》中，即可見殷商時人已有「德」觀念，而《周書》中亦有周人追念殷商先王先哲之德的有關記述（詳見本章第二節），應該說，「德」觀念在周代以前是已經存在的，只不過在甲骨卜辭中未能找到確切對應之字，故難以從古文字角度對「德」的初義進行溯源。實際上，即便在可進行文字溯源的概念中，文字之本義未必就能跟該字在後世承載的思想觀念建立起有意義的聯繫，此從思想史研究的方法論上而言，亦是文字角度之溯源常見的一種不足。

　　總言之，「德」觀念的起源難考，「德」字初義為何亦無定論，且不見得能與周代的「德」觀念建立有效聯繫，故而本文討論周代「德」觀念，但以出現在周代文獻中的「德」義為依據，作為討論的起點。

貳、「禮」的起源

　　相比「德」觀念的起源，「禮」的起源問題則相對比較明晰。自周代之後，「禮」文化便是滲透在社會的各方各面、幾乎包羅萬象的，上到宗教祭祀、宗法政治、典章制度，下到婚喪嫁娶、日常規範，無處不見「禮」的存在。「禮」的內涵如此之複雜，故其起源亦是多元化的，約略講來，「禮」當主要起源於宗教祭祀與風俗習慣，以下分別述之。

　　「禮」起於祭祀之儀式，是學界歷來的主流意見，《說文解字》示部下謂：

　　　禮，履也，所以事神致福也，从示从豐（豊），豊亦聲。〔註32〕
又，豊部下謂：

　　　豊，行禮之器也，从豆，象形。……讀與「禮」同。〔註33〕
此從字源上指出「禮」之初義乃「事神致福」，近代學者王國維〈釋禮〉篇對此有著更為詳細的考證與闡釋，進一步指出「禮」所从之「豊」，乃雙玉盛於

〔註32〕〔漢〕許慎撰，〔清〕段玉裁注：《說文解字注》，頁2。
〔註33〕〔漢〕許慎撰，〔清〕段玉裁注：《說文解字注》，頁210。

器中,而以奉神人:

> 案,殷墟卜辭有豐字,其文曰「癸未卜,貞,醴豐」,古拜、珏同字,
> 卜辭珏作丰、羊、羊三體,則豐即豐矣;又有䖵字及䖵字,䖵、䖵
> 又一字……此二字即小篆豐字所从之䖵,……豐又其繁文。此諸
> 字皆象二玉在器之形。古者行禮以玉,故《說文》曰「豐,行禮之
> 器」,其說古矣,惟許君不知拜即珏字,故但以從豆象形解之,實
> 則豐從珏在山中,從豆乃會意字而非象形字也。盛玉以奉神人之器
> 謂之䖵若豐,推之而奉神人之酒醴亦謂之醴,又推之而奉神人之事
> 通謂之禮。其初當皆用䖵若豐二字,其分化為醴、禮二字,蓋稍後
> 矣。〔註34〕

王氏之說至為精當,且此種文字學角度對「禮」之初義的論述也得到了考古
學上的驗證。1970 年,張光直先生曾對新石器時代中原文化的內容開了一張
考古實證單子〔註35〕,共列舉小米和稻米的培植、六畜、夯土、骨卜等十一
項,其中就有禮器一項,張光直先生稱,各個文化都不乏豐富的儀式祭祀用
的器皿,但我國中原文化的禮器有它自己的一套繁縟特殊的形式,「新石器時
代的高足豆及青銅時代的繁雜多彩的青銅彝器,都是中原文化最特殊的指
標。」〔註36〕這種高足豆的禮器,便是王國維所謂古文字「豐」的會意部分,
為此,韋政通先生亦謂:「豐這種器物,……必然是代表著一部分的宗教性活
動。從殷商到周代,到儒家學術的形成和發展,禮的意義與效用不斷擴張,
成為儒家思想和中國文化最重要的一個部分,探本溯源,新時期時代的禮器,
是這一發展最早的種子。」〔註37〕

　　另,「禮」字從示從豐,不僅構件「豐」揭示了「禮」字與祭祀之間的關
係,部首「示」同樣也指涉「禮」的初義,就《說文》而言,示部之字基本
都與神事相關,故郭沫若謂:「大概禮之起源於祀神,故其字後來從示,其
後擴展而為對人,更後擴展而為吉、凶、賓、嘉的各種儀制。」〔註38〕又,

〔註34〕王國維著:《觀堂集林・釋禮》(北京:中華書局,1959 年 6 月第 1 版),頁
　　　　290～291。

〔註35〕參見張光直:〈華北農業村落生活的確立與中原文化的黎明〉,《中央研究院歷
　　　　史語言研究所集刊》,1970 年 10 月,頁 113～141。

〔註36〕張光直:〈華北農業村落生活的確立與中原文化的黎明〉,頁 119。

〔註37〕韋政通:《中國思想史》(上冊),頁 23～24。

〔註38〕郭沫若:《十批判書・孔墨的批判》(北京:東方出版社,1996 年版),頁 96。

郭氏此語亦揭示出禮儀制度起於宗教祭祀的大致脈絡，考之文獻，周代吉、凶、賓、軍、嘉禮等各種儀制中，皆常見祭祀的形式，如軍禮有「飲至」之儀式，《左傳・隱公五年》謂「三年而治兵，入而振旅，歸而飲至，以數軍實」〔註39〕，其具體情形則於《左傳・桓二年》有云：「凡公行，告于宗廟，反行飲至，舍爵策勳焉」，即出征（或朝會）之前，國君必祭告宗廟，返回後，亦祭告先人，而後設爵，合群臣飲酒，並將勳勞書寫於簡策〔註40〕——祭告宗廟先人，便是典型的祀神儀式。

　　「禮」的另一大來源則是風俗習慣〔註41〕。所謂風俗，如東漢鄭玄注《周禮・大司徒》下謂：「俗謂土地所生習也。」〔註42〕又如許嘉璐先生謂，原始社會的「俗」，是共同生活的人群用以維護集體、協調制的人際關係的規矩，是經過許多世代形成的一種約定，這些約定是當時物質的（氣象、地理、災變、生產和生活方式等）條件所決定的必然結果。〔註43〕而所謂「習慣」，即人們在生產、生活中日漸形成的諸多規則與固有的行為方式。以「禮」起源於習俗，前輩學者亦多有證之，如楊寬先生曾考證周代籍禮的起源，即以海南島黎族曾保存的「合畝」制為例，指出在原始社會末期的氏族聚落中，人們從事農業生產時，都是集體耕作，而由族長和長老帶頭進行，在集體耕作之前，往往由族長主持一種儀式，以組織和鼓勵成員的集體勞動，這種在勞作開始前，由首腦帶頭舉行的耕作儀式，就是後世「籍禮」的起源〔註44〕；又如「冠禮」，楊寬先生考證其由原始氏族制時期的「成丁禮」變化而來，謂「『成丁禮』也叫『入社禮』，是氏族公社中男女青年進入成年階段必經的儀

〔註39〕楊伯峻：《春秋左傳注》（北京：中華書局，2009 年 10 月第 3 版），頁 42～43。
〔註40〕楊伯峻：《春秋左傳注》，頁 91。
〔註41〕魯士春先生在〈禮的起源〉一文中，曾列舉了十三位學者對「禮」的起源的看法，其中有八位認為「禮」起源於宗教祭祀，有五位認為「禮」起源於風俗習慣，同時亦有主張起於交換行為、群體的約束等意見，但可見以「禮」起源於宗教祭祀和風俗習慣的意見是佔多數的。參見魯士春：〈禮的起源〉，收入張偉保等編：《觀瀾索源——先秦兩漢思想史新探》（台北：萬卷樓圖書股份有限公司，2018 年 10 月版），頁 13～28。
〔註42〕〔清〕阮元校刻：《十三經註疏・周禮註疏》（台北：藝文印書館，民國 102 年 3 月初版），頁 151。
〔註43〕許嘉璐：〈禮、俗與語言〉，《中國古代禮俗辭典》（北京：中國友誼出版公司，1991 年 6 月），頁 1～5。
〔註44〕楊寬著：〈「籍禮」新探〉，《古史新探》（上海：上海人民出版社，2016 年 7 月第 1 版），頁 222～237。

式。」〔註45〕而「鄉飲酒禮」則源於氏族聚落的會食禮儀，至於周代天子、諸侯、卿大夫間的「饗」禮，實質上是一種高級的「鄉飲酒禮」。通過考察周禮中諸多禮儀制度的緣起，楊寬先生推斷：「我國古代的『禮』起源於氏族制末期的習慣。在氏族制時期，人們有一套傳統的習慣，作為全體成員在生產、生活中自覺遵守的規範」，等到貴族階級和國家產生，貴族就將某些習慣加以改變和發展，逐漸形成各種「禮」〔註46〕。

　　楊向奎先生亦對禮的起源做過深入研究，他讚成楊寬先生的說法，並加以補充，謂不僅古代的風俗習慣變為後來的禮，古代社會的生產和交換行為，有些也變成後來的禮。楊向奎先生認為，原始社會的商業交易行為，是用禮品贈與和酬報的方式進行的，這也是「禮尚往來」之準則的來源〔註47〕，此論亦可備一說。

　　綜而言之，「禮」的起源是多元化的，也是可考的，約略而言，「禮」多是起源於原始社會時期的宗教祭祀和風俗習慣。「禮」字初義是表事神致福之事，後來「禮」文化滲透到社會的方方面面，內容龐雜，故早期人們在生產、生活中的諸多習俗亦成為「禮」的內容的另一大來源。

　　要之，從以上對「德」、「禮」觀念之起源進行追溯後可知，「德」作為一種抽象的概念，很難證實其在具象、實體層面上的來源，本文亦不強為之說，本文認為，從目前確知的最早出現「德」觀念的先秦文獻如《尚書》、金文的相關內容談起，是我們能夠對其進行確切討論的起點。而「禮」作為一種具象的文化形式，其起源問題則相對清楚，故孔子所謂「殷因於夏禮，所損益可知也；周因於殷禮，所損益可知也」〔註48〕，此種禮文化之因襲發展，早在三代之前實已可考見。

第二節　周文傳統中的「德」與「禮」

　　本文認為，無論早期「德」、「禮」觀念如何起源，到了周初，二者都被賦予了內涵上的重大革新，此種革新體現在「德」觀念上，是標識著人文努力

〔註45〕楊寬：〈「冠禮」新探〉，《古史新探》，頁239。
〔註46〕楊寬：〈「鄉飲酒禮」與「饗禮」新探〉，《古史新探》，頁285～314。
〔註47〕楊向奎著：《宗周社會與禮樂文明》，頁229～244。
〔註48〕〔清〕阮元校刻：《十三經註疏・論語註疏》（台北：藝文印書館，民國102年3月初版），頁19。

的「德」、「敬德」的意識得到了極力強化，其有別於殷人大力崇拜上帝、祖先的信仰態度，成為周人護持王朝天命的最重要政教理念；體現在「禮」上，則是隨著以嫡長子繼承制為核心的宗法分封政治體制的確立，周人在承繼殷禮的基礎上，建設了煥然一新的、蔚為大觀的周代禮樂文化。正是周初奠定的這種尚德治、尚禮治的政教觀，使得周代文化帶有強烈的人文特徵，形成以「敬德」觀、「禮」文化為重要表徵的周代人文精神傳統。

這樣一種突出的人文精神面貌，尤其周人對「德」觀念的強調，在《尚書》中得到了明顯的體現。本文即從傳世本《尚書》出發，佐以西周金文、清華簡書類等文獻，對周代「德」觀念作一論述，同時結合後世之研究，對周代禮文化作一回溯。

壹、對所用《尚書》的說明

《尚書》中保留了三代甚而更古時的諸多官方文件，尤以周代文獻為多，然而傳世本《尚書》的流傳極為複雜，其文本內容的真偽乃是先秦典籍中最為突出的一個問題，故在採用其內容之前，本文先對所用文本進行必要的甄別與說明。

據《漢書‧藝文志》〔註49〕，《尚書》所起時代極遠，經孔子刪定為百篇，秦時焚書，濟南伏生藏書壁中，漢初乃得以存傳，共得二十九篇〔註50〕，用當時通行的隸書書寫，稱今文《尚書》，立於學官，有歐陽、大小夏侯之學。而漢武帝末，魯恭王壞孔子宅，從孔子故宅壁中亦發現《尚書》，因其用先秦古文書寫，故稱古文《尚書》，孔子之後孔安國悉得其書，以今文考校，比今

〔註49〕 關於今、古文《尚書》的具體情形，《漢書‧藝文志》原文為：「《易》曰：『河出圖，雒出書，聖人則之。』故書之所起遠矣，至孔子纂焉，上斷於堯，下訖于秦，凡百篇，而為之序，言其作意。秦燔書禁學，濟南伏生獨壁藏之。漢興亡失，求得二十九篇，以教齊魯之間。訖孝宣世，有歐陽、大小夏侯氏，立於學官。古文尚書者，出孔子壁中。武帝末，魯共王壞孔子宅，欲以廣其宮，而得古文尚書及禮記、論語、孝經凡數十篇，皆古字也。共王往入其宅，聞鼓琴瑟鍾磬之音，於是懼，乃止不壞。孔安國者，孔子後也，悉得其書，以考二十九篇，得多十六篇。安國獻之。遭巫蠱事，未列于學官。」參見〔漢〕班固撰，〔唐〕顏師古注：《漢書》（六）（北京：中華書局，1962 年 6 月第 1版），頁 1706。

〔註50〕 據《隋書‧經籍志》，漢代之今文《尚書》共二十九篇，其中伏生傳二十八篇，後河內女子得《泰誓》一篇而獻之。參見〔唐〕魏徵等撰：《隋書》（新校本廿五史）（二）（新北：史學出版社，民國 63 年 5 月臺一版），頁 914。

文《尚書》多出十六篇，孔安國獻之，然遭巫蠱事，古文尚書未列於學官。又
據《隋書‧經籍志》〔註51〕，東漢時扶風杜林傳古文《尚書》，同郡賈逵為之
作訓，馬融作傳，鄭玄為之作注，然所傳唯二十九篇，雜以今文，非孔舊本；
至西晉永嘉之亂後，古文《尚書》比今文《尚書》所多出的篇章皆亡佚〔註52〕。
至東晉，豫章內史梅賾謂得孔安國之傳，獻所謂「古文《尚書》」五十八篇，
此即偽孔傳古文《尚書》，於是大行其世。至唐代，此書得到官方尊崇，由孔
穎達領銜為之正義，即《尚書正義》，並刻成石經，流傳至今，然此書自宋代
起，便不斷受到學者的質疑，尤其經明代梅鷟、清初閻若璩等學者的研究，
終使其內容作偽一事大明。據學者們研究，偽孔傳古文《尚書》中，其中三十
三篇當與漢代流行的今文《尚書》大致相同，而另外二十五篇皆係偽作，至
清代學者孫星衍作《尚書今古文注疏》，乃綜合前人辨偽、註疏的成果，擯棄
了偽作的二十五篇，又將《泰誓》內容從可靠文獻中重新輯佚成文，不同於
偽孔傳《泰誓》，其經文大抵為漢代今文《尚書》的面貌，注疏則兼採今、古
文家之說〔註53〕。

〔註51〕東漢至隋代的尚書流傳，《隋志》原文謂：「後漢扶風杜林，傳《古文尚書》，
　　　同郡賈逵為之作訓，馬融作傳，鄭玄亦為之注。然其所傳，唯二十九篇，又雜
　　　以今文，非孔舊本。自餘絕無師說。晉世秘府所存，有《古文尚書》經文，今
　　　無有傳者。及永嘉之亂，歐陽，大、小夏侯《尚書》並亡。濟南伏生之傳，唯
　　　劉向父子所著《五行傳》是其本法，而又多乖戾。至東晉，豫章內史梅賾，始
　　　得安國之傳，奏之，時又闕《舜典》一篇。齊建武中，吳姚方興於大桁市得其
　　　書，奏上，比馬、鄭所注多二十八字，於是始列國學。梁、陳所講，有孔、鄭
　　　二家，齊代唯傳鄭義。至隋，孔、鄭並行，而鄭氏甚微。自餘所存，無復師
　　　說。」參見〔唐〕魏徵等撰：《隋書》（新校本廿五史）（二），頁914～915。
〔註52〕《隋志》但謂永嘉之亂後，「歐陽、大小夏侯《尚書》並亡。濟南伏生之傳，
　　　唯劉向父子所著《五行傳》是其本法，而又多乖戾。」清孫星衍則謂孔壁所
　　　得古文《尚書》比伏生所傳多出的十六篇，其經文亦皆亡於永嘉之亂，屈萬
　　　里先生則謂此十六篇，其中〈武成〉篇在光武帝時已失，而其餘十五篇在永
　　　嘉之亂中亡佚，此參孫星衍及屈萬里先生之說。參見〔清〕孫星衍：《尚書今
　　　古文註疏序》，頁1～2；及屈萬里：《尚書今注今譯‧敘言》，（上海：上海辭
　　　書出版社，2015年12月第1版），頁1～2。
〔註53〕孫氏所取《尚書》文本，共三十卷，除去〈書序〉一卷外，餘二十九卷對應
　　　漢代今文《尚書》二十九篇，即：〈堯典〉、〈皋陶謨〉、〈禹貢〉、〈甘誓〉、〈湯
　　　誓〉、〈盤庚〉、〈高宗肜日〉、〈西伯戡黎〉、〈微子〉、〈泰誓〉、〈牧誓〉、〈洪範〉、
　　　〈金縢〉、〈大誥〉、〈康誥〉、〈酒誥〉、〈梓材〉、〈召誥〉、〈洛誥〉、〈多士〉、〈無
　　　逸〉、〈君奭〉、〈多方〉、〈立政〉、〈顧命〉、〈呂刑〉、〈文侯之命〉、〈費誓〉、〈秦
　　　誓〉。又，偽孔傳從〈堯典〉中分出〈舜典〉一篇，〈皋陶謨〉中分出〈益稷
　　　謨〉一篇，兩篇內容本身並不偽，孫氏遵照漢二十九篇原貌，將〈舜典〉仍

本文所採用之《尚書》文本有二，一為傳世本，一為出土文獻清華簡《尚書》，傳世本《尚書》即以孫氏之作為本，不涉目前公認為偽作的篇目，而根據論述所及，僅採《商書》與《周書》部分，所用具體篇目為：

《商書》：採〈湯誓〉、〈盤庚〉、〈高宗肜日〉、〈西伯戡黎〉、〈微子〉諸篇。

《周書》：採〈泰誓〉、〈牧誓〉、〈洪範〉、〈金縢〉、〈大誥〉、〈康誥〉、〈酒誥〉、〈梓材〉、〈召誥〉、〈洛誥〉、〈多士〉、〈無逸〉、〈君奭〉、〈多方〉、〈立政〉、〈顧命〉、〈呂刑〉、〈文侯之命〉、〈費誓〉諸篇；另，〈秦誓〉不偽，但因是秦穆公時所作，已是春秋時期的作品，故不作為研究周文傳統的資料。

又，除傳世本《尚書》外，本文兼採近年出土文獻之整理成果清華簡《尚書》的內容。清華簡為清華大學（北京）於 2008 年 7 月從香港購買並入藏的一批戰國竹簡，其後清華大學專門成立了出土文獻研究與保護中心，對這批竹簡進行了搶救性保護和整理，近年陸續出版《清華大學藏戰國竹簡》之整理報告，到 2019 年為止，此報告已出版九輯，共包括四十多篇古書文獻，其中屬於《尚書》類的篇章有：〈尹至〉、〈尹誥〉、〈保訓〉、〈金縢〉、〈說命〉、〈厚父〉、〈封許之命〉、〈攝命〉等篇。因清華簡經科學鑒定為戰國中晚期的竹簡，其內容在秦火之前，是目前保存時間最古亦較為可信之《尚書》文本。在清華簡的這些書類篇目中，記載殷商時期之言論、人事，即當屬《商書》部分的篇章為：〈尹至〉、〈尹誥〉篇及〈說命〉〔註54〕上、中、下三篇；記載先周及周初君臣故事的，即當屬《周書》部分的篇章則有：〈保訓〉、〈金縢〉、〈封許之命〉、〈攝命〉等篇。本文即以上述篇目納入所考察的文本對象之列。

貳、殷周之際天命觀的變化與「德」觀念的強化

前述晁福林先生謂甲骨卜辭和《尚書·盤庚》中的「德」皆當訓為「得」，意指得到「天」的眷顧與恩惠，在本文分析了甲骨卜辭中的「德」字涵義

併入《堯典》、《益稷謨》併入《皋陶謨》；而偽孔傳《尚書》中的《大禹謨》、《五子之歌》、《胤征》、《仲虺之誥》、《湯誥》、《伊訓》、《太甲》、《咸有一德》、《說命》、《泰誓》、《武成》、《旅獒》、《微子之命》、《蔡仲之命》、《周官》、《君陳》、《康王之誥》、《畢命》、《君牙》、《冏命》諸篇皆棄不用。參見〔清〕孫星衍：《尚書今古文注疏》，頁 1～3。

〔註54〕偽孔傳亦有《說命》篇，但清華簡《說命》（又名《傳說之命》）與偽孔傳的《說命》篇內容全然不同，亦從出土文獻方面證明偽孔傳《說命》確係後人偽造。可參見王明娟：〈清華簡《說命》集釋〉，安徽大學碩士學位論文 2016 年 4 月，頁 1～10。

後，此說實難成立，但晁先生作如此訓解，是出於商人「對於神靈的盲目崇
拜」，則確實指出了殷商時人的信仰情形。從近代出土的大量甲骨卜辭材料
的內容可見，殷人是有著熱烈的神權崇拜的，他們幾乎凡事必卜，並已形成
一整套完整周密的祭祀制度，其祭祀的對象，主要包括以先公先王、先妣先
母為主的祖先神，以土（社）、河、嶽為主的自然神，和以帝為代表的天神等
〔註55〕——所謂「帝」，便是殷人的至上神，如郭沫若謂，殷時代已有至上神
的觀念，卜辭中將至上神起初稱為「帝」，後來稱為「上帝」，此至上神對人間
事具有最高之主宰權，郭氏謂：

> 由卜辭看來可知殷人的至上神是有意志的一種人格神，上帝能夠命
> 令，上帝有好惡，一切天時上的風雨晦冥，人事上的吉凶禍福，如
> 年歲的丰嗇，戰爭的勝敗，城邑的建築，官吏的黜陟，都是由天所
> 主宰。〔註56〕

在此種神權崇拜中，對於自身政權合法性的根據，殷人亦認定是最高主宰神
「帝」的降命，此即殷人政治上之「天命觀」，以王權出自至上神之意志。
《尚書・商書》中明顯可見此思想，如〈湯誓〉篇記載成湯伐夏的誓師辭，其
中謂：

> 有夏多罪，天命殛之。今爾有眾，汝曰：「我后不恤我眾，舍我穡
> 事而割正夏？」予惟聞汝眾言，夏氏有罪，予畏上帝，不敢不正！
> 〔註57〕

可知殷人是奉「天命」為名而討伐多罪的夏桀的，以夏氏之滅出於「上帝」的
意志。這樣一種「天命觀」仍為周人所繼承，但在周人的觀念中，至上神被稱
作「天」，殷周之際及周初，提及至上神，「天」、「帝」兩者是並用的。〔註58〕
從《尚書・周書》中看來，周人解釋成湯革夏之命，跟殷人是完全相同的看

〔註55〕參見晁福林：《天命與彝倫：先秦社會思想探研》（北京：北京師範大學出版
　　　　社，2012 年 3 月第 1 版），頁 18～38。
〔註56〕參見郭沫若：〈先秦天道觀之進展〉，《青銅時代》，頁 6～7。
〔註57〕〔清〕孫星衍：《尚書今古文注疏》，頁 217。
〔註58〕上引《商書》中的文段中亦出現「天」的概念，乃因《尚書》在流傳過程中，
　　　　或有後人增加之追述，或有後人對文辭的改動，經清代學者辨偽後的《商書》
　　　　篇章大體內容雖不偽，但亦非商代文獻之原貌。而卜辭中可見，殷人對至上
　　　　神只稱作「帝」、「上帝」，「天」字在卜辭中與「大」字同義，其後所引《周
　　　　書》中的「天邑商」即「大邑商」。可參見郭沫若：〈先秦天道觀之進展〉，《青
　　　　銅時代》，頁 1～7。

法，如〈多士〉篇：

> 我聞曰：「『上帝引逸。』有夏不適逸則，惟帝降格，嚮于時。夏弗
> 克庸帝，大淫泆，有辭。惟時天罔念聞，厥惟廢元命，降致罰，乃
> 命爾先祖成湯革夏，俊民甸四方。……」〔註59〕

此為周公告殷商遺民之語〔註60〕，其謂殷商革夏之命乃因夏王淫泆，致天帝
降罰、廢其元命而改命成湯，同樣，周人亦將這一理論適用於有周克商之事
上，〈多士〉篇又謂：

> 王若曰：「爾殷遺多士！弗弔旻天，大降喪于殷，我有周佑命，將天
> 明威，致王罰，敕殷命終于帝。肆爾多士！非我小國敢弋殷命，惟
> 天不畀，允罔固亂，弼我，我其敢求位？惟帝不畀，惟我下民秉為，
> 惟天明畏。」〔註61〕

即周初王室一再強調，有周取代殷商之天命，是出於天帝的意志，是為履行
天罰。然而，循此「天命觀」理論而下，卻必然涉及到另一問題：王朝的天命
既然可由天帝予取予奪，那麼，對於周人而言，如何才能長保自身之天命？
且再行追究，周邦取代共主大邑商，是如何得的天命？周人有何種資格故而
能得到天命？此則周人取代大邑商之後，在思想意識形態中需要面對的首要
之問題。

　　實際上，此問題不僅重要，而且很迫急。周人克商的情形，可謂當時天
下一大劇變，殷商王朝自成湯滅夏至商紂，已歷十七世三十個王〔註62〕，五

〔註59〕〔清〕孫星衍：《尚書今古文注疏》，頁 425～426。
〔註60〕學者多謂〈多士〉篇為周公以成王之命告殷士之辭，然顧頡剛先生論此「王
　　　若曰」之「王」即指周公，謂周公因執行王政，周人即口頭上稱他為「王」，
　　　而史官記錄他的文告時也就寫作「王若曰」，可參見顧頡剛：〈周公攝政稱王
　　　──周公東征史事考證之二〉，收入郭偉川編：《周公攝政稱王與周初史事論
　　　集》（北京：北京圖書館出版社，1998 年 11 月第 1 版），頁 17～62。
〔註61〕〔清〕孫星衍：《尚書今古文注疏》，頁 424～425。
〔註62〕自成湯至紂，從卜辭復原所得的王統譜系略如下（括號內為即位順序）：大乙
　　　（成湯 1）──大丁（2），外丙（4）──大甲（3）──大庚（5）──小甲
　　　（6），大戊（7），雍己（8）──仲丁（9），外壬（10），戔甲（11）──祖
　　　乙（12）──祖辛（13），羌甲（14）──祖丁（15），南庚（16）──象甲
　　　（17），盤庚（18），小辛（19），小乙（20）──武丁（21）──祖己（22），
　　　祖庚（23），祖甲（24）──廩辛（25），康丁（26）──武乙（27）──文
　　　武丁（28）──帝乙（29）──帝辛（30）。參見白川靜著，溫天河、蔡哲茂
　　　譯：《甲骨文的世界》（台北：巨流圖書公司，民國 66 年 9 月初版），頁 70～
　　　77。

百餘年來皆為天下共主，其時殷商與周邦之關係，即如錢穆先生所言，「已顯如後代中央共主與四方侯國之關係」，故《周書》之〈召誥〉篇中，周人稱殷商為「大國殷」，〈多士〉篇中稱「天邑商」，〈顧命〉稱「大邦殷」，而周人則自稱「小邦周」（〈大誥〉篇），「可見以前殷、周國際上地位名分確有尊卑，絕非敵體之國，為並世所共認，故周人不能自諱也。」〔註63〕商、周之間這樣一種關係與地位，在周人一朝攻克共主大邑商之後，使得其在國家意識形態的層面，必須盡快確立自身政權合法性的理論依據，以名正言順地服順四方，從思想觀念上統一人心；而在現實政治的層面，克商之初，殷商殘餘勢力及各種敵對勢力依然強大，且克商不久武王便去世，隨即爆發武庚、管蔡之亂，加之東夷不服，而有周公之東征，可見彼時，周初開國者面對的政治形勢確是危機四伏，困難重重的，在這樣一種政治情勢下，一種深深的憂患意識瀰漫在周初的政治上層，於是在為其王權合法性尋求依據時，周人首先發出了「天命靡常」的感歎，此正《詩經・大雅・文王》中所謂：「商之子孫，其麗不億……侯服于周，天命靡常！」〔註64〕相比殷商時期殷紂謂「我生不有天命在身」這種對天命的絕對自信，周初的「天命觀」發生變化的第一步，便是產生此種「天命靡常」之認識。從《尚書・周書》中周初的內容，已多見周人「天命不易」、「天不可信」的思想，如〈君奭〉篇：

> 周公若曰：「君奭！弗弔天降喪于殷，殷既墜厥命，我有周既受。我不敢知曰厥基永孚于休，若天棐忱，我亦不敢知曰其終出于不祥。……在我後嗣子孫，大弗克恭上下，遏佚前人光，在家不知天命不易，天難諶，乃其墜命……」又曰：「天不可信，我道惟寧王德延，天不庸釋于文王受命。」〔註65〕

在此，周公旦反復感歎「天命無常」，表達了對有周克殷受命之後，周代基業是否能永保久遠、是否終將走上不祥（敗亡）的擔憂；指出「天命不易」（受命之難）〔註66〕、「天不可信」，亦為此表達對後嗣子孫是否能繼承先人之業

〔註63〕參見錢穆：《國史大綱》（北京：商務印書館，1996 年 6 月修訂第 3 版），頁 32～35。

〔註64〕〔清〕阮元校刻：《十三經註疏・毛詩正義》（台北：藝文印書館，民國 102 年 3 月初版），頁 535～536。

〔註65〕〔清〕孫星衍：《尚書今古文注疏》，頁 446～448。

〔註66〕「天命不易」，或謂「不易」為「不可改易」，此採唐顏師古注，亦從屈萬里先生之說，以「不易」為「難」，即天命不容易保持。參見孫星衍《尚書今古文疏證》，頁 447～448；及屈萬里：《尚書今注今譯》（上海：上海辭書出版

的憂慮；又如〈康誥〉篇中，王呼「惟命不于常」〔註67〕，諸如此等，皆表達了周人對「天命靡常」的深刻認識。就是在這樣強烈的憂患意識中，在認識到新王朝命運不能完全依賴於「天命」的前提下，周人提出了「敬德」以保天命的理論，此正上述引文中周公旦所謂「我道惟寧王德延，天不庸釋于文王受命」，即惟有繼承文王之美德，才可使得上天不捨棄文王所受之命，亦即周代所受之天命。

故由此，周人的「天命觀」變化邁出了第二步：他們提出了「敬德保命」的觀念，在原初的「天命觀」中加上以「德」護持天命的內容，即，在秉持至上神「天」的主宰前提下，周人創新性地強調了人本身應當做出的努力。通過對「德」觀念的強調，周初開國者既解釋了文王之所以能獲得天命的根據，即有周之所以能取代大邑商的合法性根據，並為後嗣子孫指出了一條長保王朝天命的坦途。此種「敬德保命」思想在《周書》中不斷被周初君臣所強調，如前引〈召誥〉篇：「嗚呼！天亦哀于四方民，其眷命用懋，王其疾敬德！」「惟日其邁，王敬作所，不可不敬德！」「今天其命哲，命吉凶，命歷年。知今我初服，宅新邑，肆惟王其疾敬德。王其德之用，祈天永命。」〔註68〕可見，周人反覆強調「敬德」，且將「德」置於「天命」之下，與「天命」並提，成為西周王朝護持天命、用以立國的政教理念，被推崇至極高的地位，即國家政治意識形態的層面。

然則須指出的是，此「德」概念並非周人所生造，《商書》中即已見殷商時人對「德」的談論，不過，《商書》中「德」的意涵與周人「德」觀念的意義相差尚遠。在傳世本《商書》五篇可信的篇章中，約出現十餘個「德」字，具體如下：

1. 夏王率遏眾力，率割夏邑……夏德若茲，今朕必往。（〈湯誓〉）

2. 故有爽德，自上其罰汝，汝罔能迪。（〈盤庚〉）

3. 古我先王，將多于前功，適于山，用降我凶德，嘉績于朕邦。（〈盤庚〉）

此三處「德」〔註69〕，皆為中性之性質、品性與行為義。所謂「夏德」，

社，2015 年 12 月第 1 版），頁 188〜189。

〔註67〕〔清〕孫星衍：《尚書今古文注疏》，頁 371。

〔註68〕以上三條引文參見〔清〕孫星衍：《尚書今古文注疏》，頁 396〜399。

〔註69〕以上三處引文及釋義，分別參見〔清〕孫星衍：《尚書今古文注疏》，頁 218〜219、236、239。相關「德」之釋義亦參屈萬里：《尚書今注今譯》，頁 66，頁 79〜84。

指夏王之行徑；所謂「爽德」，孫星衍解為「差忒之行」，與「美德」相對；所謂「凶德」，猶今語惡運〔註70〕。又，清華簡屬《商書》的〈尹至〉、〈尹誥〉、〈說命〉等篇中亦可見「德」字，如〈尹至〉篇謂：「隹（惟）虗（載）盧（虐）悳（德），瘐（暴）僮（動）亡（無）典。」〔註71〕其中「虐德」亦「爽德」類，表不善之品性與行為。此種以「德」為性質、品性、行為義，簡言為「德性」義，是否能與李宗侗先生提出的「德」即圖騰生性說、及甲文中的某種行為義建立聯繫尚難以考證，不過直至周代文獻中，它仍是「德」的一個固有義項，但與周人提出的「敬德保命」之「德」義則全然不同。

《商書》中的「德」，又有解作「德惠」、「恩惠」者，如〔註72〕：

4. 汝克黜乃心，施實德于民，至于婚友，丕乃敢大言汝有積德。(〈盤庚〉)

5. 古我先王，暨乃祖乃父，胥及逸勤，予敢動用非罰？……作福作災，予亦不敢動用非德。(〈盤庚〉)

6. 式敷民德，永肩一心。(〈盤庚〉)

第4條「施實德」之「德」、「積德」之「德」當指恩惠、德惠義；第5條中「德」、「罰」並舉，「非罰」指行罰不當，「非德」則指賞賜不當，「德」亦作「德惠」解；第6條「式敷民德」即指對民眾施與德惠之意〔註73〕。另，《商書》的「德」又有用作具體美德義者，如「先祖之德」〔註74〕：

7. 肆上帝將復我高祖之德，亂越我家。(〈盤庚〉)

〔註70〕 參見金兆梓：《尚書詮釋》(北京：中華書局，2010年8月第1版)，頁53～54。

〔註71〕 釋文參見李學勤主編：《清華大學藏戰國竹簡》(壹)(上海：中西書局，2010年12月第1版)，頁128～129，及趙思木：〈《清華大學藏戰國竹簡（壹）》集釋〉，華東師範大學博士學位論文2017年6月，頁45。按，此句中釋讀、斷句眾說紛紜，關於「虐德」亦存在多種釋義，如陳民鎮以「虐」為動詞，以「德」為其賓語，「虐德」作「戕害道德」解；黃懷信則以「德」為有德之人，「虐德」釋作「殘虐有德之人」；亦有將「德」與下文「暴」連讀者等。此則採華東師大趙思木博士在綜合各家之說的基礎上所形成的意見，以「虐德」為夏桀「殘虐之德」。諸家釋義參見趙思木：〈《清華大學藏戰國竹簡（壹）》集釋〉，頁47～50。

〔註72〕 以下三條引文見〔清〕孫星衍：《尚書今古文注疏》，頁227～230，頁241。

〔註73〕 「式敷民德」，孫氏以「民德」為「明德」，解為休明之美德，此從孔疏及屈萬里先生說，以「民德」為更合文義，參見〔清〕阮元校刻：《十三經注疏・尚書正義》(台北：藝文印書館，民國102年3月初版)，頁135，及屈萬里：《尚書今注今譯》，頁58～59。

〔註74〕 〔清〕孫星衍：《尚書今古文注疏》，頁240、255。

8. 我祖底遂陳于上，我用沈酗于酒，用亂敗厥德于下。(〈微子〉)

第 7 條「高祖之德」即高祖之德行；第 8 條「厥德」亦指先祖之德行。又如清華簡〈說命〉(下)篇出現的「九德」、「三德」：

> 昔在大戊，克漸五祀，天章之甬（用）九惪（德），弗易百青（姓）。

及：

> 余罔紑（墜）天休，弋（式）佳（惟）參惪（德）賜我，虞（吾）
> 乃尃（敷）之于百青（姓）。〔註75〕

此「九德」、「參德」即指九種或三種美德，與前引「先祖之德」皆為美善之性質、行為義，具體而言，言「九德」、「三德」時，其「德」指美善之德性，言「先祖之德」時，其「德」則當包括美善的品德與功業。此外，清華簡〈尹誥〉篇中有「佳（惟）尹既及湯咸又（有）一惪（德）」之語，其中「咸有一德」當作「同心同德」解〔註76〕，「德」則為「心意」、「信念」義。

要之，以上在《商書》中佔去大部分比例的「德」義，或作中性的德性義，或作德惠義，或作具體美德義，或作心意義，皆與周人「敬德保命」中作為最高政教理念的、抽象的「德」觀念實性質迥異。然而，《商書》中亦已出現一種抽象的、政教理念性質的「德」，這一意義當是周人的「敬德」觀所能真正與之建立承繼關係的，如以下幾條內容〔註77〕：

9. 非予自荒茲德，惟汝含德，不惕予一人。(〈盤庚〉)

10. 無有遠邇，用罪伐厥死，用德彰厥善。(〈盤庚〉)

11. 民有不若德，不聽罪。天既孚命，正厥德。(〈高宗肜日〉)

第 9 條意為「非我荒廢此德，惟汝舍棄德，而不悅從我也」，兩個「德」字皆指涉一抽象之「德」觀念；第 10、11 條中皆「德」、「罪」並舉，「德」即指政教意義上之美德，而第 11 條「天既孚命，正厥德」，則「德」、「命」並舉，似已含有以德配天命之思想。在清華簡〈說命〉篇中，還明顯出現了一種「敬德配天」的思想：

> 〈說命〉中：敬之牂（哉），甬（用）佳（惟）多惪（德）。〔註78〕

〔註75〕釋文及注釋參見李學勤主編：《清華大學藏戰國竹簡》(參)(上海：中西書局，2012 年 12 月第 1 版)，頁 128～131。

〔註76〕釋文參見李學勤主編：《清華大學藏戰國竹簡》(壹)，頁 133；釋義參見趙思木：《清華大學藏戰國竹簡（壹）》集釋》，頁 63、76。

〔註77〕〔清〕孫星衍：《尚書今古文注疏》，頁 226、231、244。

〔註78〕釋文參見李學勤主編：《清華大學藏戰國竹簡》(參)，頁 125。

〈說命〉下：經悳（德）配天，余周又（有）罘（敢）言。〔註79〕
其中，〈說命〉（中）之「多德」解作「盛德」，「用惟多德」即「惟多德用」，
全句即表達敬德之意〔註80〕；〈說命〉（下）「經德配天」，即指行德以配天
〔註81〕。由此可見，殷商時期當已出現了「敬德」思想，惟《商書》中此種
「德」出現頻次尚不多，涵義亦較為簡略，又並未見對此「德」觀念的詳述，
可知殷商時此種「德」觀念並未成為一種被大力強調的治國理念。然而結合
前述，殷人此種「敬德」思想當為周人所繼承，並在殷周之際的劇變中、在
周初上層強烈的憂患意識的催化下得以發揚與強化，從而被賦予了創新性的
意義，乃至上升為周代最高之政教理念。此如張榮明先生所云，殷周思想有
著一脈相承性，是一個「連續發展、不斷豐富的過程」，「在這一過程中，政
治的理性因素孕育成長，宗教思想逐漸削弱」〔註82〕，所謂「政治的理性因
素」之增長，本文以為，即周人不再盲目崇拜神權，而強化了「敬德」之觀
念。此實為殷周之際天人關係變化之一大標誌，亦為周代以後吾國思想文化
上道德人文主義的走向奠定了重要之基礎。

　　透過「敬德保命」理念，周人為其王權合法性建立了完善的理論基礎，
既有其宗教神權信仰的思想背景，強調有周之受命於天；亦從人為努力的方
面，強化「敬德」觀念，合理解釋了有周取代殷商的根本原因，並確立了長治
久安的政教理念。而相比殷商時期的「天命觀」而言，周初確立的「敬德保
命」理念因其對人自身價值之肯定，體現出了嶄新的人文精神。

參、《尚書‧周書》中的「德」觀念體系

　　如前所述，周初「敬德」觀乃承繼殷人而來，然而，其意義卻在高度、深
度和廣度上實際皆發生了巨大的演變。那麼，相比殷商時期的「德」，周代的
「德」觀念究竟是如何創新和演變的呢？其具體涵義又是如何？在傳世本
《尚書‧周書》的十九種可信篇目中（《秦誓》除外），約出現了八十餘個

〔註79〕釋文及注釋參見李學勤主編：《清華大學藏戰國竹簡》（參），頁128～129。
〔註80〕參見王明娟：〈清華簡《說命》集釋〉，安徽大學碩士學位論文2016年4月，
　　　　頁76～77。
〔註81〕「經德配天」之「經德」，當與〈周書‧酒誥〉篇中「經德秉哲」之「經德」
　　　　同義，「經」作「履行」解，參見〔清〕孫星衍《尚書今古文注疏》，頁三七
　　　　八；兼參王明娟：〈清華簡《說命》集釋〉，頁86～87。
〔註82〕張榮明：《殷周政治與宗教》（台北：五南圖書出版有限公司，民國86年5月
　　　　初版），頁68。

「德」字，從這些與「德」相關的內容來看，「德」作為西周最高的政教理念，已具有了非常豐富的內涵，已發展為一個觀念體系。以下即從其歷史來源、根本性質與具體內涵等三方面，對周代的「德」觀念體系進行討論。

一、周「德」〔註83〕的歷史來源

本文謂周人的「德」觀念當承自殷人，此不僅從《商書》相關內容可以推見，亦從周人的自述中可尋覓到這一承繼關係。須指出的是，在殷商時期，作為一種政教理念的「德」尚處於萌發階段，而周人之對殷人「德」觀念的承繼，是經過對歷史經驗重重之反省、對自身傳統的總結與傳承，才使得這一觀念得以成熟，加以強化而成為重要政教理念的。

其一，周初提出以「德」護持天命的理念，是在總結夏、商前代興衰之因等歷史經驗中而來。如〈周書・召誥〉篇云：

> 我不可不監于有夏，亦不可不監于有殷。我不敢知曰，有夏服天
> 命，惟有歷年；我不敢知曰，不其延；惟不敬厥德，乃早墜厥命。
> 我不敢知曰，有殷受天命，惟有歷年；我不敢知曰，不其延；惟不
> 敬厥德，乃早墜厥命。今王嗣受厥命，我亦惟茲二國命，嗣若功。
> 〔註84〕

此周初召公苦心告誡成王，謂夏、商之所以「早墜厥命」，皆因「不敬厥德」，從此種歷史教訓中，一再強調「敬德」之重要性。又如，《周書》中的〈酒誥〉、〈無逸〉篇，全篇主旨皆係取殷商故事為鏡鑒，〈酒誥〉篇總結殷商墜其天命的原因之一，在於殷人之耽酗於酒，謂殷先哲王「經德秉哲」，「不敢自暇自逸」、不敢「崇飲」，至於商紂卻放縱淫佚，「荒腆於酒」，以致國滅身死，進而指出〔註85〕：

> 弗惟德馨香，祀登聞于天。誕惟民怨，庶群自酒，腥聞在上。

在人們的觀念世界仍充斥著天帝鬼神信仰的時代，周人於「天」的主宰前提下，乃解釋了敬「德」的正當性，認為在祀典中，秉「德」者才能有馨香升聞於天，而如商紂率眾酗酒、民怨沸騰，則令腥臭上聞於天，神不饗祀而「降喪

〔註83〕此周「德」及後文之周「禮」，皆專指西周時期的「德」、「禮」。又，文中所
　　　　謂「周人」，依通常之稱謂，亦專指西周時人，區分於後文之春秋時人。
〔註84〕〔清〕孫星衍：《尚書今古文注疏》，頁398～399。
〔註85〕此處〈酒誥〉篇前後引文參見〔清〕孫星衍：《尚書今古文注疏》，頁 378～
　　　　381。

于殷」，於是，從殷商滅亡的此種歷史教訓中，周人進而得出了「天非虐，惟民自速辜」的結論，從人自身的角度尋求事物衰敗之因，解釋「天命無常」之故，可謂在人文精神的塑造上邁出了一大步。又如〈無逸〉篇〔註86〕，全文為周公恐成王有安於逸樂之心，故拳拳勉勵成王勤政愛民，其中列舉殷王中宗、高宗、祖甲及周文王等聖賢先王為榜樣，謂三位殷商先王和文王皆能「皇自敬德」，故能長享其國，相比之下，殷王受（紂）卻酗酒亂德而終遭亡國，亦以此種歷史興衰之故來勸勉成王，教導其「敬德」以保天命。

其二，周人屢屢追述殷商賢王之德，以其作為君王「敬德」的典範，此為周人「德」觀念的另一歷史來源。如前〈無逸〉篇周公舉殷商先王為「敬德」榜樣，〈康誥〉篇中亦有「我時其惟殷先哲王德，用康乂民作求」之語〔註87〕，肯定殷商先哲王之德，思索其安治民人之道。又如〈多士〉篇：

> 自成湯至于帝乙，罔不明德恤祀。亦惟天丕建，保乂有殷，殷王亦
> 罔敢失帝，罔不配天其澤。〔註88〕

亦以「自成湯至于帝乙」的殷商先王能「明德恤祀」以「配天」。同樣的追述在〈多方〉篇亦可見：

> 乃惟成湯，克以爾多方簡代夏作民主，……以至于帝乙，罔不明德
> 慎罰，亦克用勸。〔註89〕

前謂諸王「明德恤祀」，此謂「明德慎罰」，皆可見周初「敬德」觀念在其對殷商先王之德的追述中被不斷強調，且可見，在周初的敘述中，「德」觀念確已成為最高的一種政教理念：所謂「國之大事，在祀與戎」〔註90〕，以「德」、「祀」並舉，且以「德」置於國家大事之前，可見「德」已上升到最高政治意識形態的層面；而「德」、「刑」對舉，則可見在具體治政中，「德」亦是引領性的重要理念。

另，周人不僅追述殷商先王之德，亦將更古之時的王位更替進行了「敬德受命」的詮釋，如清華簡〈保訓〉篇中談及虞舜受位之事，謂：

〔註86〕參見〔清〕孫星衍：《尚書今古文注疏》，頁 433～445。兼參錢昭萍：〈尚書「德」概念研究〉，輔仁大學哲學研究所碩士論文，民國 68 年 5 月，頁 14。
〔註87〕〔清〕孫星衍：《尚書今古文注疏》，頁 370。
〔註88〕〔清〕孫星衍：《尚書今古文注疏》，頁 426～427。
〔註89〕〔清〕孫星衍：《尚書今古文注疏》，頁 463。
〔註90〕語出《左傳》成公十三年，參見〔清〕阮元校刻：《十三經註疏‧春秋左傳正義》，頁 460。

　　　　弆（舜）既旻（得）中，言不易實覓（變）名，身茲備，隹允翼翼
　　　　不解（懈），甬（用）乍（作）三肇（降）之惪（德）。帝先（堯）
　　　　嘉之，甬（用）受（授）厥緒。〔註91〕

其中，「用作三降之德」，指舜能秉持中道，具有美德，使得帝堯三次降從，故
「帝堯嘉之」，傳位於舜。可見，周人乃以「德」詮釋舜繼堯位的合法性，在
追述先王之德的同時，乃進行了系統性的發揚。

　　其三，周人「敬德」之態度，亦出於對自身傳統的承繼。從《詩經・大
雅》中〈大明〉、〈緜〉、〈皇矣〉、〈生民〉、〈公劉〉〔註92〕等周族流傳的史詩
篇章中可見，周邦之興盛，實經歷了數代先人的艱苦創業，故周人在總結自
身興邦的歷史中，亦形成了「敬德」之傳統，如〈皇矣〉篇謂:

　　　　維此王季，帝度其心，貊其德音。
　　　　其德克明，克明克類，克長克君。
　　　　王此大邦，克順克比。
　　　　比于文王，其德靡悔。
　　　　既受帝祉，施于孫子。〔註93〕

其詩追述王季有「明德」而「王此大邦」，謂「比于文王，其德靡悔」，即文王
繼之，更將此「德」發揚光大，以施及子孫。實際上，在周初對本族「敬德」
傳統的總結中，文王、武王皆是作為「敬德」的典範而加以敘述的。有周之為
天下共主雖始於武王，然克商之業實自文王始，是文王奠定了重要基礎，故
在周人觀念中，文王之德乃是周代受命的直接依據，如《詩經・周頌》〔註94〕
中〈維天之命〉篇贊道:「維天之命，於穆不已。於乎不顯，文王之德之純!」
〔註95〕即以文王之德配天;亦如〈周書・君奭〉篇云:「在昔上帝，割申勸寧
王之德，其集大命于厥躬」〔註96〕，即謂文王有德，故上帝降以大命;又如
前引〈君奭〉篇「我道惟寧王德延，天不庸釋于文王受命」，則是周公提出了
為長保天命，須得繼承文王之德的命題。文王之後，武王亦繼承文王之德業，

〔註91〕釋文參見李學勤主編:《清華大學藏戰國竹簡》(壹)，頁143。
〔註92〕參見程俊英、蔣見元著:《詩經注析》(北京:中華書局，1991年10月第1
　　　　版)，頁751～765、776～787、798～807、822～829。
〔註93〕程俊英、蔣見元著:《詩經注析》，頁781。
〔註94〕《詩經》之《周頌》作於西周初年，為學界之共識，參見程俊英、蔣見元著:
　　　　《詩經注析》，頁933。
〔註95〕〔清〕阮元校刻:《十三經註疏・毛詩正義》，頁708。
〔註96〕〔清〕孫星衍:《尚書今古文注疏》，頁451～452。

故〈周書‧立政〉篇謂：

> 文王惟克厥宅心，乃克立茲常事司牧人，以克俊有德……亦越武王率
> 惟敉功，不敢替厥義德，率惟謀從容德，以並受此丕丕基。〔註97〕

即謂武王不廢文王之「義德」、「容德」以繼承大業。《周書》中亦常以文、武之德並提，如〈文侯之命〉篇謂「丕顯文、武，克慎明德。」〔註98〕要之，以上皆可見周人自身本已樹立「敬德」之傳統。

綜言之，周初，周人在對歷史經驗的總結中，在對先王之德的追述中及對自身傳統的繼承中，逐漸強化了「德」觀念的意義，豐富了「德」觀念的內涵。那麼，在周文傳統中，「德」觀念的具體所指為何？性質意義為何？

二、周「德」的根本性質：天命觀下的政教理念

本文認為，周文傳統中的「德」，其根本性質是一個政教性的觀念，這一根本性質又具有兩個面向：其一是以天命觀為基本前提，其二，它主要在政教層面上使用，此種性質與後世之「德」常用作倫理層面上的道德概念不同。雖則此政教理念與人的美德、尤其君王的美德密切相關，但周人所謂「敬德」之「德」，最具創新性、最重要的意義是將其等同為受天命以存國祚的最高治國理念，大量地在政教意義上加以尊崇和使用。具而言之，周代「德」觀念這一天命觀前提下的政教性質體現在：

其一，周代「德」觀念的出現，常與「敬」字連用為「敬德」，又以護持王朝天命、長葆天命為根本驅動力，故「德」觀念最重要的意義存在於「敬德保命」的思想中，「命」即「天命」，為上天所命，故又曰「以德配天」。「敬」、「保命」、「配天」的概念，表達的都是一種虔誠的宗教信仰態度，故「德」觀念雖然體現了可貴的人文精神，卻仍是以宗教信仰中的天命觀為基本前提的，因「德」是用來「配天」、「保命」的，是置於天命之下的。此種思想從《周書》中「德」與「天」、「命」並提時的內容往往可見，如〈多方〉篇謂：

> 惟我周王靈承于旅，克堪用德，惟典神天。〔註99〕

此周初王室敬誥諸侯各邦（多方），宣明周王因「克堪用德」，故能「典神天」，即以德配天之意。又如〈呂刑〉篇：

〔註97〕〔清〕孫星衍：《尚書今古文注疏》，頁474～475。
〔註98〕〔清〕孫星衍：《尚書今古文注疏》，頁544。
〔註99〕〔清〕孫星衍：《尚書今古文注疏》，頁465。

惟克天德，自作元命，配享在下。〔註100〕

「天德」指配天之德，「元命」即大命，此句主旨為以德配天命而享天祿義。
又如，清華簡〈封許之命〉篇：

向（尚）唇（純）厥悥（德），雁（膺）受大命。〔註101〕

亦體現以德受命之思想。此皆可見在周人的思想觀念中，作為最高政教理念
的「德」是置於天命之下的，是溝通天人、連接神權和王權的一個關鍵。又，
亦可見殷、周「天命觀」確是一脈相承，周人提出的以人文之「德」配天命的
理念雖具創新性，但仍不可能脫離天帝鬼神信仰的思想大背景。

其二，「德」不僅是有周受命的依據，亦是其保命的依據，是周初在對王
朝未來命運的強烈憂患意識中產生的，故「敬德」理念之產生，首要是出於
政治上的驅動力，其本質上是一個政教理念，帶有明顯的政治功利性。如前
引林啟屏先生對「德」的起源的看法，雖則不能確證「德」起初是否作為某種
「神聖屬性」而成為族群得「姓」的重要條件，但林先生指出的「德」的政治
性意涵，則確是周代「德」觀念的本質所在。從〈周書・召誥〉篇「王其德之
用，祈天永命」，〈君奭〉篇「我道惟寧王德延，天不庸釋于文王受命」等語，
皆可見周人用「德」以「保命」的政治功利思想。

故而，在總結受命的依據在於「有德」，並在思索長保天命之道的基礎上，
周人將「德」觀念上升為最高政教理念，此一層面上的「德」義是《周書》中
「德」常見的一個意義，亦是最為重要的涵義，如前引殷周先王之「明德」、
「敬德」之「德」，〈召誥〉之三呼「王其敬德」之「德」，及諸引配天受命之
「德」，皆為最高政教理念之「德」。

從西周金文資料亦可見，在整個西周時期，「敬德」理念確作為最高之政
教理念，而為貴族階層即政治階層所共奉。如西周早期之盂尊銘文有謂：

虫（惠）王龏（恭）德谷（裕）天，順（訓）我不每（敏）。〔註102〕

〔註100〕〔清〕孫星衍：《尚書今古文注疏》，頁527。
〔註101〕參見李學勤主編：《清華大學藏戰國竹簡》（伍）（上海：中西書局，2015年
　　　　4月第1版），頁118。
〔註102〕釋文參見中國社科院考古研究所編：《殷周金文集成釋文》（第四卷）（香港：
　　　　香港中文大學出版社，2001年10月第一版），頁275；兼參中央研究院「殷
　　　　周金文暨青銅器資料庫」http://www.ihp.sinica.edu.tw/~bronze/之盂尊條目。
　　　　盂尊銘文記載了周成王對宗小子盂的告誡等內容，學者公認其為西周早期
　　　　成王時期器，年代無異議。又，本文所涉周代青銅器的具體斷代，皆依《殷
　　　　周金文集成》之斷代，具體可參中國社科院考古研究所編：《殷周金文集成・

其中「恭德」即敬德之義，「恭德裕天」約指敬德順天，此句乃器主衄頌揚周
成王能敬德順天，訓導自己之不敏〔註103〕。至西周中晚期，「德」觀念在金
文中更是多見，如西周中期〔註104〕之班簋銘文：

　　　佳（惟）苟（敬）德，亡（無）逌（攸）違。〔註105〕

此為銘文中毛伯對征伐東國事的總結，學者皆肯定其中「敬德」理念，如李
學勤先生言，此謂「只有自救以德，才能不違天命。這是西周統治階級流行
的思想。」〔註106〕又如西周中期之師望鼎銘文：

　　　不（丕）顯皇考宖公，穆穆克盟（明）厥心，愻（慎）厥德。〔註107〕

此為器主師望讚揚其先父功業之語，開篇即稱其先人能明心慎德。再如西周
中期之伯㦰簋銘文：

　　　唬（效）前文人，秉德共（恭）屯（純）。〔註108〕

同樣的文辭亦出現於西周中期的善鼎銘文〔註109〕中，皆謂器主表示當效法先
人，恭敬秉德。至西周晚期，則如虢叔旅鐘銘文：

　　　不（丕）顯皇考叀（惠）弔（叔），穆穆秉元明德，御于厥辟。〔註110〕

　　　銘文說明》（北京：中華書局，1986 年 7 月～1994 年 12 月第 1 版）。因《殷
　　　周金文集成釋文》循《殷周金文集成》之器物斷代，對年代已有說明，故其
　　　後注釋不另引《殷周金文集成》的出處；若器物在斷代上有爭議者，則在注
　　　釋中另行說明。

〔註103〕釋文及釋義參見馬承源：〈何尊銘文初釋〉，《文物》，1976 年 1 月第 1 期，
　　　　頁 64～65、93。

〔註104〕班簋的年代有爭議，或謂為周初物，如《西清古鑑》、郭沫若、容庚、陳
　　　　夢家等皆認為是成王時器；或謂為西周中期器物，如劉心源、唐蘭、李學勤、
　　　　馬承源等皆認為是穆王時器。參見湯夢甜：〈班簋銘文集釋〉，華東師範大學
　　　　碩士學位論文 2017 年 6 月，頁 22～34。按，班簋為西周早期或中期器並不
　　　　影響本文用作支持「西周貴族階層奉『敬德』為最高政教理念」之論點的論
　　　　據，本文姑從後者。

〔註105〕釋文參見中國社科院考古研究所編：《殷周金文集成釋文》（第三卷），頁 479
　　　　～481；兼參兼參中央研究院「殷周金文暨青銅器資料庫」之班簋條目。

〔註106〕參見湯夢甜：〈班簋銘文集釋〉，頁 167～173。

〔註107〕釋文、年代參見中國社科院考古研究所編：《殷周金文集成釋文》（第二卷），
　　　　頁 378；兼參中央研究院「殷周金文暨青銅器資料庫」之師望鼎條目。

〔註108〕釋文、年代參見中國社科院考古研究所編：《殷周金文集成釋文》（第三卷），
　　　　頁 279；兼參中央研究院「殷周金文暨青銅器資料庫」之伯㦰簋條目。

〔註109〕釋文、年代參見中國社科院考古研究所編：《殷周金文集成釋文》（第二卷），
　　　　頁 386；兼參中央研究院「殷周金文暨青銅器資料庫」之善鼎條目。

〔註110〕釋文、年代參見中國社科院考古研究所編：《殷周金文集成釋文》（第一卷），
　　　　頁 211；兼參中央研究院「殷周金文暨青銅器資料庫」之虢叔旅鐘條目。

此類銘文不勝枚舉，其中所謂「慎德」之「德」、「秉德」之「德」、「明德」之「德」，皆是一種政教理念，凡銘文所載貴族頌揚天子、先人或自身功業，必先稱其敬德。故從青銅器銘文這類極正式的文辭中可見，「敬德」理念作為周代的最高政教理念，是在政治階層中被廣泛尊崇的。

另，在具體治政中，亦可見「德」作為最高治政理念的地位，如〈康誥〉篇：

> 王曰：「封！予惟不可不監，告汝德之說于罰之行。……」〔註111〕

「德之說于罰之行」，即明德之說與慎罰之行，此康叔就封時，周王〔註112〕重點交代康叔的治政要領，其以「德」、「罰」並舉，且「德之說」在前，可見「德」為指導治政的最高理念。此種思想亦見於〈呂刑〉篇：

> 穆穆在上，明明在下，灼于四方，罔不惟德之勤，故乃明于刑之中，率乂于民棐彝。〔註113〕

即言先王「惟德之勤」，故能使刑罰得中，安治民人，亦見以「德」之理念引領刑罰政令。

綜上可知，在信奉王權出自天帝所命的「天命觀」的宗教信仰前提下，周初出於政治上的內在驅動力，將「德」觀念上升至最高政治意識形態的層面，而提出「敬德保命」、「以德配天」的理念，由此，周「德」從根本性質上而言，是一種以「天命觀」為前提的政教理念，且是周代的最高政教理念。然如勞思光先生指出，此「德」觀念「因尚無超越反省之智慧」，故不同於後世所謂「純內在之德性」，周代「敬德」觀乃是一種「道德政治」的體現，注重的是政治實效〔註114〕，此即周代「德」觀念的基本意義。

三、周「德」的核心涵義：美德義

在《周書》出現的「德」字用法中，作為政教理念而獨立使用的「德」，呈現了「德」的根本性質，而細究「德」觀念在具象層面的所指，則可知周代「德」觀念在繼承殷代「德」觀念的基礎上，各種內涵皆得到進一步的延續，

〔註111〕〔清〕孫星衍：《尚書今古文注疏》，頁370。

〔註112〕歷來學者或謂《康誥》為周公、成王封康叔於衛時所作，或謂《康誥》為武王初封康叔於康地時所作，本文從屈萬里先生說，以《康誥》為武王誥康叔之辭。參見屈萬里：《尚書今注今譯》，頁127。

〔註113〕〔清〕孫星衍：《尚書今古文注疏》，頁526。

〔註114〕參見勞思光：《新編中國哲學史》（一）（臺北：三民書局，民國76年10月增訂三版），頁73。

且發展為以「美德」義為核心的一個意涵體系，最高政教理念之「德」即是從「美德」義提升而來，繼而又統攝諸具體意涵的。

如前所述，在《商書》中，「德」字多用作中性的德性義及德惠義、美善德行義等，這些涵義在《周書》中仍皆可見，如〈洪範〉篇「比德」〔註115〕，〈無逸〉篇「酒德」〔註116〕，〈多方〉篇「凶德」〔註117〕，〈立政〉篇「桀德」、「暴德」、「逸德」〔註118〕等，其「德」皆為中性之性質、品性、行為義，但與《商書》相比，《周書》中此種德性義之「德」所佔比例很少；又，德惠義為美德義的延伸，使用亦少；考察文本，《周書》中大量出現的「德」，乃是作為最高政教理念的抽象的「德」、表美善德行義的「德」，以及由美德義生發的表「王德」、「有德者」的「德」。「美德」及其生發的「王德」、「有德者」等義，即構成周代「德」觀念在具象層面的主要內涵。

其一，周「德」普遍指稱「美德」。雖則《周書》中仍有少量「德」是用作中性的「德性」義，但此義大多用在「惡德」的概念中，且周人對這些「惡德」不斷加以否定，以強化「德」性之美善的一面，這使得周代單獨使用的「德」大多專指「美德」。對「惡德」不斷否定的情形，如〈洪範〉言及「比德」，文謂「人無有比德」，指不可有私比成黨的行為；〈無逸〉篇言「酒德」，其文為「無若殷王受之迷亂，酗于酒德哉！」告誡不可像殷王受那般有沉迷於酗酒的行徑；〈立政〉篇言「桀德」、「暴德」，其文為「桀德惟乃弗作往任，是惟暴德，罔後」，亦以夏桀這種無德者為戒，否定其「弗作往任」〔註119〕，以其行為暴虐，是以無後。周人一方面對「惡德」不斷否定，另一方面則對德性中的「美德」內涵加以高度肯定，此如〈洪範〉篇謂：

　　而康而色，曰予攸好德，汝則錫之福。

〔註115〕〈洪範〉篇有謂「凡厥庶民，無有淫朋，人無有比德，惟皇作極」，見《尚書今古文注疏》，頁303。

〔註116〕有關「酒德」之文句見下文，句見〔清〕孫星衍：《尚書今古文注疏》，頁443。

〔註117〕〈多方〉篇：「爾尚不忌于凶德。」見〔清〕孫星衍：《尚書今古文注疏》，頁467。

〔註118〕〈立政〉篇：「其在受德暋，惟羞刑暴德之人，同于厥邦，乃惟庶習逸德之人，同于厥政。」其中之「受德」之商紂（受）的行徑，「暴德」、「逸德」皆指涉不良之品性行為，其中的「德」亦皆中性之品性行為義，另有「桀德」、「暴德」，其文句見下文。參見〔清〕孫星衍：《尚書今古文注疏》，頁471～472。

〔註119〕「弗作往任」意即不遵循往昔先王任人之道，參見〔清〕孫星衍：《尚書今古文注疏》，頁471。

又：

> 五福：一曰壽，二曰富，三曰康寧，四曰攸好德，五曰考終命。
> 〔註120〕

「攸好德」，前人有解「好」為「愛好」之「好」，則此「德」乃以單獨概念出現而專指「美德」；另有釋「好德」為「美德」者，則亦見周人對「美德」的極大肯定〔註121〕，但不論如何，二處引文皆表達了以美德而致福的思想，尤其第二句中以好德與長壽、富有、安康、善終並舉，五者皆為人生最大之美善事——所謂「五福」，可見乃將美德置於極為重要的地位。此思想雖出自箕子，卻被周人列入治政綱要中加以尊崇與繼承。

實際上，「美德」義是周代文獻中「德」字最為常見的一種用法，如前引《周書》中殷商先哲王之德，文、武之德，皆指其美德；又如〈泰誓〉篇「有德之臣」〔註122〕、〈金縢〉篇「周公之德」〔註123〕、〈康誥〉篇「顧乃德」〔註124〕、〈洛誥〉篇「其永觀朕子懷德」〔註125〕等，其「德」皆指美德，約略統計，在傳世本《周書》可信篇目中的八十餘個「德」字中，除作為政教理念單獨使用的「德」外，有三十來處的「德」皆用作具象的「美德」義；另如〈洛誥〉篇謂「公稱丕顯德」〔註126〕，西周史墻盤銘文「上帝降懿德」〔註127〕，師𩛥鼎「先且（祖）剌（烈）德」〔註128〕等，其中「顯德」、「懿德」、「烈德」皆為「美德」的各種指稱；而作為最高政教理念的「德」，亦是從具象的「美德」義提升而來，因周人所謂「敬德」，崇敬的必是出自人本身的美善德行，是在天命的主宰下，人類群體所能做出的最大的努力，所能體現的最大價值，故在天人關係中，將人之具體的「美德」內涵加以抽象而成

〔註120〕兩條引文分別參見〔清〕孫星衍：《尚書今古文注疏》，頁304、319。

〔註121〕以「好」為愛好之「好」，參見〔清〕阮元校刻：《十三經註疏‧尚書正義》，頁172～173、178～179；及〔清〕孫星衍：《尚書今古文注疏》，頁三一九。以「好德」為「美德」，則如屈萬里先生以第二條引文的「攸好德」為「修養美德」意，「好讀上聲」，參見屈萬里：《尚書今注今譯》，頁110。

〔註122〕〔清〕孫星衍：《尚書今古文注疏》，頁269。

〔註123〕〔清〕孫星衍：《尚書今古文注疏》，頁337。

〔註124〕〔清〕孫星衍：《尚書今古文注疏》，頁371。

〔註125〕〔清〕孫星衍：《尚書今古文注疏》，頁418。

〔註126〕〔清〕孫星衍：《尚書今古文注疏》，頁410。

〔註127〕參見中國社科院考古研究所編：《殷周金文集成釋文》（第六卷），頁132～133。

〔註128〕參見中國社科院考古研究所編：《殷周金文集成釋文》（第二卷），頁397～398；兼參中央研究院「殷周金文暨青銅器資料庫」之師𩛥鼎條目。

為周人受命及保命的根本理念。

其二，《周書》中，「德」之「美德」義又常用於指稱君王的美德，形成一個獨特的「王德」內涵，或者說，抽象之「德」觀念落到現實中君王品行的層面，對君王個人提出特別的德行要求，強調君王當具有美善之「王德」。從《周書》中可見，周初對前代歷史興衰之故、本族興起與受命之故，往往歸結到君王個人的品行上，以殷商先王有德而享國，夏桀、商紂無德而滅亡，以周之先人有德而興，尤其以文王有大德故能受命。此種思想之形成，實與其時之政治情形直接相關：一則殷周時期，政治信仰與宗教信仰混然不分〔註129〕，王權既被認為是天帝所命，故王者既執掌最高政治權力，亦擁有最高宗教權力；二則周代的政治組織與宗法組織合一，周天子既是天下諸侯之共主，亦是大宗之宗主，由此集最高之政治權力、宗教權、宗主權於一身，故王者個人的德行直接決定著王朝的命運。周初提出的「敬德保命」，首要便是要求君王能敬德，以長保自身之天命亦即王朝之天命，而君王「敬德」落到現實層面，則要求君王本人成為一個有大德之人，此正〈召誥〉篇所謂「其惟王位在德元，小民乃惟刑用于天下」〔註130〕之意，又如〈洛誥〉篇云：

> 惠篤敘，無有遘自疾，萬年厭于乃德，殷乃引考。〔註131〕

「乃德」即「汝德」，亦見周公勸勉成王修其王德之深意。

又，「王德」涵義是在總結先王尤其周文王的個人德行與政教措施的基礎上形成的。在周代文獻中，「文王之德」作為「王德」的最高典範，被周人反復讚歎，如《詩經·文王》篇：「穆穆文王，於緝熙敬止！」「儀刑文王，萬邦作孚。」〔註132〕如〈君奭〉篇謂：「乘茲大命，惟文王德丕承，無疆之恤。」〔註133〕又如西周初期大盂鼎之銘文：

> 今我隹（惟）即井（型）窞于玟（文）王正德〔註134〕。

至於「文王之德」具體包含哪些美德，〈周書·康誥〉有謂：

〔註129〕殷周時期之政治信仰和宗教信仰混然之具體情形，可參見張榮明：《殷周政治與宗教》，頁19～81。

〔註130〕〔清〕孫星衍：《尚書今古文注疏》，頁400。

〔註131〕〔清〕孫星衍：《尚書今古文注疏》，頁518。

〔註132〕〔清〕阮元校刻：《十三經註疏·毛詩正義》，頁535～537。

〔註133〕〔清〕孫星衍：《尚書今古文注疏》，頁455。

〔註134〕參見中國社科院考古研究所編：《殷周金文集成釋文》（第二卷），頁410～411；及中央研究院「殷周金文暨青銅器資料庫」之大盂鼎條目。案：「玟」，金文中常以此字用作「文王」二字的合寫，此則僅表「文」字。

> 惟乃丕顯考文王，克明德慎罰，不敢侮鰥寡，庸庸，祗祗，威威，
>
> 顯民，用肇造我區夏，越我一、二邦，以修我西土。〔註135〕

可見文王具體的美德有：敬德、慎罰、不侮鰥寡、勤勞、恭敬、畏天之威、顯民等〔註136〕。又如〈無逸〉篇，周公談及文王的有德之行，謂：

> 文王卑服，即康功、田功。徽柔懿恭，懷保小民，惠鮮鰥寡。自朝
>
> 至于日中昃，不遑暇食，用咸和萬民。文王不敢盤于遊田，以庶邦
>
> 惟正之供。〔註137〕

則追述了文王躬親農事，勤政愛民的具體事跡。由此亦可見，周人所謂「美德」，實是一種泛指意義上的美善性質與行為，即文王之德既包含美善的道德品行，亦包含令人稱頌的勤政表現和偉大的政治功績。

進而，「王德」的涵義被推廣至諸侯身上而形成「君德」的概念，如〈康誥〉篇載康叔受封時，周王告誡道：

> 用康乃心，顧乃德，遠乃猷裕，乃以民寧，不汝瑕殄。〔註138〕

「顧乃德」，即顧省汝德，是對康叔提出「君德」上的要求，為「王德」涵義的延伸。實際上，「王德」涵義的形成，乃體現了周代政治的一種鮮明特徵，即在「敬德保命」的理念引領下，在君王的具體治政當中，君王當以文王之德為最高典範，修養「王德」，其下諸侯亦以此「王德」為典範，修養「君德」，故君王不僅具有政治上之權威，其自身亦成為政治階層的德行典範，此「王德」之樹立實具一種教化之功效，故知周代之政治乃是一種「典範政治」，其合政治與「德」的教化為一體，此亦前謂周代「德」觀念為一種「政教」理念，而不僅僅是一種「政治」理念之故。

其三，「德」在《周書》中亦有用指「有德者」，如〈多士〉篇：

> 予一人惟聽用德，肆予敢求爾于天邑商，予惟率肆矜爾。〔註139〕

「惟聽用德」，指惟有任用有德之人，「德」指有德者。又如〈君奭〉篇：

> 耇造德不降，我則鳴鳥不聞，矧曰其有能格？〔註140〕

「耇造德」即指老成之有德者，「德」亦指有德之人。重視任用有德者，體現

〔註135〕〔清〕孫星衍：《尚書今古文注疏》，頁359。

〔註136〕此釋義參見屈萬里：《尚書今註今譯》，頁128～129。

〔註137〕〔清〕孫星衍：《尚書今古文注疏》，頁441。

〔註138〕〔清〕孫星衍：《尚書今古文注疏》，頁370～371。

〔註139〕〔清〕孫星衍：《尚書今古文注疏》，頁429。

〔註140〕〔清〕孫星衍：《尚書今古文注疏》，頁455。

的是尊賢思想，此種思想由來已久，亦成為周文傳統中尚德思想的一個重要內義。

綜而言之，從《周書》可見，周初的「德」從根本性質上而言，是為周代最高之政教理念；從具體內涵上而言，「德」的核心涵義為「美德」；由「美德」義生發，「德」又常見於指稱君王之美德，從而特有一「王德」、「君德」義，延伸到一般個體身上，則又用於指稱「有德者」。總體看來，各種具體涵義皆以抽象政教理念「德」為引領，以具象「美德」義為內核，構成一個涵義相關的「德」理念體系：「抽象」之「德」理念由具象之「美德」內涵提升而來，「王德」、「有德者」之涵義則皆由「美德」義延伸而成，而所有「德」義皆指涉政教之事，主要是在政教層面被加以討論的。

肆、周代的禮文化

所謂「周文傳統」，不僅因其「敬德」理念而呈現出可貴的人文精神，更因其規制恢弘、儀文繁盛的禮文化而體現了強烈的人文特徵，以下再詳述周代禮文化之情形。

如前所述，「禮」有「禮儀」義，因「禮」的初義指宗教祭祀之事，故「事神致福」之禮儀成為早期「禮」的常見涵義，而「禮」的起源亦與習俗相關，各種社會生活中長而形成的儀節規範亦成為禮儀的內容，對照周初文獻，此種「禮儀」義確為文獻中「禮」的主要涵義。然而，在周文傳統中，周「禮」最具開創性、最重要的所指，卻是作為一套事實上的政教文化設施的禮制，其以「樂」為輔助，成為西周政治、文化的最重要象徵，此如韋政通先生謂，「就文化的象徵意義看，周代的封建、宗法，都可以化入禮樂之中，所以後來在孔子心目中，禮壞樂崩就無異是整個周制（周文）的崩潰。」〔註141〕

不過，就現有文獻看來，儘管代表周文傳統最重要人文精神的「德」、「禮」概念在周初皆已出現，但與克商後周人即提出「敬德保命」不同的是，周代尚禮思想的流行當在周公「制禮作樂」之後，而非周初建國之時，因周代禮制的完全建立是在周公制禮之後。由此，從《尚書》所收的大量周初文獻中來看，周初「禮」的涵義仍只限於禮儀義，尚未成為一抽象理念；而從事實上的政治建設來看，與「德」觀念被明確提出為最高的政教理念不同，西

〔註141〕韋政通：《中國思想史》（上），頁35。

周的「禮」主要體現為一種制度文化、禮儀文化，是一種具象的政教與文化形態。

一、周初文獻中的「禮」為「禮儀」義

（一）周初文獻中的「禮」

學者多認同，周代的「禮」涉及的是一個涵義複雜、涵蓋面極廣的禮制體系，如李澤厚先生謂，一般公認的「周禮」，「是在周初確定的一整套的典章、制度、規矩、儀節。」〔註142〕然而考察文獻，此種涵義並不見於周初文獻。在傳世本《周書》中，僅出現了五個「禮」字，分別見於記載周初事跡的〈金縢〉、〈洛誥〉和〈君奭〉篇，如〈洛誥〉篇：

> 王肇稱殷禮，祀于新邑，咸秩無文。〔註143〕

又有：

> 惇宗將禮，稱秩元祀，咸秩無文。〔註144〕

兩句引文內容相似，第一句為周公對成王所言，第二句為成王對周公所說，皆指涉周公新建洛邑後，成王以殷人之禮在洛邑舉行祀典之事。從「王肇稱殷禮」可知，周人克商之後，起先仍沿用殷禮；此所謂「殷禮」，從下文「祀於新邑」可見，乃是殷人祭祀之禮儀，兩句皆以「禮」、「祀」並提，顯見此「禮」指祭祀禮儀。又如〈君奭〉篇：

> 故殷禮陟配天，多歷年所。

孫星衍疏：「殷禮，殷之祀禮。」〔註145〕其「禮」亦指祭祀之禮儀制度。此種「禮儀」義亦是《詩經·周頌》中「禮」的所指，《周頌》作於西周初年〔註146〕，其中僅出現兩處「禮」，且文句相同，其一在〈豐年〉篇：

> 為酒為醴，烝畀祖妣，以洽百禮，降福孔皆。〔註147〕

其二則在〈載芟〉篇，亦謂「為酒為醴，烝畀祖妣，以洽百禮」〔註148〕，兩處「禮」亦皆指涉事神之禮儀。

除表祭祀之禮儀外，《周書》中的另外兩個「禮」字，則指涉政治方面的

〔註142〕李澤厚：《中國古代思想史論》，頁3。
〔註143〕〔清〕孫星衍：《尚書今古文注疏》，頁406。
〔註144〕〔清〕孫星衍：《尚書今古文注疏》，頁44。
〔註145〕〔清〕孫星衍：《尚書今古文注疏》，頁450。
〔註146〕周何：《古禮今談》（台北：國文天地雜誌社，民國81年5月初版），頁2。
〔註147〕〔清〕阮元校刻：《十三經註疏·毛詩正義》，頁731。
〔註148〕〔清〕阮元校刻：《十三經註疏·毛詩正義》，頁748。

禮儀，如〈洛誥〉篇謂：

> 四方迪亂，未定于宗禮，亦未克敉公功。〔註149〕

此句亦有斷句為「四方迪亂未定，于宗禮亦未克敉公功」者，「敉」為安、撫之意〔註150〕，無論何種斷句，皆謂宗禮未定或未安之意，此處之「宗禮」則似非簡單的祭祀禮儀，由前「四方迪亂」意推見，當與政治上的禮儀制度相關。又，傳世本〈金縢〉篇中亦有此種政治層面的「禮」：

> 今天動威，以彰周公之德，惟朕小子其新迎，我國家禮亦宜之。王
> 出郊，天乃雨，反風，禾則盡起。〔註151〕

所謂「國家禮」，即指國家之禮儀制度，此中具體指成王親迎周公之禮，故後文言「王出郊」，即指成王出郊親自迎接周公回宗周，清華簡〈金縢〉篇亦對此記載曰「王乃出逆公，至鄗（郊）」〔註152〕。可見，「宗禮」、「國家禮」當為與政治相關之禮儀制度，此種意涵亦可取《左傳・僖六年》許男投降儀式為證：

> 冬，蔡穆侯將許僖公以見楚子於武城。許男面縛，銜璧，大夫衰
> 絰，士輿櫬。楚子問諸逢伯。對曰：「昔武王克殷，微子啟如是。武
> 王親釋其縛，受其璧而祓之。焚其櫬，禮而命之，使復其所。」楚
> 子從之。〔註153〕

此事既可見「周因於殷禮」確有實證：殷人之「面縛，銜璧」，隨從「衰絰，輿櫬」的投降儀式，至春秋之時仍被沿用；又可推見在周初之時，周人不僅繼承了殷人的部分祭祀禮儀，亦接受了部分政治層面的禮儀制度。

不過，相比《周書》中大量出現的「德」觀念，傳世本《周書》中僅僅出現了五個「禮」字，此外，清華簡《周書》中除上引〈金縢〉篇的一個「禮」字，其餘篇目中皆未見「禮」觀念，如清華簡〈保訓〉篇為文王病重時對武王作出的鄭重訓誡，是一種遺命的性質，其中著重交代武王「毋淫」，並談到「敬」、「中道」、「德」、「毋懈」，卻未提及「禮」〔註154〕。西周金文中亦少見

〔註149〕〔清〕孫星衍：《尚書今古文注疏》，頁412。

〔註150〕〔清〕孫星衍：《尚書今古文注疏》，頁412，孫疏引鄭康成曰：「敉，安也」，又引《說文》云「撫也。」

〔註151〕〔清〕孫星衍：《尚書今古文注疏》，頁337～338。

〔註152〕參見李學勤主編：《清華大學藏戰國竹簡》（壹），頁158。

〔註153〕〔清〕阮元校刻：《十三經註疏・春秋左傳正義》，頁214。

〔註154〕參見李學勤主編：《清華大學藏戰國竹簡》（壹），頁142～148。

「禮」字，且出現者皆為「豊」字。可見，與周初被反復強調、作為最高政教理念的「德」不同，周初「禮」觀念尚未流行，且所指涉者皆為表儀節與儀制的「禮儀」義。

（二）「禮」與「彝」

周初文獻中如此少見「禮」字，且僅用於表禮儀義，很難與後世所見的周代煌煌禮制中呈現的「禮」之要義建立起邏輯上的直接聯繫，故有學者從「禮」的「秩序」義去追尋其在周初文獻中的意義根源，如徐復觀先生提出，周初文獻中的「彝」字當即後世表秩序等差的、富於人文精神的「禮」觀念。徐先生統計了《尚書》周初文獻中共出現的十個「彝」字，歸納其涵義，謂或指「常」字之義，如〈酒誥〉「聰聽祖考之彝訓」等；或指「法典」、「規範」義，如〈康誥〉「勿用非謀非彝」等；或指一般生活中的威儀，如〈酒誥〉「誕惟厥縱淫泆于非彝，用燕喪威儀」等，從而得出結論謂：「周初的所謂『彝』，完全係人文的觀念，與祭祀毫無關係。周初由『敬』而來的合理地人文規範與制度，皆包括於『彝』的觀念之中。」〔註155〕

的確，「彝」字的常用涵義有「彝倫」、「常道」之義，參以地下新材料，清華簡《周書》中亦可見「彝」用作「常道」義的文句，如〈攝命〉篇：「是亦尚弗逢乃彝」、「乃克甬（用）之彝」，此二句為正反對辭，謂「不能用常道」與「能用常道」之意〔註156〕。然而，徐先生謂「周初的所謂彝，完全係人文的觀念，與祭祀毫無關係」，則並非如此。《說文解字注》謂：「彝，宗廟常器也」，段注謂：「彝本常器，故引申為彝常」〔註157〕，在周初文獻中，「彝」字作為宗廟常器的本義亦是常見的，如清華簡〈封許之命〉為周初周王封呂丁於許的命書，文中記載了周王對呂丁的頒賜，其中云：

賜爾薦（薦）彝，斷□脙牫，龍盨（鬵）……盤、盨（鑑）、鼎（鼎）、盨（簠）……〔註158〕

「薦彝」，李學勤先生即釋為祭祀獻神的禮器，從後文具體羅列的器物來看，

〔註155〕 徐復觀：《中國人性論史》（先秦篇），頁44～45。

〔註156〕 釋文及注釋參見李學勤主編：《清華大學藏戰國竹簡》（捌）（上海：中西書局，2018年11月第1版），頁111～118。

〔註157〕 〔漢〕許慎撰，〔清〕段玉裁注：《說文解字注》，頁669。

〔註158〕 釋文及注釋參見李學勤主編：《清華大學藏戰國竹簡（伍）》，頁121；兼參黃凌倩：〈清華伍《厚父》、《封許之命》集釋〉，安徽大學碩士學位論文2016年3月，頁102。

此「彝」指禮器確定無疑。實際上，西周早期金文中，「彝」字大量用作禮器之稱，如西周早期「叔作彝鬲」、「伯作彝甌」等器物銘文中的「作彝」，及金文中句末大量出現的「用作某某寶鼎彝」、「寶尊彝」而「子子孫孫永保用之」，其中的「彝」字皆作「彝器」義，可見，周初「彝」字之「宗廟常器」本義與其引申義「彝常」義是共存的，並非「完全係人文的觀念，與祭祀毫無關係」。當然，徐先生亦了解西周金文中「彝」字的這一用法，但他解釋為，到了詩經時代，「把由常器引伸而來的周初的抽象的『彝』的觀念，吸收在原始的禮的觀念之中」，「便成為新觀念的禮」。然而，就「彝」字在周初文獻中所表「彝常」義而言，雖其內含「秩序」義，但強調的是固有之常道、常理，與後人詮釋中周代「禮」觀念中所強調的等差、分別義仍然缺乏直接的邏輯聯繫。並且，即以作「彝常」義的「彝」字在周初文獻中出現的次數而言，亦不足以稱之為某種重要的政治理念。故僅可謂，周初之「彝」觀念與後來表秩序等差的「禮」觀念有部分意義上的聯繫，但並不能建立前後承接的意義關係。

二、事實上的周「禮」：以宗法分封制為核心的政教文化設施

本文認為，周初文獻中不見表秩序等差的「禮」觀念，實因此種觀念是出現在周代禮制完全建立之後，故不被周初文獻所記錄；而周公之後的西周文獻不足，難以從文獻層面討論一抽象涵義的「禮」觀念，本文認為，周代所謂「禮」，主要是一種事實存在，是現實層面的政教、文化設施，即周公所制之「禮制」，其抽象內義蘊含於事實性的禮制之中，至春秋時期而為後人所大量詮釋與反省。

《左傳·文十八年》謂：「先君周公制周禮。」〔註 159〕周公制禮之具體情形，可見於《禮記·明堂位》中的追述：

> 武王崩，成王幼弱，周公踐天子之位以治天下；六年，朝諸侯於明
> 堂，制禮作樂，頒度量，而天下大服；七年，致政於成王。〔註 160〕

然而所謂周公「制」禮，當並非全新創造出一套禮制，如前所述，周因於殷禮，周禮當是在繼承殷禮的基礎上發展而來，故楊向奎先生謂，說禮樂出自某一位聖賢的制作是不可能的，但謂周公對於傳統的禮樂有過加工、改造，

〔註 159〕〔清〕阮元校刻：《十三經註疏·春秋左傳正義》，頁 352。
〔註 160〕〔清〕阮元校刻：《十三經註疏·禮記註疏》（台北：藝文印書館，民國 102
　　　　年 3 月初版），頁 576。

則是沒有疑問的〔註161〕；又如周何先生所言，「事實上如此精密繁複的禮，不可能僅由一個人的發明而得，或者說是到了這個時候，有不少人根據舊禮予以整理改編，轉用創新，而其間周公的倡導或貢獻之功最多，這種說法似乎較為可信。」〔註162〕

當然，雖然對殷禮有所繼承，但周代的禮制建設卻遠超前代，富有極大創新性，此如王國維〈殷周制度論〉所言：「中國政治與文化之變革，莫劇於殷周之際」，而殷周間之大變革，自其根本而言之，則是「舊制度廢而新制度興，舊文化廢而新文化興」〔註163〕，其所謂「新制度」、「新文化」，即指周代之禮制、禮文化。具言之，周代的禮制，是周人在參酌、借鑒前代的文化成果的基礎上，制定的一整套綱紀天下的典章、制度、規矩和儀節，有著極其複雜的涵義和功能，如韋政通先生云：「它涉及政治、社會、宗教、教育等各方面，它代表人與天神、祖先，人與人之間，以及個體本身的基本秩序或規制。」〔註164〕本文以為，約略講來，周代禮制乃是以宗法政治制度為核心，包含與之配套的祭祀制度與禮儀制度，以及日常生活中的規範規則等一整套的秩序體系，具體包括：

其一，周代禮制以宗法分封政治制度為核心。

王國維論周代制度，謂：「欲觀周之所以定天下，必自其制度始矣。周人制度之大異於商者，一曰立子立嫡之制，由是而生宗法及喪服之制，並由是而有封建子弟之制、君天子臣諸侯之制；二曰廟數之制，三曰同姓不婚之制。」〔註165〕此實指出周代禮制最為重要的制度，在這些制度中，尤以「立子立嫡之制」、「宗法」制、「封建子弟制」、「君天子臣諸侯之制」為重中之重，這幾種制度，可統稱為以嫡長子繼承制為核心的「宗法分封制度」，是周代用以建國的基本制度。周人克商後，為維護和鞏固統治，除了在政治意識形態層面樹立「敬德保命」理念，在現實政治層面則急需重構社會秩序，宗法分封制度的推行便是周初對社會政治秩序的建構。

周代宗法制以嫡長子繼承制為核心。所謂嫡長子繼承制，即《春秋公羊

〔註161〕楊向奎：《宗周社會與禮樂文明》，頁352。
〔註162〕周何：《古禮今談》（台北：國文天地雜誌社，民國81年5月初版），頁2。
〔註163〕王國維：《觀堂集林・殷周制度論》，頁451～453。
〔註164〕韋政通：《中國思想史》（上），頁35。
〔註165〕王國維：《觀堂集林・殷周制度論》，頁453～454。

傳》所謂「立適以長不以賢，立子以貴不以長」〔註166〕。王國維謂：「蓋天下之大利莫如定，其大害莫如爭」，在王位繼承權的確立上，周人確立嫡長子繼承制，為的便是避免王位繼承之紛爭，「是故有立（嫡長）子之制而君位定」〔註167〕。不過，王氏通過與殷商帝王繼承現象的比較，謂嫡長子繼承制是周人的創舉則不盡然，考察商代之帝王世系，其前中期之王位繼承的確多有兄終弟及的現象，但到了商代晚期，從武乙至文武丁、帝乙，再至帝辛，雖不能確知其是否為嫡子繼承，但皆為傳子制則無疑〔註168〕，可見，嫡長子繼承制本是歷史進化之必然，只是在周初作為正統的繼承制度得到了嚴格的確立。且此制度當是在周公手中得以確定，即王氏所謂「此制實自周公定之，是周人改制之最大者」〔註169〕，雖周公是否稱王或只是攝政，學者歷來有爭議，但周公平定天下後，由武王之子成王繼承了王位則是史實，自此周王室皆以嫡長子繼承制為正，亦是史實〔註170〕。

　　嫡長子繼承制之確立有著極為重要的意義，王氏謂「有周一代禮制，大抵由是出也」，實不為過。因嫡長子繼承制不僅適用於王位之繼承，亦普遍適用於當時宗族組織中宗主之繼承，成為周代宗法制度之樞紐。其時周天子為姬姓之大宗，其餘王子則為小宗，小宗之下又另分別宗，異姓宗族亦是如此，而相比殷人，周人在政治秩序建設上最大的創舉，實乃在此宗法制的基礎上，大力推行了分封建國之制度，即王氏謂：「周人既立嫡長，則天位素定，其餘嫡子庶子，皆視其貴賤賢否，疇以國邑，開國之初，建兄弟之國十

〔註166〕〔清〕阮元校刻：《十三經注疏・春秋公羊傳注疏》（台北：藝文印書館，民國102年3月初版），頁11。

〔註167〕參見王國維：《觀堂集林・殷周制度論》，頁454～474。

〔註168〕自成湯至紂，從卜辭復原所得的王統譜系略如下（括號內為即位順序）：大乙（成湯1）──大丁（2），外丙（4）──大甲（3）──大庚（5）──小甲（6），大戊（7），雍己（8）──仲丁（9），外壬（10），戔甲（11）──祖乙（12）──祖辛（13），羌甲（14）──祖丁（15），南庚（16）──象甲（17），盤庚（18），小辛（19），小乙（20）──武丁（21）──祖己（22），祖庚（23），祖甲（24）──廩辛（25），康丁（26）──武乙（27）──文武丁（28）──帝乙（29）──帝辛（30）。參見白川靜著，溫天河、蔡哲茂譯：《甲骨文的世界》，頁70～77。

〔註169〕王國維：《觀堂集林・殷周制度論》，頁458。

〔註170〕另，確切而言，周代宗法繼承制實以嫡長子繼承制為主，兄終弟及制為輔，此如《左傳》襄公三十一年魯叔孫穆叔對周代此禮制的追述：「大子死，有母弟則立之，無則立長。年鈞擇賢，義鈞則卜，古之道也。」參見〔清〕阮元校刻：《十三經註疏・春秋左傳正義》，頁685～686。

五,姬姓之國四十……」〔註171〕正是由宗法制與分封制的緊密結合,形成了周代完備的宗法分封政治制度。在此種體制下,周天子為天下之共主,亦是天下之大宗,王位由嫡長子繼承;其餘兄弟、王子則分封為諸侯,對周王是小宗,但在其封國內又為大宗;諸侯之位亦由嫡長子繼承,其餘諸子分封為卿大夫,是為小宗;卿大夫又在各自的采邑內為大宗,其位由嫡長子繼承,其下再分小宗,層層向下,秩序井然。同時,周初亦分封了部分先王之後、異姓功臣等為諸侯,此「異姓之國,非宗法之所能統者」,而周代業已確立同姓不婚之制,故對於異姓之國,則「以婚媾甥舅之誼通之,於是天下之國,大都王之兄弟甥舅,而諸國之間,亦皆有兄弟甥舅之親,周人一統之策,實存於是。」〔註172〕

通過這樣一種政治體制,西周王室建構了一個統一的王國,一種等級分明的社會政治秩序,此如《左傳・昭公七年》中楚大夫申無宇對西周制度的追述:

> 天子經略,諸侯正封,古之制也。封略之內,何非君土?食土之毛,誰非君臣?故《詩》曰:「普天之下,莫非王土;率土之濱,莫非王臣。」天有十日,人有十等。下所以事上,上所以共神也。故王臣公,公臣大夫,大夫臣士,士臣皂,皂臣輿,輿臣隸,隸臣僚,僚臣僕,僕臣臺。馬有圉,牛有牧,以待百事。〔註173〕

以上申無宇所述「人有十等」,其士階層以下是否有如此之細分未可確知,但周代自天子至士,其等級確有如此之嚴明,則多見於典籍記載。

綜上可知,周初以嫡長子繼承制為核心的宗法分封制度,實乃一種以血緣和等級關係為基礎的政治制度。此種制度雖出於周人克商後的形勢所迫,且有其歷史淵源,但周人宗法分封之政治建設,實遠遠超越前代,如晁福林先生謂:「和夏商時代的方國聯盟制度比較起來,宗法與封建,實為社會管理的一大進步」,其「標誌著新的社會秩序建構的完成」,〔註174〕對後世的影響亦極為深遠。

其二、周代祭祀制度與禮儀制度亦是周代禮制的重要內容。

〔註171〕王國維:《觀堂集林・殷周制度論》,頁466。
〔註172〕王國維:《觀堂集林・殷周制度論》,頁474。
〔註173〕〔清〕阮元校刻:《十三經註疏・春秋左傳正義》,頁759。
〔註174〕晁福林:《天命與彝倫:先秦社會思想探研》,頁181~182。

　　與周代的宗法分封制度相配套，周人又確立下相應的祭祀制度及名目繁多的禮儀制度。在對天帝鬼神的宗教信仰中，周人特重對祖先的祭祀，形成與殷代迥異的祭祀制度，此尤體現在周人的廟數制度上。王國維謂：「周人祭法，詩書禮經皆無明文，據禮家言，乃有七廟四廟之說，此雖不可視為宗周舊制，然禮家所言廟制，必已萌芽於周初，固無可疑也。」所謂「七廟」之說，即指天子七廟：以后稷始封、文王、武王受命而王，故此三廟不毀，又立高祖以下（高祖、曾祖、祖父、父）之四親廟，故而為七廟。「四廟」說即指立高祖以下之四親廟，《春秋穀梁傳》謂「天子七廟，諸侯五」〔註175〕，諸侯立五廟者，則以四親廟加上始祖廟，故而為五。與殷人徧祭先公先王不同，周人於四親廟之上則有毀廟之制，王氏謂：「是故徧祀先公先王者，殷制也。七廟四廟者，七十子後學之說也。周初制度，自當在此二者間。」〔註176〕此西周廟制之大略也。

　　除宗法分封制、祭祀制度外，周代尚有蔚為大觀的禮儀文化制度，此種禮儀文化滲透在社會的方方面面，上至祭祀、治國，下至日常生活，正《禮記·禮器》所謂「經禮三百，曲禮三千」〔註177〕。如劉清河先生、李銳先生《先秦禮樂》所述，周代禮儀可謂集前代禮儀之大成，乃將傳統以祀神為主的禮儀擴展成為吉、凶、嘉、軍、賓等五種主要的儀制：「吉禮」，即關於祭祀和敬事鬼神的禮儀；「凶禮」，即關於喪亡殯葬的禮儀；「嘉禮」，即關於婚冠飲宴的禮儀；「賓禮」，即關於朝聘盟會的禮儀；「軍禮」，即關於行軍動眾的禮儀。〔註178〕又如《儀禮》記有士冠禮、士昏禮、鄉飲酒禮、燕禮、射禮等等，雖則《儀禮》為漢人所傳，然其必有周代禮儀制度之依據則無疑〔註179〕，故從中仍可一窺周代禮儀繁盛之貌。

　　從《左傳》記載中，亦可知春秋之前禮儀制度已極為發達。此僅取春秋早期之內容為證——因春秋早期距西周時間為近，從其禮儀的成熟度看來，不可能是在春秋早期驟然形成，必有西周禮儀制度之傳統，如《左傳·隱元

〔註175〕語出《春秋穀梁傳》僖公十五年，又見於《禮記·禮器》篇。參見〔清〕阮元校刻：《十三經注疏·春秋穀梁傳注疏》（台北：藝文印書館，民國102年3月初版），頁83；及〔清〕阮元校刻：《十三經註疏·禮記註疏》，頁451。

〔註176〕王國維：《觀堂集林·殷周制度論》，頁468～472。

〔註177〕〔清〕阮元校刻：《十三經註疏·禮記註疏》，頁459。

〔註178〕劉清河、李銳著：《先秦禮樂》（台北：雲龍出版社，1995年2月初版），頁6。

〔註179〕韋政通先生即謂《周禮》、《儀禮》必有周制的根據，參見韋政通：《中國思想史》（上），頁35。

年》記喪葬之禮，謂：

> 天子七月而葬，同軌畢至，諸侯五月，同盟至，大夫三月，同位至，
> 士踰月，外姻至。〔註180〕

又如記會盟之禮〔註181〕：

> 周之宗盟，異姓為後。（隱十一年）

> 凡公行，告于宗廟；反行，飲至、舍爵，策勳焉，禮也。（桓二年）

> 在禮，卿不會公侯，會伯子男可也。（僖二十九年）

又如記婚嫁之禮：

> 凡公女嫁于敵國，姊妹，則上卿送之，以禮於先君；公子，則下卿
> 送之。於大國，雖公子，亦上卿送之。於天子，則諸卿皆行，公不
> 自送。於小國，則上大夫送之。〔註182〕（桓三年）

皆可見周代禮儀制度之情形。由於《左傳》所記多為政治上層階級之禮儀，
從上述引文中又皆可見禮儀與宗法分封政治制度密切關聯，如隱元年所記喪
葬之禮中，可見天子、諸侯、大夫、士的喪葬禮儀規格之不同；前引會盟之
禮中，宗周之同姓與異姓排位不同，公、侯、伯、子、男之爵位等級分明，
尊貴有差；婚嫁之禮中，則公之姊妹與公子的禮遇有差別，嫁與天子或不同
等級的邦國，其禮遇亦有差別。此種嚴明之等級，為宗法分封政治的必然要
求，又可見周代禮制之為政教設施，其衍生的禮儀制度亦與周代政治制度相
配套。

　　此外，職官制度作為政治制度中的重要組成，亦是周代禮制的重要內
容。故後人編纂周代官制，即名之為《周禮》，而《周禮》一書雖被公認為內
容過於理想化，不應是西周實際官制，但與西周金文等相關記載相較，仍可
見保存了諸多周代職官古制的內容〔註183〕。

〔註180〕〔清〕阮元校刻：《十三經註疏・春秋左傳正義》，頁38。

〔註181〕以下三條引文分別參見〔清〕阮元校刻：《十三經註疏・春秋左傳正義》，頁
　　　　79、96、283。

〔註182〕〔清〕阮元校刻：《十三經註疏・春秋左傳正義》，頁103～104。

〔註183〕具體可參張亞初、劉雨：《西周金文官制研究》（北京：中華書局1986年5
　　　　月初版）。此書較為全面而系統地研究了西周青銅器銘文中的職官材料，展
　　　　示了西周周室卿事寮、大史寮兩大系統下運作的官制，其中基於金文材料的
　　　　研究成果顯示，《周禮》所述之制度雖不全為西周實際官制，但其中諸多官
　　　　名與西周金文中的職官相合，保存了諸多周代職官古制的資料。

由周代禮制內容，亦可見其強烈的人文特徵。宗法政治制度之確立與推行，本屬人文建設上的巨大進步，職官制度亦是純人文政教之設施；即便其祭祀制度，亦體現了「親親之統」即人文倫理性之特徵，如王國維謂，周人之廟制乃符合人性之自然：「立親廟四，親親也，親盡而迭毀，親疏之殺，示有終」，「既有不毀之廟以存尊統，復有四親廟以存親統，此周禮之至文者也。」〔註184〕而社會政治秩序確立之後，又制定種種相配套之儀文，使各種等級階層之人處處皆有規範可遵循，從而呈現出了「郁郁乎周文」的社會面貌〔註185〕。

伍、小結

綜合本節所述，本文以為，周文傳統中的「德」，從根本性質上而言，是一種天命觀前提下的政教理念，且在周初即被確立為國家最高之政教理念。殷、周時人皆以王權出自天（帝）之命，但周人從殷商滅亡的歷史教訓中，產生了「天命靡常」的深切憂患意識，同時出於為新政權樹立合法性依據的迫切政治需要，周人提出「敬德保命」（「以德配天」）的理念，將人文之「德」觀念上升為最高政教理念，在秉持天命觀的前提下，強化了人自身的努力。

從西周文獻看來，「德」觀念最重要的意義是用作最高政教理念，而在具體內涵上，其核心涵義則指「美德」義，由「美德」義生發，「德」又常見於指稱君王之美德，形成一種獨特的「王德」、「君德」的涵義，延伸到一般個體身上，亦用於指稱「有德者」，但總體而言，此多重之「德」義皆主要是在政教層面被加以討論的。

與「德」觀念相比起來，周文傳統中的「禮」，在西周文獻中尚未見到作為一種政教理念加以詳細討論，周初文獻中出現的「禮」字很少，且皆指「禮儀」義。周代的「禮」，其指涉實為現實層面的政教文化設施——即周公所制之禮制，其以宗法分封政治制度為核心，包含職官制度、祭祀制度、禮儀制度等一整套的秩序體系，這套禮制的建設，是為建構一個秩序井然、等級分明的社會。此禮制以「樂」為輔，以形成社會生活中有節有度之儀文，形成周代特有之禮樂文化。

〔註184〕王國維：《觀堂集林·殷周制度論》，頁469～471。
〔註185〕參見勞思光：《新編中國哲學史》（一），頁73。

　　至於周文傳統中「德」與「禮」的關係，在西周文獻中未見到詳細討論，此從本章中所引關於「德」、「禮」的文獻內容亦可見。然學者多有謂周代「德」、「禮」二觀念自產生時即關係密切，如余英時先生謂：「周禮是以『德』為核心而建構的整體人間秩序，也可以稱之為『禮』的秩序。」〔註186〕楊向奎先生謂：「周公對於禮的加工改造，在於以德行說禮。」〔註187〕但本文以為，「德」、「禮」之間的密切關係，當是在春秋時期才得以集中闡發（詳見後文），是春秋時人在對「德」、「禮」觀念進行了重重反省、將其賦予新的內涵與意義後出現的新詮釋，若論周文傳統中的「德」、「禮」關係，只可說周人在奉持「敬德保命」的理念下，崇尚德治；同時在遵循現實禮制秩序的實踐中，推崇禮治，由二者共同形成周代尚德治、尚禮治的政教特徵，形成以「敬德」觀、「禮」文化為重要表徵的周代人文精神傳統。

〔註186〕余英時：《論天人之際——中國古代思想起源試探》，頁32。
〔註187〕楊向奎：《宗周社會與禮樂文明》，頁333。

第二章 《左傳》中的「德」觀念（上）

　　在檢討了周文傳統中「德」、「禮」的確切所指後，本文將以《左傳》為中心，集中討論以「德」、「禮」為核心的思想觀念在春秋時期的具體演變情形，本章先討論「德」觀念。

　　如前所述，周初「敬德保命」理念是在殷周之際巨大的政治變革以及天命觀變化的背景下提出的，這一敬德觀因其對人自身努力的極大肯定，體現出可貴的人文精神，奠定了吾國文化道德人文主義的基本走向，而時至春秋時期，歷史迎來了另一次更為劇烈的思想與社會大變革，在此期間，天人關係發生了根本性的轉變，社會政治的變遷則更為持久與深刻，在這種歷史劇變中，先秦人文思想的進程再次得到了大力推進，由此則漸而塑造了吾國文化道德人文主義的核心特質。以「德」觀念而論，周文傳統中的「德」，其本質是一個天命觀前提下的政教理念，但隨著西周末至春秋時期天人關係的變化與現實政治的失序，傳統敬德觀發生了動搖，在約兩個半世紀的春秋時期，「德」觀念呈現出宗教性逐漸減弱而人文性更為強化的意義演變趨勢，且在其人文意涵中，一方面「德」的政教性意義得以延續，另一方面，「德」的倫理性意義乃得以極大拓展，成為「德」觀念意義發展的新主流。可以說，周文傳統中的「德」觀念經過春秋時人的重新詮釋，其人文價值已壓過天命意義，並從政教層面日漸走向倫理層面，從宗教與政治的外在要求，逐漸走向了個體內在的道德自覺。本章即從《左傳》等材料出發，對這一進程進行充分討論。

第一節　春秋時期的思想價值危機與傳統敬德觀的變化

　　本節主要討論春秋時期「德」觀念演變的社會思想背景與政治背景，以及傳統「德」觀念在此種背景中如何受到影響而產生變化。

壹、西周末期天命觀的動搖與春秋時期思想之「祛魅」

　　天人關係是先秦思想發展中的一個基本命題。若以「從孔、老開始的諸子學興起時期」為中國的「軸心突破時代」〔註1〕，那麼，在此軸心突破時代之前，先秦思想史上至少經歷了兩次天人關係的關鍵性變化，第一次即殷周之際，第二次則在西周末期至春秋前期〔註2〕。殷周之際天人關係的變化，是在延續傳統宗教信仰的同時，周人產生了「天命靡常」的意識，由此，殷代以來政治上的「天命觀」，即以王權出自至上神意志的觀念發生變化，周人加入了標誌人自身努力的「德」因素，從而提出「敬德保命」、「以德配天」的理念，但周代的「德」依然是以天命觀為前提的；然而，到了西周末期，天命觀進一步發生了動搖，至春秋前期，天人關係已呈現出深刻的轉變，人在天人關係中的主體性地位基本得以確立，「民，神之主也」〔註3〕的思想已經成為普遍意識。此種天人關係的轉變反映在春秋時期的社會思潮上，至少呈現出兩個重大的變化：其一是「天」概念的意涵出現了多重分化，除部分延續傳統天命觀中以「天」為至上神（「主宰天」）的意義外，已明顯出現「自然天」、

〔註1〕 此說出自余英時先生，參見余英時著：《論天人之際——中國古代思想起源試探》，頁1～20。

〔註2〕 韋政通先生曾將此種天人關係的變化敘述為「宗教思想」的轉變，謂：「宗教思想於殷周之際首次發生關鍵性的轉變之後，再次發生重大轉變，是在春秋前期。」「到春秋前期，人與神（天）之間，不但輕重易位，人甚至成為神的主宰。」參見韋政通：〈傳統與孔子〉（四川大學哲學系：中國儒學網 http://www.confuchina.com/15%20jiuwen/chuantong%20yu%20kongzi.htm，2006年2月15日）。基於本文的論述語境，本文乃用「天人關係」加以論述，且認為春秋前期的天人關係的轉變，實與西周末期天命觀的動搖是連成一個時段的，在政治變革上，西周的衰敗、滅亡直至平王的東遷，也是一個連續發展的歷史階段。

〔註3〕 《左傳》桓六年季梁勸諫隨侯，謂：「夫民，神之主也。是以聖王先成民而後致力於神。」《左傳》僖十九年司馬子魚諫宋襄公，亦謂：「祭祀以為人也。民，神之主也。」可見春秋前期，「民人為神之主」的思想已一再被時人提及。詳見本節之「春秋人文思想之勃興」部分。

「義理天」等新意涵，這些新意涵特別突出地體現在春秋時人的「天道」概念上；其二則是人文思想的勃興，此點已多被前輩學者談到。這兩個重要的變化，皆是在傳統天命觀（以下「傳統天命觀」皆專指周代天命觀）動搖之後，時人思想上的一種「祛魅」現象，即傳統的宗教鬼神信仰力量減弱，而代之以人性的覺醒、人文理性的崛起及人本主義的盛行。

一、厲幽時代的怨天詩

周代「敬德保命」的政教理念本身即表明，政治和宗教是密切結合的，王者通過政教上的德治用以護持天命，成為天命的承載體，漸而「王德」被視作天命的體現，到了西周晚期的厲王、幽王時代，由於周王政治上的無道、失德，傳統天命觀便開始被時人所懷疑並發生動搖，這從《詩經》厲幽時代的「怨天詩」中明顯可見。前輩學者如徐復觀先生、韋政通先生都對此進行過討論，如徐復觀先生指出，「《大雅》後期的詩，如〈板〉、〈蕩〉、〈抑〉等詩，已開始對天的善意與權威發生了懷疑，但對之仍存有敬戒之心」，這些詩的時代，「〈詩序〉說都是周厲王時代的詩，大概是可信的」；「及到了幽王時代，反映在《詩·小雅》裏面的天，幾乎可以說是權威掃地」，此則涉及《小雅》之〈節南山〉、〈正月〉、〈十月之交〉、〈雨無正〉等詩篇〔註4〕。以下略引諸詩進行說明。

《詩經·大雅》中的〈板〉篇，毛傳謂「凡伯刺厲王」也〔註5〕，〈板〉篇中關於「天」的重要詩句有：

> 天之方難，無然憲憲；天之方蹶，無然泄泄。

又：

> 天之方虐，無然謔謔。……天之方懠，無為夸毗。

又：

> 敬天之怒，無敢戲豫；敬天之渝，無敢馳驅。

其中，「天之方難（艱難）」、「天之方蹶（動）」、「天之方虐（酷虐）」、「天之方懠（怒）」〔註6〕，尚僅表達天的意志出現非常之變故，是人們將現實政治動

〔註4〕 徐復觀：《中國人性論史》（先秦篇），頁37～39。

〔註5〕 此與其下所引《板》詩，皆見〔清〕阮元校刻：《十三經註疏·毛詩正義》，頁632。

〔註6〕 所引詩的釋義，綜合參見〔清〕阮元校刻：《十三經註疏·毛詩正義》中的毛傳、鄭箋、孔疏，及程俊英、蔣見元：《詩經註析》；及雒江生編著：《詩經通詁》（西安：三秦出版社，1998年7月第1版）；及屈萬里：《詩經釋義》（台

蕩歸於天意，即以厲王暴虐無德，不能護持天命，從而人們認為人格神之天不再降福，其意志發生改變，此實仍為傳統天命觀的內義，即有德可長保天命，而無德將喪失天命、使上天降禍，故詩人在末章反復強調「敬天之怒」、「敬天之渝（變）」，仍勸勉以人自身的努力去應對天意的改變，對「天」仍「存有敬戒之心」。《詩經・大雅》中〈抑〉篇體現的思想亦與此同，〈抑〉篇有云：

> 天方艱難，曰喪厥國。取譬不遠，昊天不忒。〔註7〕

「天方艱難」意同〈板〉篇「天之方難」，但詩人仍表達了對天命公正性的信任，認為「昊天不忒（偏差）」——因傳統天命觀中的「天」，即至上神，在人的仰望中，是具有基本的公正性和善意的。然而，西周末期亦正出現對此種公正性和善意表示質疑的怨天詩，如同樣是厲王時代的詩，〈蕩〉篇表達的對天命的失望和不滿則一覽無遺：

> 蕩蕩上帝，下民之辟。疾威上帝，其命多辟。
>
> 天生烝民，其命匪諶？靡不有初，鮮克有終。〔註8〕

所謂「上帝」，與「天生烝民」之「天」，皆指至上神，前謂「蕩蕩上帝，下民之辟」意即「上帝為下民之主宰」，而「疾威上帝，其命多辟（邪辟）」，則對天命的公正性直接提出了批評，指責上帝之命多有邪辟，繼而質疑道：「上天生此眾民，其天命不該是可信賴的麼？（然而），國運初始無不隆盛，卻很少能善其終。」〔註9〕又充滿了一種對天命的失望之情。再如〈桑柔〉篇，毛傳謂：「芮伯刺厲王也」〔註10〕，其中云：

> 倬彼昊天，寧不我矜！

又：

> 國步蔑資，天不我將。靡所止疑，云徂何往。

又：

> 憂心慇慇，念我土宇。我生不辰，逢天僤怒。

　　北：中國文化大學出版部，民國82年12月新一版）。下同。此處詳參〔清〕阮元校刻：《十三經註疏・毛詩正義》，頁633～636。

〔註7〕〔清〕阮元校刻：《十三經註疏・毛詩正義》，頁649。

〔註8〕〔清〕阮元校刻：《十三經註疏・毛詩正義》，頁641。

〔註9〕此為屈萬里先生對「天生烝民，其命匪諶？靡不有初，鮮克有終」的釋義，參見屈萬里：《詩經釋義》，頁360～361。

〔註10〕此與〈桑柔〉詩句皆見〔清〕阮元校刻：《十三經註疏・毛詩正義》，頁653～654。

此則已見人們在迷惘與流離失所之中，對天產生了極大的怨恨之情，在怨恨自己生不逢時、遭遇天怒的同時，亦對上天發出呼號，怨恨昊天不矜哀下民（「寧不我矜」），不助下民（「天不我將」）。可見，厲王時代，一方面傳統天命觀仍發揮作用，另一方面天命的權威實已開始動搖。而到了幽王時代，天命的權威簡直是迅速墜落了，如〈小雅‧節南山〉篇：

　　　　不弔昊天，不宜空我師！

又：

　　　　昊天不傭，降此鞠訩。昊天不惠，降此大戾。

又：

　　　　不弔昊天，亂靡有定。式月斯生，俾民不寧。〔註11〕

「不弔」，即不淑，不善；「不傭」即不均，不公正；「不惠」，即不慈愛〔註12〕，詩人在此對著上天大聲疾呼，對昊天的不善、不公正、不慈愛及其帶來的災禍充滿了怨恨和指責。同樣為幽王時期的〈十月之交〉篇，詩人亦直接呼出「天命不徹（明）」〔註13〕的指責。再如〈小雅‧正月〉篇：

　　　　民今方殆，視天夢夢。既克有定，靡人弗勝。有皇上帝，伊誰云
　　　　憎？……天之扤我，如不我克！〔註14〕

其中以「夢夢」（昏暗不明之狀）形容「天」，繼而對天帝的權威、對天帝意志的公正性提出嚴重的質疑：「既克有定」等四句，即謂「天如有止亂之心，則無人能勝之者，而上帝卻不肯止亂，不知是在憎恨誰？」〔註15〕其後又發出「天之扤（挫折）我，如不我克」的哀歎，對上天進行狠狠的控訴。及至記載「周宗既滅，靡所止戾」即西周滅亡之際的〈小雅‧雨無正〉篇，開篇即道：

〔註11〕〈節南山〉，毛傳謂：「家父刺幽王也。」參見〔清〕阮元校刻：《十三經註疏‧毛詩正義》，頁393～396。

〔註12〕釋義參見〔清〕阮元校刻：《十三經註疏‧毛詩正義》，頁394～396，及程俊英、蔣見元：《詩經註析》，頁552～560。

〔註13〕〈十月之交〉，毛傳謂「大夫刺幽王也」；徹，毛傳謂「道也」，不徹即不循常道，亦通，參見〔清〕阮元校刻：《十三經註疏‧毛詩正義》，頁405、409；此從屈萬里先生之說釋「徹」為「明」，參見屈萬里：《詩經釋義》，頁250～253。

〔註14〕〈正月〉，毛傳亦謂「大夫刺幽王也。」參見〔清〕阮元校刻：《十三經註疏‧毛詩正義》，頁397～399。

〔註15〕此釋義參馬瑞辰之說，被收入程俊英、蔣見元：《詩經註析》，頁565。

　　　　浩浩昊天，不駿其德。降喪饑饉，斬伐四國。〔註16〕

亦是直接抱怨、指責昊天「不恆其德」〔註17〕之意。可見，幽王時期及西周
滅亡之際，天命權威已然墜落，傳統天命觀已經動搖。此中原因，如韋政通
先生所云：「周人把王權的根基假託於天命，這樣握有王權的統治者的種種表
現，無異是天命的信用狀，統治者的表現使人民滿意的時候，也就能保持人
民對天命的敬畏，統治者的表現使人民失望或怨恨的時候，人民也就對天表
示懷疑、抱怨、甚至攻擊。」〔註18〕亦如徐復觀先生所指出，由於宗教與政
治、神與王的關係「過分直接化」的原因，西周末期「王的失德，同時即是神
的失靈。」〔註19〕

二、春秋時期「天道觀」的流行

　　西周末期動搖的天命觀，亦與人類認知增長中的思想「祛魅」相伴隨，
故發展至春秋時期，傳統天命觀已產生了深刻變化，此體現在：其一，「天」
的意義出現了分化；其二，傳統作為至上神意志呈現的「天命」被賦予新的
人文詮釋。此先討論第一點。

　　從《左傳》所載可見，春秋時人對「天」的認識，一方面延續著傳統天命
觀，「天」仍具有人格神的意義；另一方面，「天」的概念顯然已分化出「自然
天」、「義理天」等新的意義，這些新思想已非傳統「天命」概念所能囊括，而
時人乃常以「天道」的概念加以統攝，故可說，春秋時人關於「天」的認知，
實已出現一種「天命觀」與「天道觀」的分化。

　　在具體討論春秋時期「天」的意義之前，本文先對所使用的概念作一必
要說明。前所謂「主宰天」、「自然天」、「義理天」等意義，皆出自馮友蘭先
生之說。馮友蘭先生謂：「在中國文字中，所謂天有五義：曰物質之天，即與
地相對之天；曰主宰之天，即所謂皇天上帝、有人格的天帝；曰運命之天，
乃指人生中吾人所無奈何者……；曰自然之天，乃指自然之運行……；曰義
理之天，乃謂宇宙之最高原理，如《中庸》所說『天命之謂性』之天是也。」
〔註20〕循此，春秋以前，出現在《尚書》、《詩經》中的「天」主要指的是至

〔註16〕〔清〕阮元校刻：《十三經註疏・毛詩正義》，頁 409。
〔註17〕釋義參見屈萬里：《詩經釋義》，頁 254。
〔註18〕韋政通：《中國思想史》（上），頁 44～46。
〔註19〕徐復觀：《中國人性論史》（先秦篇），頁 40～41。
〔註20〕馮友蘭：《中國哲學史》（上冊），頁 54～55。

上神，即馮氏所謂「主宰天」，或被稱為「人格天」、「意志天」。而馮氏之「義理天」，近於勞思光先生的「形上天」概念，即以「天」作為「形上學意義的實體」，其與「人格天」的區別在於，形上之「天」只表一實體，只有理序或規律，而無意願性，為萬理之存有性根據，而人格意義之「天」則表一主宰者，以意願性為本〔註21〕。本文即採以上概念界定對《左傳》中的「天」進行討論。

（一）傳統天命觀的延續

雖然春秋時期天人關係正發生著變化，宗教性的天的力量減弱，人則漸佔據主體地位，但這個過程並非一蹴而就，且天與人兩方面的因素始終相對存在。實際上，由於前承殷商西周，春秋時期仍是一個宗教鬼神信仰濃郁的時代，此從《左傳》、《國語》對祭祀、卜筮、鬼神等社會現象的大量記載皆可見〔註22〕，故西周末期雖然出現天命權威的動搖，但傳統「主宰天」信仰仍有其延續，此實為春秋時期「天」概念的一種基色。體現在政治上，以王權、君權出自天命的思想仍是普遍的，如《左傳·宣三年》〔註23〕周室王臣王孫滿面對楚子問鼎中原之野心時，告以：

> 天祚明德，有所底止。成王定鼎于郟鄏，卜世三十，卜年七百，天
> 所命也。周德雖衰，天命未改，鼎之輕重，未可問也。

即重申周之王權得自天命。而現實政治中王權的衰落、喪失或不得，亦被時人視作是「主宰天」的意志，如《左傳》以下諸條：

> 天而既厭周德矣，吾其能與許爭乎！（隱十一年）
>
> 天之棄商久矣，君將興之，弗可赦也已。（僖二十二年）
>
> 周之亡也，其三川震，今西王之大臣亦震，天棄之矣。（昭二十三
> 年）

除此，諸侯之君權亦被認為得自天命，如《左傳》記載晉文公之應繼為晉君，

〔註21〕勞思光：《新編中國哲學史》（一），頁80～82。

〔註22〕或謂《左傳》信鬼好巫，實則《左傳》所載為其時歷史本來之固有面貌，參見王師初慶：《《左傳》信鬼好巫辨——緒說》，《曙青春秋三傳論叢》，頁225～236。

〔註23〕本文所引《左傳》原文以〔清〕阮元校刻：《十三經註疏·春秋左傳正義》（台北：藝文印書館，民國102年3月初版）為本，因引文眾多，諸版本文字亦無原則性之出入，故但於文中註明引自「《左傳·某公某年》」，而不一一註明引文之頁碼。如有特殊者，另加注釋。

時人議論皆以為「天之所啟」、「天實置之」：

> 叔詹諫曰：「臣聞天之所啟，人弗及也，晉公子有三焉，天其或者將建諸，君其禮焉。」（僖二十三年）

> （介之推）曰：「天未絕晉，必將有主，主晉祀者，非君而誰？天實置之，而二三子以為己力，不亦誣乎！」（僖二十四年）

而當公子重耳（晉文公）流亡至楚，楚成王亦以其「天將興之，誰能廢之？違天必有大咎。」另如宣三年記鄭穆公之得位，鄭大夫石癸謂：「今公子蘭，姞甥也，天或啟之，必將為君，其後必蕃。」又如成十八年晉悼公即位，亦自謂：「孤始願不及此，雖及此，豈非天乎！」皆以君權為「天」所授。

春秋時期周室衰微，諸侯爭霸，霸權的得來亦被認為是出於天命，如《左傳》載時人之語：

> （伯宗曰：）「天方授楚，未可與爭，雖晉之彊，能違天乎？」（宣十五年）

> （魯、衛諫曰：）「齊、晉亦唯天所授，豈必晉？」（成二年）

> 范匄趨進曰：「晉、楚唯天所授，何患焉？」文子執戈逐之，曰：「國之存亡，天也，童子何知焉？」（成十六年）

可見，在春秋時人觀念中，霸權「唯天所授」，「國之存亡」亦由天命決定。又，在傳統天命觀下，久而久之還形成了一些固定性的政治話語，如「天福」、「天禍」、「天罰」、「天誘其衷」等，常被時人用於相應的政治事件上，亦常用於外交辭令，此種話語不見得是時人仍真誠地信奉人格神之「天」，但顯然是被打上了傳統天命觀念的烙印。如《左傳》所見「天福」：

> 賓曰：「如天之福，兩君相見，何以代此？下臣不敢。」子反曰：「如天之福，兩君相見，無亦唯是一矢以相加遺，焉用樂？」（成十二年）

又如時人談及國家之不幸事，則常以「天禍」稱之，用法很是固定：

> 天禍許國，鬼神實不逞于許君，而假手于我寡人。（隱十一年）

> 烏呼，天禍衛國也！夫吾不獲鱄也使主社稷。（成十四年）

> 天禍鄭國，使介居二大國之閒，大國不加德音，而亂以要之。（襄九年）

> 天禍鄭久矣，其必使子產息之，乃猶可以戾。（襄二十九年）

> 天禍魯國，君淹恤在外……（昭二十八年）

而談及國家之幸事，則常以「天誘其衷」稱之：

> 今天誘其衷，使皆降心以相從也。（僖二十八年）

> 天誘其衷，啟敝邑之心，陳知其罪，授手于我。（襄二十五年）

此外，傳統「主宰天」的意志不僅體現在政治層面，且體現在人們對災害產生的敘述上，如莊十一年記宋國大水，魯侯派使弔災：

> 公使弔焉，曰：「天作淫雨，害於粢盛，若之何不弔？」對曰：「孤實不敬，天降之災，又以為君憂，拜命之辱。」

從宋人應對「孤實不敬」以致上天降災之語來看，此「作淫雨」、「降災」之「天」仍指涉傳統的「主宰天」。又，當人們遇到極其不公正之事，亦常呼天而訴之，如文十八年：

> 夫人姜氏歸于齊，大歸也，將行哭而過市，曰：「天乎！仲為不道，殺適立庶！」市人皆哭。

及襄二十年：

> 公子黃將出奔，呼於國曰：「慶氏無道，求專陳國，暴蔑其君而去其親，五年不滅，是無天也！」

以上皆可見「主宰天」的存在。然而，從《左傳》可見，出自「主宰天」的「天命」似已開始出現某種意義分化，如襄二十九年鄭大夫裨諶的一段話，頗可注意：

> 善之代不善，天命也。其焉辟子產？舉不踰等，則位班也；擇善而舉，則世隆也；天又除之，奪伯有魄，子西即世，將焉辟之？天禍鄭久矣，其必使子產息之，乃猶可以戾。

此中「天又除之」、「天禍鄭」之「天」，顯為具有人格意志之「主宰天」，但「善之代不善，天命也」之「天命」，則既可直解為「主宰天」之命，又有著「義理天」的意味，因「善之代不善」已是一種道德法則，此「天命」亦可理解為非意願性的理序根據。另如昭二十七年載季札在吳公子光弒君自立後，接受現實，自謂：「吾誰敢怨？哀死事生，以待天命。」此「天命」亦既可解為「主宰天」之意志，卻又有著後世所謂「盡人事、聽天命」之「運命天」的意味。

（二）「天道」觀的出現及其意義

一方面，春秋時人的「天」部分延續了傳統天命觀，然而另一方面，春

秋時人亦已對「天」產生新的思想認知，此首要體現在時人所謂「天道」的概念上〔註24〕。據王初慶先生研究，《左傳》中論天道者凡十一則，或曰「天道」，或曰「天之道」，其內容約可分為三類：（1）以天道為行事之常理；（2）天體陰陽五行運行之道；（3）君臣間忠信篤敬之道〔註25〕。按照馮友蘭先生關於「天」的概念，上述第（1）、（3）類「天道」之「天」即當歸入「義理天」概念範疇，而第（2）類則當歸入「自然天」範疇，二者皆顯非「主宰天」概念。要之，「自然天」與「義理天」，是為春秋時人「天道」概念所涵攝的兩種主要的新意義，其與「主宰天」最根本的區別在於，二者皆為非意願性的，而「主宰天」則有著人格神之意願性，故「天道」概念，實代表了春秋時人對「天」的認識的拓展，以及對宗教信仰的突破。

具而言之，從《左傳》來看，時人言論中指涉「自然天」之「天道」者，如：

> 晉侯問於士弱曰：「吾聞之，宋災，於是乎知有天道，何故？」對曰：「古之火正，或食於心，或食於咮，以出內火，是故咮為鶉火，心為大火，陶唐氏之火正閼伯，居商丘，祀大火，而火紀時焉，相土因之，故商主大火，商人閱其禍敗之釁，必始於火，是以日知其有天道也。」（襄九年）

> 董叔曰：「天道多在西北，南師不時，必無功。」（襄十八年）

> 夏，四月，陳災，鄭裨竈曰：「五年，陳將復封，封五十二年而遂亡。」子產問其故，對曰：「陳，水屬也；火，水妃也，而楚所相也。今火出而火陳，逐楚而建陳也；妃以五成，故曰五年；歲五及鶉火，而後陳卒亡，楚克有之，天之道也，故曰五十二年。」（昭九年）

> 景王問於萇弘曰：「今茲諸侯，何實吉，何實凶？」對曰：「蔡凶，此蔡侯般弒其君之歲也，歲在豕韋，弗過此矣，楚將有之然壅也，歲及大梁，蔡復楚凶，天之道也。」（昭十一年）

〔註24〕按，偽孔傳《尚書》中出現有五個「天道」，分別在〈大禹謨〉、〈仲虺之誥〉、〈湯誥〉、〈說命〉（中）、〈畢命〉等篇中，但這幾篇皆被證實為後人之偽作，其「天道」觀念當為後人加入。

〔註25〕參見王師初慶：〈《左傳》信鬼好巫辨——天〉，《曙青春秋三傳論叢》，頁369～373。

（梓慎曰：）「火出，於夏為三月，於商為四月，於周為五月，夏數
　　　得天。」（昭十七年）

以上所言「天道」與「天」，皆是從星象、曆譜學角度談論的宇宙自然運行之
道，此實為自上古累積而在春秋時期已然發達、人們對宇宙天體星宿運行的
一種認知和把握，是結合了天象與人事而形成的術數之學。如馮友蘭先生
謂，此種術數之法從「觀察宇宙間可令人注意之現象，以預測人之福禍」，
「所謂『天文』、『曆譜』、『五行』，皆注意於所謂『天人之際』，以為『天道』、
人事互相影響。」〔註26〕此種從「自然天」之道以察人事的思想亦蘊含在以
下對「天道」的討論中：

鄧曼歎曰：「王祿盡矣。盈而蕩，天之道也。」（莊四年）

（伍子胥曰：）「吳其亡乎！三年，其始弱矣，盈必毀，天之道也。」
（哀十一年）

諺曰：「高下在心，川澤納汙，山藪藏疾，瑾瑜匿瑕，國君含垢，天
　　　之道也。」（宣十五年）

「盈而蕩，天之道也」，與「盈必毀，天之道也」，皆與《易經》「物極必反」
的思想相類，是古人對宇宙萬物運行規律的客觀認知，這種思想「一方面固
指宇宙歷程，另一方面也皆可應用於人生歷程」〔註27〕，故楚夫人鄧曼以此
「天道」預言楚武王「祿盡矣」，而伍子胥則以此預言吳亡；第三條內容「諺
曰」中的「天道」，亦是從自然之山川現象談到人事之為君之道，皆以宇宙自
然運行之「天道」應用於人事。

實際上，綜觀《左傳》中春秋時人對「天」的討論，關於「天」概念的新
思想中，出現最多者即在於「自然天」，且人們認為「自然天」不僅體現上述
運行之道，同時具有造生之能，如襄二十七年「天生五材，民並用之」，襄十
四年「天生民而立之君，使司牧之，勿使失性」中的「天」，皆指涉此種「自
然天」的意義。又，從上引材料的時間則可見，這一思想新動向乃自春秋中
期起（春秋之分期詳見本節第貳部分）日益流行。

另，依馮友蘭先生關於「天」的定義，春秋時期與「地」相對的「物質
天」的意義亦已成熟，如《左傳》以下諸言論：

〔註26〕馮友蘭：《中國哲學史》（上冊），頁50～54。
〔註27〕此為勞思光先生對《易經》六十四卦所指事態的論述，亦可用來指「物極必
　　　　反」思想所指涉之事態。參見勞思光：《新編中國哲學史》（一），頁84～87。

（季札）曰：「德至矣哉！大矣！如天之無不幬也，如地之無不載
也。」（襄二十九年）

史墨對曰：「物生有兩，有三有五，有陪貳，故天有三辰，地有五
行……」（昭三十二年）

其中的「天」皆為「物質天」。因「物質天」意義的廣泛認知，人們常以「天」、
「地」並提，如魯莊二十二年「天地之美」，魯成十三年「天地之中」，魯成十
五年「天地之紀」，魯襄十四年、魯昭二十五年「天地之性」，魯昭元年「國於
天地」，魯昭二十六年「與天地並」，魯昭二十八年「經緯天地」等，其中的
「天」皆本此義。狹義而言，「物質天」與「自然天」有一定區別，前者指涉
可見的天，後者指涉無形的天及宇宙運行之道；但廣義上而言，「物質天」亦
可歸為「自然天」，因與「地」相對的、可見的「天」亦屬宇宙自然的一部分，
故上述「天地」並列為一詞時，常被人們用來指代四方上下，及泛指宇宙自
然界。

自春秋中期以後，「天道」中的「義理天」意義亦已顯然，此從《左傳》
以下幾處可見：

季文子曰：「齊侯其不免乎！己則無禮，而討於有禮者，曰『女何
故行禮？』禮以順天，天之道也。己則反天，而又以討人，難以免
矣！詩曰：『胡不相畏，不畏于天』，君子之不虐幼賤，畏于天也。
在周頌曰：『畏天之威，于時保之』，不畏于天，將何能保？」（文十
五年）

（晏平仲）退告陳文子曰：「君人執信，臣人執共，忠、信、篤、敬，
上下同之，天之道也。」（襄二十二年）

子太叔曰：「以禮承天之休。」（襄二十八年）

以上所謂「天道」，魯季文子以「天」為「禮」的終極依據，鄭子大叔所言亦
同此指涉，齊晏平仲則以其為君臣之倫理道德原則的終極依據，則其中「天
道」之「天」，皆是「義理天」的意義。且從季文子之語可見，循著「義理天」
的前提，季文子將《詩經》「畏于天」、「畏天之威」的傳統「主宰天」變而詮
釋為「義理天」，並謂違天而不能免禍自保，則是將「義理天」賦予「主宰天」
那樣的權威。又如文十八年季文子謂顓頊氏之不才子檮杌曰：

不可教訓，不知話言，告之則頑，舍之則囂，傲很明德，以亂天
常。

其中「天常」亦即「天道」，是為道德法則之所生，宇宙之最高原理所在。

不過，處於思想劇變的歷史階段的春秋時人，在使用「天道」概念時，其涵義往往是複雜的，常雜糅多種意義於其中，此點亦須注意，如昭十八年載：

> 裨竈曰：「不用吾言，鄭又將火。」鄭人請用之，子產不可……子產曰：「**天道遠，人道邇**，非所及也，何以知之？竈焉知天道，是亦多言矣，豈不或信。」

此事是因善言「天事」的鄭大夫裨竈曾預言宋、衛、陳、鄭將同日發生火災，並提出用「瓘斝玉瓚」祭祀以避災，但鄭執政大夫子產不予理會，而火災果然應驗，於是有上述事跡言論。其中，子產解釋自己不用裨竈之言的原因為「天道遠，人道邇」，其所謂「天道」，應是出自裨竈所言星象學的「自然天」之道，但此種天文之學既是人可進行客觀認知的，則不應是子產所謂「非所及也，何以知之」的，可見，子產所言之「天道」是不可知的，其與「人道」相對立，是在人的認知之外的超驗力量（或說主宰力量），可見此處的「天道」仍具有一定的傳統「天命」意味。又如前引楚夫人鄧曼談及「盈而蕩，天之道」時，其後則謂：「先君其知之矣，故臨武事，將發大命，而蕩王心焉」，則可見其思想中尚有著濃郁的宗教鬼神信仰的前提，以「先君」鬼神知此「自然天」之道而蕩王心警示焉，亦可見春秋時人思想上某種混雜情形。

要之，春秋時期的「天」概念已出現多種分化，「天道觀」中所蘊含的對「自然天」、「義理天」的認識，實表明人們不再盲目迷信傳統宗教信仰中的天帝與天命，「天」的宗教性色彩漸褪，人們對該概念的人文理性認知增強。當然，總體上，一方面是「天道觀」的興起，另一方面傳統「天命觀」仍得以延續，使得春秋時期的思想觀念呈現出新舊交織的複雜面貌。而在複雜的思想演變中，天人關係的基本走向是日益轉向人本的，以下再論春秋時期人文思想之勃興。

三、春秋人文思想的勃興

與「天」概念出現意義分化的同時，春秋時期思想「祛魅」的另一大表現則是人文思想的廣泛性興起，但在討論春秋人文思潮之前，本文先釐清所用「人文」概念的涵義。

「人文」一詞，在先秦典籍中首見於《易·賁卦》彖傳：「賁，亨，柔來

而文剛，故亨。分剛上而文柔，故小利有攸往，天文也。文明以止，人文也。觀乎天文以察時變，觀乎人文以化成天下。」唐孔穎達疏曰：「觀乎人文以化成天下者，言聖人觀察人文，則詩書禮樂之謂，當法此教而化成天下也。」〔註28〕徐復觀先生於〈原人文〉一文中亦謂：「以禮樂為文（人文）」〔註29〕；宋程頤《易傳》則謂：「天文，天之理也；人文，人之道也。」〔註30〕

　　本文以為，在先秦天人關係的思想大背景下，適用於先秦思想史研究的「人文」概念，其意義乃是相對於「天文」而言，《易・賁卦》象傳正揭示了這種相對性的關係，而伊川先生「天文，天之理也；人文，人之道也」之釋義相對較確，但也較為籠統模糊。具而言之，本文認為，就前孔子時代而論，「人文」概念的意義當主要體現在兩方面：一是以人為本的「人本主義」；一是指人類之文明、文化建設，上述孔、徐諸家所論先秦禮樂為「人文」，即指此種涵義。本文進一步認為，例如周文傳統中的「德」觀念，乃強調與天、神等宗教概念相對的人的主體性自覺，實偏重人本主義層面的人文意涵；而「禮」則呈現的是周人所創造的一套政教文化設施，故主要指涉文明、文化層面的人文意涵，兩者雖皆體現了人文精神，但其所指各有偏重。以上為本文「人文」概念的基本意義範疇。

　　從《左傳》看來，春秋時期人文思想之勃興主要體現在以下幾個方面：

（一）傳統宗教的人文化

　　徐復觀先生於《中國人性論史》中論春秋時代人文精神的發展，亦重點談到宗教的人文化，指出「此時的所謂天、天命等，皆已無嚴格地宗教的意味，因為它沒有人格神的意味」，而原先統轄在天帝之下的「諸神百神」也已「接受人文的規定，並由道德地人文精神加以統一」，宗教已被「道德的人文精神化掉了」〔註31〕。本文以為，謂春秋時期「天」全無人格神意味並不盡然，如前已論傳統「主宰天」仍有其延續，但以宗教人文化在天命、鬼神信仰等方面有重大突破則無疑。本文即從「傳統天命觀的人文詮釋」與「祭神的人文化」兩方面對此問題進行說明。

〔註28〕參見〔清〕阮元校刻：《十三經註疏・周易正義》（台北：藝文印書館，民國102年3月初版），頁62。
〔註29〕參見徐復觀：〈原人文〉，《中國思想史論集》（台北：台灣學生書局，民國77年2月第8版），頁235～238。
〔註30〕〔宋〕程頤：《易傳》（台北：學生書局，民國56年10月初版），頁114～115。
〔註31〕徐復觀：《中國人性論史》（先秦篇），頁51～56。

春秋時期，傳統天命觀產生了新的變化，一方面體現在前面所論「天」的意義分化上，另一方面還體現在傳統天命觀被賦予新的人文性詮釋上。此種人文詮釋如，當傳統「主宰天」的公正性在現實中受到質疑時，人們乃重新從人的角度予以合理性的詮釋，為傳統天命權威附加上人文理性的詮釋力，如《左傳・襄二十八年》載齊慶封無道，在政變中出奔吳國，吳王卻「予之朱方」，慶封乃「聚其族焉而居之，富於其舊」，於是魯大夫子服惠伯對此表示疑惑：

> 子服惠伯謂叔孫曰：「天殆富淫人，慶封又富矣！」穆子曰：「善人
> 富謂之賞，淫人富謂之殃。天其殃之也，其將聚而殲旃。」

子服惠伯的疑惑實出於傳統天命觀，即有德必得天命護佑，無德必被上天拋棄，而慶封無德獲罪，竟能「富於其舊」，在傳統天命觀下就很難解釋，由此對天命的公正性提出質疑，謂「天殆富淫人」，但叔孫穆子則提出新詮釋，他將天命分為「天賞」和「天殃」，以「淫人富謂之殃」，謂上天將令其罪惡滿盈而終將一舉殲焉，意即「不是不報、時候未到」，此雖仍維護了「主宰天」的公正性，但正可見天命權威已納入人文詮釋的範圍，而非出於人類理性範疇之外的、不可解釋的意願性。此種將「天助不善」詮釋為「積惡降罰」的思想在春秋時期是普遍流行的，如《左傳・昭十一年》晉大夫叔向謂：「天之假助不善，非祚之也，厚其凶惡，而降之罰也。」其意亦同叔孫穆子之說。

另如《左傳・魯昭二十六年》載齊有彗星，依傳統宗教信仰，此為災異之象，故齊侯欲行禳祭，卻被齊大夫晏子諫止，晏子亦對傳統天命觀提出新的詮釋：

> 晏子曰：「無益也，祇取誣焉。天道不諂，不貳其命，若之何禳之？
> 且天之有彗也，以除穢也，君無穢德，又何禳焉？」

晏子乃破除宗教迷信，提出「天道不諂（疑），不貳其命」〔註32〕，意即「主宰天」既要降災，則不會因為舉行祭祀而能禳除，實揭示出傳統宗教信仰中的內在矛盾，進而將以彗為災的傳統認識轉而詮釋出「除穢」的意義，又將「主宰天」的意志歸結到人君的德行上，對傳統敬德觀予以進一步的人文強化，然而，此中體現的人文思想實與周代敬德觀已有極大的差異：在周文傳

〔註32〕此處「天道」之「天」，從緊接著的「不貳其命」可見，仍以傳統「主宰天」涵義為主。又，釋「諂」為「疑」參見杜預注：《春秋經傳集解》（台北：七略出版社，2005年第2版），頁360。

統中,殷代以來的天命觀是被賦予了人文之「德」的輔助,即「以敬德而能配天保命」,但其時人格神之「天」仍處於絕對的主宰地位,而到了春秋時期,其天命觀實已發生一種根本性的改變,天人地位已基本易位,「人格天」的意志轉變為可由人來決定,即此時敬德觀實已轉化為「君主的德行決定著天命所向」的意義,人對天命從輔助地位轉為具有一定的主宰權。

此種天人關係的根本性轉變,在春秋時期祭神的人文化中表現得尤為突出,如桓六年隨大夫季梁謂:

> 夫民,神之主也。是以聖王先成民而後致力於神。故奉牲以告曰「博碩肥腯」,謂民力之普存也,謂其畜之碩大蕃滋也,謂其不疾瘯蠡也,謂其備腯咸有也;奉盛以告曰「絜粢豐盛」,謂其三時不害而民和年豐也;奉酒醴以告曰「嘉栗旨酒」,謂其上下皆有嘉德而無違心也。所謂馨香,無讒慝也。故務其三時,修其五教,親其九族,以致其禋祀,於是乎民和而神降之福,故動則有成……

其中,「夫民,神之主也」可謂春秋時期天人關係變化的一個代表性宣告,如韋政通先生所言,此「在中國人文思想史上,真一道『撞破乾坤』的靈光,使人的地位顯得如此尊貴而又莊嚴」[註33]。因春秋時期的「神」,雖無殷周時期的「天」、「帝」那樣至高無上的地位,但仍屬於與人相對的超驗界,而「夫民,神之主也」實表明,在天人關係中,人已處於主體性地位。而季梁對祭神儀節的種種詮釋,亦皆完全出於人文的意義,此如徐復觀先生謂:「祭神也從宗教的神秘氣氛中解脫出來,而成為人文的儀節,即是祭祀乃成為人文成就的一種表現」[註34]。與「夫民,神之主也」的宣告類似,莊三十二年虢大夫史嚚亦謂:「神,聰明正直而壹者也,依人而行」,亦鮮明宣示了天人關係中人的主體地位,此皆為宗教人文化的突出體現。

(二)人本主義與重民思想的興起

實際上,「夫民,神之主」不止一次被春秋時人提及,不過,同樣是呼出「民,神之主也」,宋司馬子魚的言論則側重表達的是人本主義的思想,如魯僖十九年:

> 夏,宋公使邾文公用鄫子于次睢之社,欲以屬東夷。司馬子魚曰:

〔註33〕參見韋政通:〈傳統與孔子〉一文 http://www.confuchina.com/15%20jiuwen/chuantong%20yu%20kongzi.htm。

〔註34〕徐復觀:《中國人性論史》(先秦篇),頁 55。

> 「古者六畜不相為用，小事不用大牲，而況敢用人乎？祭祀以為人
> 也。民，神之主也。用人，其誰饗之？！……」

如果說季梁所言「夫民，神之主也」，在體現宗教人文化的同時，強調的是
「聖王先成民而後致力於神」的德治思想，其所謂「民」實指與君王相對應
的「百姓民人」，那麼，司馬子魚從「祭祀以為人也」而演繹出的「民，神之
主也」，則實指「人，神之主也」，其所謂「民」則是指與天、神相對應的「人」，
故子魚之強烈反對用人以祭鬼神，體現了濃厚的人本主義思想。從《左傳》
可見，春秋時期人本主義思想乃是廣泛流行的，如僖二十一年：

> 夏，大旱。公欲焚巫、尪。臧文仲曰：「非旱備也。脩城郭、貶食、
> 省用、務穡、勸分，此其務也。巫、尪何為？天欲殺之，則如勿生。
> 若能為旱，焚之滋甚。」公從之。

焚巫、尪之人，為古時人們求免旱災的一項宗教儀式，但魯大夫臧文仲本著
人本思想，反對焚燒活人，而以「脩城郭、貶食、省用、務穡、勸分」等人事
努力為「旱備」。又如文五年：

> 秦伯任好卒，以子車氏之三子奄息、仲行、鍼虎為殉，皆秦之良也。
> 國人哀之，為之賦〈黃鳥〉。

秦穆公死後用三良殉葬，國人哀之，賦〈黃鳥〉之詩表達對人殉的強烈反對
〔註35〕，亦體現人本主義思想的深入人心。

　　春秋時期人本主義思想的深入人心，在政教層面上則體現為重民思想的
興盛。實際上，重民思想本是上古政教中已形成的優良傳統，如《尚書·盤
庚》篇：「汝無侮老成人，無弱孤有幼，各長于厥居。」〈洪範〉篇：「汝則有
大疑，謀及乃心，謀及卿士，謀及庶人。」〈酒誥〉篇：「古人有言曰：『人無
於水監，當於民監。』」〔註36〕皆見重民思想，但到了春秋時期，此種思想得
到進一步深化與普及，其深化的一面如：

> 邾文公卜遷于繹。史曰：「利於民而不利於君。」邾子曰：「苟利於
> 民，孤之利也。天生民而樹之君，以利之也。民既利矣，孤必與
> 焉。」左右曰：「命可長也，君何弗為？」邾子曰：「命在養民。死

〔註35〕《詩經·秦風·黃鳥》摘錄：「交交黃鳥，止于棘。誰從穆公，子車奄息。維
　　　　此奄息，百夫之特。臨其穴，惴惴其慄。彼蒼者天，殲我良人！如可贖兮，
　　　　人百其身。」參見程俊英、蔣見元：《詩經註析》，頁350～353。
〔註36〕以上三處《尚書》引文，分別參見〔清〕孫星衍：《尚書今古文註疏》，頁231、
　　　　313、381。

之短長，時也。民苟利矣，遷也，吉莫如之！」遂遷于繹。(《左傳·文十三年》)

在邾文公的言論中，君主的天命〔註37〕便是養民，所謂「命在養民」；而「苟利於民」，即是「君之利」，因「天生民而樹之君，以利之也」，即謂政教乃是以百姓民人的利益為導向的，故邾子在個人壽命與利民兩者之間，義無反顧地選擇利民而遷都。又如桓六年季梁謂「上思利民，忠也」，僖十三年秦穆公謂「其君是惡，其民何罪？」成二年子重謂楚莊王遺命：「無德以及遠方，莫如惠恤其民而善用之」，襄二十五年然明謂「視民如子」，哀十年吳季子謂「務德而安民」等等，皆體現政教中重民思想的廣泛流行。

（三）人文理性的彰顯

又，春秋時期處處可見的人們對於事物和生命的理性認知，即「人文理性」的彰顯，亦是人文思潮勃興的體現。如《左傳·魯襄九年》魯宣夫人穆姜關於占卜的一段闡釋：

穆姜薨於東宮。始往而筮之，遇艮之八▦。史曰：「是謂艮之隨▦，隨，其出也。君必速出！」姜曰：「亡！是於《周易》曰：『隨，元、亨、利、貞，無咎。』元，體之長也；亨，嘉之會也；利，義之和也；貞，事之幹也。體仁足以長人，嘉德足以合禮，利物足以和義，貞固足以幹事。然，故不可誣也，是以雖隨無咎。今我婦人，而與於亂，固在下位，而有不仁，不可謂元；不靖國家，不可謂亨；作而害身，不可謂利；棄位而姣，不可謂貞。有四德者，隨而無咎。我皆無之，豈隨也哉？我則取惡，能無咎乎？必死於此，弗得出矣。」

如徐復觀先生指出，春秋時期的卜筮，本已與殷周時作為神意的顯示不同，絕大多數「只表示運命中的某種盲目性的數」〔註38〕，而穆姜對此種運命中難以捉摸之數的意見，更完全是從人事角度，做出與史官不同的理性詮釋，從而反省「我則取惡，能無咎乎」，對於未來的命運，付諸理性的承擔態度。

又如鄭大夫子產所提出「天道遠，人道邇」的著名觀點，乃可謂春秋晚

〔註37〕左右所謂「命可長也」之「命」，是指個人的壽命，而邾子所謂「命在養民」
之「命」，實已轉換為君之天命。
〔註38〕徐復觀：《中國人性論史》（先秦篇），頁52。

—86—

期人文理性思想的代表性論點，而如與子產差不多同時期的楚昭王〔註39〕，亦是一人文理性思想的代表，如哀六年記其言行云：

> 秋七月，楚子在城父，將救陳。卜戰，不吉；卜退，不吉。王曰：「然則死也。再敗楚師，不如死；棄盟、逃讎，亦不如死。死一也，其死讎乎！」

又：

> 是歲也，有云如眾赤鳥，夾日以飛三日。楚子使問諸周大史。周大史曰：「其當王身乎！若禜之，可移於令尹、司馬。」王曰：「除腹心之疾，而寘諸股肱，何益？不穀不有大過，天其夭諸？有罪受罰，又焉移之？」遂弗禜。

又：

> 初，昭王有疾，卜曰：「河為祟。」王弗祭。大夫請祭諸郊。王曰：「三代命祀，祭不越望。江、漢、雎、漳，楚之望也。禍福之至，不是過也。不穀雖不德，河非所獲罪也。」遂弗祭。

此中可見，其一，楚昭王將占卜結果賦予人事層面的詮釋，其對於死的方式，選擇死於信義，即對人文之價值給予最高意義的肯定；其二，對於周太史提出的以禜祭將己身災禍轉移至下屬的做法，昭王予以拒絕，謂此實為「除腹心之疾，而寘諸股肱」，並謂「不穀不有大過，天其夭諸？有罪受罰，又焉移之？」體現其深刻的理性認知；其三，昭王「祭不越望」的觀點亦體現對宗教的人文新詮釋，其「弗禜」、「弗祭」的決定皆充分體現人文理性精神。

另如魯大夫叔孫豹（穆叔）的「不朽」論，更是在對生命終極意義的探討中，彰顯著人文理性，襄二十四年載：

> 穆叔如晉，范宣子逆之，問焉，曰：「古人有言曰：『死而不朽』，何謂也？」穆叔未對。宣子曰：「昔匄之祖，自虞以上為陶唐氏，在夏為御龍氏，在商為豕韋氏，在周為唐杜氏，晉主夏盟為范氏，其是之謂乎！」穆叔曰：「以豹所聞，此之謂世祿，非不朽也。魯有先大夫曰臧文仲，既沒，其言立，其是之謂乎！豹聞之『大上有立德，其次有立功，其次有立言。』雖久不廢，此之謂不朽。若夫保姓受氏，以守宗祊，世不絕祀，無國無之。祿之大者，不可謂不朽。」

〔註39〕據《左傳》記載，鄭子產卒於魯昭二十年，楚昭王於魯昭二十六年即位，卒於魯哀六年。

何謂不朽？即個體生命如何才能樹立永恆的價值與意義？是在於范宣子所謂世卿貴祿之長久麼？穆叔予以了否定，而謂「大上有立德，其次有立功，其次有立言」，此實「直以人文成就於人類歷史中的價值」〔註40〕來樹立「永生」的意義，此種「永生」、「不朽」之意義直指人類生命本身，乃超越宗教、政治層面的意義，亦超越時間與空間，而具有普世之人文價值，展現出春秋時期人文理性的巨大光輝。

綜合本部分所論，自西周末期怨天詩的出現，至春秋時期天道觀的興起，周代傳統的天命觀已發生深刻改變，隨著傳統觀念的普遍性動搖與變化，實給春秋時人造成一種思想價值上的混亂與危機，而此種思想危機又與人文思潮的勃興相伴隨，使得整個春秋社會思想呈現出一種「天消人長」的情形，此即春秋時期「德」觀念發展的基本思想背景。

貳、春秋時期社會政治的失序及歷史分期問題

春秋時期的思想價值危機，不僅與傳統天命觀、天人關係的變化相關，更是社會政治的失序直接造成。自西周滅亡，周平王東遷後，其政治局勢如《史記‧周本紀》謂：「周室衰微，諸侯彊并弱，齊、楚、秦、晉始大，政由方伯」〔註41〕。縱觀整個春秋時期，其時以周王為共主的統一的分封政治體制正走向分崩離析，周代禮制日益崩壞，諸侯間征伐不斷，內亂頻起，整個社會乃處於一種劇烈演變、轉型的狀態，此為春秋思想觀念發展演進的基本政治背景。以下對此作一概述，並以政治失序帶來的世風演變為據，對春秋歷史時段略作早、中、晚之分期。

一、周代分封政治體制的崩潰

春秋時期，周代統一的分封政治制度日漸崩潰，主要體現在周王室作為天下共主的政治領導權的喪失、諸侯相互征伐及大國吞併小國、禮制崩壞與諸侯內亂頻繁等方面。

其一，周王室衰微，其作為共主的地位已名存實亡，政治領導權喪失。此如《左傳‧隱十一年》鄭莊公之語：

> 王室而既卑矣，周之子孫日失其序。夫許，大岳之胤也，天而既厭

〔註40〕引自徐復觀：《中國人性論史》（先秦篇），頁56。
〔註41〕〔漢〕司馬遷：《史記‧周本紀》，參見《新校本史記三家注並附編二種》（一），頁149。

周德矣，吾其能與許爭乎？

可見自春秋初期，「王室既卑」、「天而既厭周德」已是顯然的事實，鄭莊公作為「周之子孫」，乃深切悲歎姬姓周族已被上天拋棄。不過，須說明的是，在春秋約兩個半世紀的時段內，周王室權威的衰微是有一個漸進的過程的。如晁福林先生謂，春秋時期的周王朝，依其政治發展情況而言，可分為三個階段：周惠王（前 676～前 653 年）之前為第一個階段，周惠王至周簡王（前 585～前 572 年）為第二個階段，周簡王以後（前 571～前 479）為第三個階段。在第一個階段，王室餘威尚存，尚能「思而不懼」；但到了第二個階段，其國勢迅速下跌，其中以王室的庶孽之亂為重要表徵，先後發生子頹之亂、子帶之亂，最後皆由諸侯幫助平亂，故自周惠王後期，已要仰仗諸侯大國之鼻息；至第三個階段，王室庶孽之亂與卿士貴族間的激烈鬥爭更是錯綜複雜，在卿士力量強大及其相互矛盾加劇的情況下，周王室愈趨衰弱，更加依賴諸侯大國〔註 42〕。

徐復觀先生分析周王室領導地位的喪失原因，指出是由王室與諸侯之間「親親」精神紐帶的解紐開始的〔註 43〕。因周代分封制是與宗法制緊密結合的，周王室與諸侯之間為兄弟或姻親關係，有著「親親」血緣基礎，然而此種親緣關係經數百年傳承之後勢必逐漸疏遠，故「親親」之精神漸而淡薄，同時在現實政治中，諸侯大國的日益強大，亦必造成尾大不掉之情形。另外，本文以為，自西周後期即開始出現的禮制被破壞，既是政治與社會走向失序的體現，反過來亦是造成政治與社會失序的重要原因，前述晁福林先生言及的「庶孽之亂」，其實質就是嫡長子繼承制遭到破壞而造成的政治動亂。

其二，周王室失去對天下的領導和控制權後，諸侯相互征伐不斷，兵爭不息。就《左傳》而言，其中所記戰爭即有四百九十餘次〔註 44〕。諸侯間的兵爭最重要的有兩種：一是大國爭霸，一是大吞併小。大國爭霸的情形，先以春秋初期鄭莊公的稱強為濫觴，而後有齊桓公、晉文公之稱霸，自晉文公時晉、楚城濮之戰後，整個春秋中期皆以晉國和楚國的爭霸賽為政治主旋律，

〔註 42〕參見晁福林：《春秋戰國的社會變遷》（上冊）（北京：商務印書館，2011 年 9 月第 1 版），頁 59～76。
〔註 43〕徐復觀：《周秦漢政治社會結構之研究》（台北：學生書局，民國 63 年 5 月再版），頁 64～68。
〔註 44〕參見周洪：〈春秋時期的戰爭禮〉，《江西師範大學學報（哲學社會科學版）》第 40 卷第 5 期，2007 年 10 月。

至春秋晚期，則有吳、越突然興起，亦參與中原爭霸。其間社會動蕩不止，民人悲苦無援，其情形從《左傳・成七年》魯大夫季文子之語中可見一斑：

> 七年春，吳伐郯，郯成。季文子曰：「中國不振旅，蠻夷入伐，而莫之或恤。無弔者也夫！《詩》曰：『不弔昊天，亂靡有定』，其此之謂乎！有上不弔，其誰不受亂？吾亡無日矣！」

季文子以吳人逐鹿中原為「蠻夷入伐」，哀歎中土軍威不振，以致中土之國被伐卻無人能救，並以此種境況同於西周末期「不弔昊天，亂靡有定」的情形，哀歎上無善主，故無人不受亂。又如文五年楚滅六國及蓼國：

> 秋，楚成大心、仲歸帥師滅六。冬，楚公子燮滅蓼。臧文仲聞六與蓼滅，曰：「皋陶、庭堅不祀忽諸。德之不建，民之無援，哀哉！」

則為大國兼併小國的情形。六、蓼為上古名臣皋陶、庭堅之後，綿延祭祀數個世代，春秋中期卻倏忽被強楚連連滅掉，故魯大夫臧文仲哀歎「德之不建，民之無援」。如徐復觀先生指出，春秋時代「封建政治全面崩壞」之最顯著者，「無過於各國併吞之禍。」〔註45〕

其三，春秋政治之失序，自表面來看是周王室領導權喪失、周代分封政治體系解體，自內裡而言，則是周代賴以統治的禮制崩壞。周代禮制通過區別上下貴賤之等級，以維護宗法分封政治秩序，而此種等級制度經過長期持續的被破壞後，便帶來普遍性的社會動亂。故不僅自整體而言，周代統一的分封政治體系日漸解體；且自部分而言，在各個諸侯國內，也是內亂頻起，上下失序的，《史記・太史公自序》中謂：「春秋之中，弒君三十六，亡國五十二，諸侯奔走不得保其社稷者不可勝數」〔註46〕，正是此種情況的寫照。而諸侯各國的內部，由於禮制被破壞，皆出現政權逐漸下移的局勢〔註47〕，此正《論語》孔子所論：

> 天下有道，則禮樂征伐自天子出；天下無道，則禮樂征伐自諸侯出。自諸侯出，蓋十世希不失矣；自大夫出，五世希不失矣；陪臣執國命，三世希不失矣。〔註48〕

可見天子失權後、政治權力下移至諸侯，而諸侯之政權亦經歷著一個從國君

〔註45〕徐復觀：《周秦漢政治社會結構之研究》，頁69。

〔註46〕〔漢〕司馬遷：《史記・太史公自序》，參見《新校本史記三家注並附編二種》（四），頁3297。

〔註47〕參見徐復觀：《周秦漢政治社會結構之研究》，頁70～72。

〔註48〕參見〔清〕阮元校刻：《十三經註疏・論語註疏・季氏》，頁147。

到大夫、以至於陪臣的逐漸下移過程。在政權下移過程中，由於權力爭奪帶來的禍亂頻發不止，如前述弒君者「三十六」，又如顧棟高《春秋大事表》統計，《春秋》「書諸侯殺大夫者四十七」〔註49〕，「書卿士大夫公子出奔者」共五十七〔註50〕，此種出奔多因政治動亂，而卿大夫因爭權以自相攻殺者，春秋中期以後更是不可勝數。

　　同樣須指出的是，禮制的崩壞在春秋時期亦是一個漸變的過程，而非突而全盤瓦解。春秋早期大國爭霸帶來的亦並非全是戰亂和災難，如齊桓、晉文之稱霸，大體上仍是維護著舊有的政治體制的，此從齊桓稱霸乃行「尊王攘夷」之事即可見，又如《左傳·僖七年》「甯母之盟」，齊桓合諸侯仍能在一定程度上秉持傳統禮治思想：

> 秋，盟于甯母……管仲言於齊侯曰：「臣聞之：招攜以禮，懷遠以德。
> 德禮不易，無人不懷。」齊侯脩禮於諸侯，諸侯官受方物。

然而，至春秋晚期，吳國的稱霸則已被時人公認為「無道」〔註51〕，如哀七年載：

> 夏，公會吳于鄫。吳來徵百牢。子服景伯對曰：「先王未之有也。」
> 吳人曰：「宋百牢我，魯不可以後宋。且魯牢晉大夫過十，吳王百牢，
> 不亦可乎？」景伯曰：「……君若以禮命於諸侯，則有數矣。若亦棄
> 禮，則有淫者矣。周之王也，制禮，上物不過十二，以為天之大數
> 也。今棄周禮，而曰必百牢，亦唯執事。」吳人弗聽。

吳人之稱霸，根本棄周禮於不顧，竟對諸侯徵百牢，故可見時至春秋晚期，周代禮制則發展到徹底崩壞的地步。前後對比可知，自春秋早期至晚期，政治的失序亦是一個漸變的、日益劇烈的歷程。

二、世風之變與春秋歷史的分期問題

　　由於政治上逐漸的失序，社會人心亦隨之漸變，此從春秋時期兩種最常見的重要政治事件——會盟與戰爭中，乃明顯可見。

〔註49〕〔清〕顧棟高：《春秋大事表·春秋刑賞表卷十三》（台北：鼎文書局，民國
　　　　 63 年 10 月初版），頁 430。
〔註50〕參見顧棟高：《春秋大事表·春秋刑賞表卷十三》，頁 437～441。
〔註51〕如《左傳》載魯襄十三年吳伐楚喪，魯襄十四年向之會上，與楚為敵的晉人
　　　　 亦「數吳之不德也」；又如《左傳》哀十二年：吳徵會于衛……子羽曰：「吳
　　　　 方無道，無乃辱吾君，不如止也。」子木曰：「吳方無道，國無道，必棄疾於
　　　　 人。吳雖無道，猶足以患衛。往也！……」

　　其一，霸主會盟所秉持的政教理念可謂集中反映了其時政治上層的思想，周代作為最高政教理念的「德」，在春秋早期齊桓公主持會盟時，尚能得以秉持，如前述魯僖七年（前653年）「甯母之盟」上，管仲乃謂「招攜以禮，懷遠以德。德禮不易，無人不懷」，但到了魯成九年（前582年）晉國會合諸侯舉行「蒲之會」時，傳統政教理念就明顯衰落，如《左傳·成九年》載：

> 為歸汶陽之田故，諸侯貳於晉。晉人懼，會於蒲，以尋馬陵之盟。
> 季文子謂范文子曰：「德則不競，尋盟何為？」

季文子所謂「德則不競，尋盟何為」，乃是對晉國作為盟主而不務德的公開譴責，可見時風已下，眾所周知。再至魯昭十三年（前529年）晉國舉行「平丘之盟」時，所秉持者則已全為崇尚武力、以兵威諸侯之思想了，如昭十三年載：

> 晉成虒祁，諸侯朝而歸者皆有貳心。為取郠故，晉將以諸侯來討。
> 叔向曰：「諸侯不可以不示威。」乃并徵會，告于吳。……七月丙寅，治兵于邾南。甲車四千乘。

即見晉國此時徑以武力震懾諸侯，已與傳統「德」、「禮」觀背道而馳。

　　其二，從《左傳》所載春秋時期戰爭中的作戰思想，亦可見世風之漸變。如僖二十二年（前638年）宋、楚「泓之戰」：

> 冬，十一月，己巳，朔，宋公及楚人戰于泓。宋人既成列，楚人未既濟，司馬曰：「彼眾我寡，及其未既濟也，請擊之。」公曰：「不可。」既濟而未成列，又以告，公曰：「未可。」既陳而後擊之，宋師敗績，公傷股，門官殲焉。國人皆咎公，公曰：「君子不重傷，不禽二毛，古之為軍也，不以阻隘也，寡人雖亡國之餘，不鼓不成列。」

此戰楚強宋弱，但宋襄公卻秉持古代軍禮，等著楚人渡河、擺好戰陣再正面作戰，結果大敗。而僅隔十一年，當晉、楚「夾泜而軍」時，其人心則已不同，如僖三十三年（前627年）載：

> 晉陽處父侵蔡，楚子上救之，與晉師夾泜而軍。陽子患之，使謂子上曰：「吾聞之：『文不犯順，武不違敵。』子若欲戰，則吾退舍，子濟而陳，遲速唯命。不然，紓我。老師費財，亦無益也。」乃駕以待。子上欲涉，大孫伯曰：「不可。晉人無信，半涉而薄我，悔敗

何及？不如紓之。」乃退舍。陽子宣言曰：「楚師遁矣！」遂歸。楚
師亦歸。

與宋、楚「泓之戰」相比，宋襄公等待楚師涉水來戰，楚師亦不疑，徑直濟
渡，可見彼時諸侯間尚存信用，而此時晉大夫陽處父則正利用敵我之間誠信
的沒落，詐使楚人過河，而楚人果疑，不敢涉水，以此未開戰。再至定四年
（前506年）吳、楚「柏舉之戰」，則其時人心已全然不古：

十一月庚午，二師陳于柏舉。……吳從楚師，及清發，將擊之。夫
概王曰：「困獸猶鬥，況人乎？若知不免而致死，必敗我。若使先濟
者知免，後者慕之，蔑有鬥心矣。半濟，而後可擊也。」從之，又
敗之。

此戰中，吳夫概王追擊楚師，乃誘其半濟而擊之，以為兵法之良，實為使用
詐術而無所不用其極。此三戰皆係與楚人戰，雖宋、晉、吳之國情民心或略
有差別，然總體上仍明顯可見春秋時期世風轉移之情形。

實際上，世道人心的變化與社會核心思想觀念的演變是同等的進程，故
本文據此角度，乃選擇體現世風變化的代表性事件所在年份，結合傳統意見，
對春秋歷史階段略作早、中、晚之分期，以便後文對「德」、「禮」觀演變進程
的縱向敘述。追溯傳統對春秋分期的意見，當自漢董仲舒始，《春秋繁露·楚
莊王》謂：

春秋分十二世以為三等：有見，有聞，有傳聞。有見三世，有聞四
世，有傳聞五世。故哀、定、昭，君子之所見也。襄、成、文、宣，
君子之所聞也。僖、閔、莊、桓、隱，君子之所傳聞也。〔註52〕

其分《春秋》所載魯十二公之世為「見」、「聞」、「傳聞」之「三等」，乃據《公
羊傳·隱公元年》「所見異辭，所聞異辭，所傳聞異辭」〔註53〕之說，於是以
孔子（「君子」）所在歷史時段為基準，將春秋時期分為了三個歷史階段：其
一，以隱、桓、莊、閔、僖，為「君子所傳聞世」；其二，以文、宣、成、襄
為「君子所聞世」；其三，以昭、定、哀為「君子所見世」。本文仍大略依此，
以「所傳聞世」為春秋早期，以「所聞世」為春秋中期，以「所見世」為春秋
晚期，但據世風轉移的情形，本文再對春秋早期和中期的分界作一補充說明，

〔註52〕參見〔清〕蘇輿撰：《春秋繁露義證》（北京：中華書局，1992年12月第1
版），頁9～10。
〔註53〕〔清〕阮元校刻：《十三經注疏·春秋公羊傳注疏》，頁17。

並對春秋中期和晚期的分界點略作調整:即以魯襄二十七年(前 546 年)「宋之會」作為春秋中期和晚期的分界點。

春秋早期、中期的分界點在魯僖公卒(在位三十三年)、魯文公即位之時,此分期本以魯國君位更替為依據,但巧合的是,魯僖三十三年(前 627 年)發生的秦、晉「殽之戰」,恰為這個分界點賦予了春秋政治史、思想史上雙重的轉折意義。從政治上而言,晉國通過殽之戰,成功扼制住了秦國東征稱霸的野心,此後秦國雖多番努力,但終春秋之世,皆被晉國牢牢扼制在西戎之地,不復東征,而晉國則守住了晉文公初建之霸業,為此後在中原的長期稱霸奠定了堅實基礎;從思想史上而言,在殽之戰以前,齊桓、晉文之稱霸,仍能基本秉持傳統信義,但此殽之戰中,晉人背信棄義,以現實利益為主導,既不顧國喪,亦拋棄秦人之舊恩,偷襲秦師致其覆滅,完全打破傳統周禮的約束、拋棄德義,而秦師出兵鄭國,亦是出於實利至上之動機,且亦採用偷襲之詐術,此事件可謂集中反映了其時人心之大變,故本文乃將魯僖三十三年「殽之戰」作為春秋早、中期的分界點,與傳統分期節點亦合。

春秋中期和晚期的分界點,本文則以魯襄二十七年的「宋之會」當之。從春秋政治史上而言,晉、楚爭霸乃是春秋中期最重要的政治事件,而「宋之會」正標誌著晉、楚爭霸賽在正面戰場上的基本結束;從思想史的角度,「宋之會」亦再次體現了世風一大變,如《左傳‧襄二十七年》載:

> 楚人衷甲。伯州犁曰:「合諸侯之師,以為不信,無乃不可乎?夫諸
> 侯望信於楚,是以來服。若不信,是棄其所以服諸侯也。」固請釋
> 甲。子木曰:「晉、楚無信久矣,事利而已。苟得志焉,焉用有信?」
> 大宰退。

「宋之會」又稱「弭兵之會」,是晉、楚雙方商議停戰的重要會盟,但此會上,楚人「衷甲」,意圖不軌,破壞諸侯會盟基本的誠信原則,可謂背信棄義,此舉遭到楚大夫伯州犁反對後,楚令尹子木仍堅持己見,稱「晉、楚無信久矣,事利而已。苟得志焉,焉用有信?」既體現其實利主義的政治主導原則,且可見子木的決斷實基於「晉、楚無信久矣」的認知,更凸顯其時世風日下的情形,故本文以「宋之會」事件具有政治上之標誌性意義與世風大變之象徵意義,將其作為春秋中、晚期的分界點。魯襄公在位三十一年,此分期節點(魯襄二十七年)亦與傳統分期節點(魯襄三十一年)相去不遠。

綜合本節壹、貳部分而言之,如韋政通先生所云:「孔子以前的文化與思

想，像曠野的奔流，浩蕩又壯麗，它是古中國政治、社會、信仰的支柱。到了春秋時代，這支柱本身起了變化，引起變化的主要原因，外部的是由於政治權力的分化，內在的是因信仰重心的墜落。二者互為因果，又使這兩種趨勢日益增強。前一趨勢導致不斷的戰爭和暴亂……後一趨勢導致宗教的轉化，和人文思想種子的散佈。」〔註54〕此亦本文所論春秋時期思想上天人關係變化、政治上失序之概況，而這兩方面的歷史劇變皆給時人造成一種思想價值上的危機，給時代提出了「兩項重大的要求」：「一是社會秩序的重建」，「一是個人內心生活的調理，其中包括道德規範的確立，和社會秩序在人性中的基礎問題」〔註55〕，於是，面對此種時代之命題，在長達約兩個半世紀的歷史中，春秋時人對此進行了重重之反省，在不斷檢討中，周文傳統中的「德」與「禮」觀念皆發生了極為重要的意義演變。

以下先對傳統「德」觀念在此種背景下如何受到影響進行討論。

參、思想價值危機中傳統敬德觀的變化

從《左傳》可見，在春秋時代思想價值危機中，「德」觀念的意涵演變是從傳統敬德觀的變化中開始的。如第一章所述，周代的「德」，實質上是一個天命觀前提下的政教理念，其最高意義體現在「敬德保命」的政治意識形態中，在周代敬德觀中，宗教信仰中的至上神的權威是處於第一位的，而西周末至春秋時期傳統天命觀的動搖，以及天道觀的興起，使得「以德配天」、「敬德保命」之「天」、「命」的主宰權威衰落，實即直接動搖了傳統敬德觀的根本，加之現實政治的衝擊，故春秋時期傳統「敬德」觀呈日趨衰微之勢。然而，周代「德」觀念本身亦含有重要的人文意義面向，隨著春秋人文思潮的勃興，在傳統敬德觀的宗教性減弱的同時，其人文性的一面卻得到進一步的強化，於是，因著春秋時代諸多哲人賢者對傳統人文精神的秉持和發揚，「德」觀念在繼承中被賦予了大量的、新的意義詮釋。

一、傳統敬德觀的衰微與現實困境

周代傳統敬德觀的日趨衰微，首要體現在諸侯爭霸的政治表現中，因敬德觀本是政治上層的政教理念，而周王室衰微後，霸權即是最高的政治權力。然而春秋諸侯之爭霸中，霸主是日益棄敬德理念於不顧的，前述春秋早

〔註54〕韋政通：《中國思想史》（上冊），頁68。
〔註55〕韋政通：《中國思想史》（上冊），頁68。

期齊桓之會盟，雖然齊桓公仍能一定程度上秉持傳統禮治，但齊桓之霸總體上仍被賢者認為是「不務德」的，如僖九年齊桓公「葵丘之盟」，周太宰評價曰：

> 齊侯不務德而勤遠略，故北伐山戎，南伐楚，西為此會也。東略之不知，西則否矣。其在亂乎！

至春秋中期，晉、楚爭霸為政治主旋律，而雙方皆被認為是「不務德而兵爭」，如宣十一年鄭大夫子良所言：

> 十一年春，楚子伐鄭，及櫟。子良曰：「晉、楚不務德而兵爭，與其來者可也。晉、楚無信，我焉得有信？」

至春秋晚期，則如襄二十九年鄭子太叔評價晉平公之城杞：

> 晉平公，杞出也，故治杞。……文子曰：「甚乎其城杞也！」子大叔曰：「若之何哉！晉國不恤周宗之闕，而夏肄是屏，其棄諸姬，亦可知也已。諸姬是棄，其誰歸之？吉也聞之：棄同、即異，是謂離德。《詩》曰：『協比其鄰，婚姻孔云。』晉不鄰矣，其誰云之？」

子大叔所謂「棄同、即異，是謂離德」，即謂晉國作為盟主，不能團結姬姓兄弟，卻勞役諸侯以助異姓，違背周代傳統政教之德義。又如哀十年吳延州來季子評價吳、楚之爭霸，亦謂：「二君不務德，而力爭諸侯」，皆可見傳統敬德觀衰微之情形。

傳統敬德觀的衰微，從思想上而言是由於傳統天命權威的墜落，同時又與現實政治的衝擊直接相關。在春秋現實政治中，傳統敬德觀常面臨實利主義、崇尚武力等思想的挑戰，造成種種困境。如春秋早期晉饑而秦人輸粟，次年秦饑，晉人卻弗與，為此晉大臣發生爭執，《左傳·魯僖十四年》載：

> 慶鄭曰：「背施，無親。幸災，不仁。貪愛，不祥。怒鄰，不義。四德皆失，何以守國？」虢射曰：「皮之不存，毛將安傅？」慶鄭曰：「棄信背鄰，患孰恤之？無信，患作；失援，必斃。是則然矣。」虢射曰：「無損於怨，而厚於寇，不如勿與。」慶鄭曰：「背施、幸災，民所棄也。近猶讎之，況怨敵乎？」弗聽。

此中慶鄭與虢射的觀點發生了激烈衝突：慶鄭所秉持者即傳統敬德觀，強調以德守國，報答秦國此前之德惠；但虢射則從眼前政治利益出發，不再考慮傳統諸侯之間的人情禮義，純以晉、楚兩國相互之利害來衡量得失，即秉持實利主義思想，但以現實利益至上為主導。須辨明的是，雖則周代傳統敬德

觀因其長保天命的目的而具有政治功利性，但此種功利性實為人文之德本身
所具有的長遠效應，而春秋時期日益興起的實利主義思想則出於短視，在此
種思想主導下，人們為了眼前利益可做出不義之事、不顧長遠後果的行為，
固與傳統敬德觀產生價值上的矛盾衝突。又如春秋中期，襄二十三年載：

> 范宣子為政，諸侯之幣重，鄭人病之。二月，鄭伯如晉，子產寓書
> 於子西，以告宣子，曰：「子為晉國，四鄰諸侯不聞令德，而聞重幣，
> 僑也惑之。僑聞君子長國家者，非無賄之患，而無令名之難。夫諸
> 侯之賄聚於公室，則諸侯貳。若吾子賴之，則晉國貳。諸侯貳，則
> 晉國壞；晉國貳，則子之家壞，何沒沒也？將焉用賄？夫令名，德
> 之輿也；德，國家之基也。有基無壞，無亦是務乎！」

晉國憑藉侯霸之權威，對諸侯克以重幣，實為實利主義取向，給小國帶來極
大的經濟負擔，而鄭子產對此提出批評，謂「德，國家之基也」，即秉持以「德」
為最高政教理念的傳統敬德觀。此中亦可見兩種價值的衝突。

　　同時，春秋諸侯的兵爭推動了人們對武力的推崇，於是，崇尚武力的思
想亦時與傳統敬德觀發生衝突，如宣十二年（春秋中期）載：

> （晉師）及河，聞鄭既及楚平，桓子欲還……隨武子曰：「善。會
> 聞用師觀釁而動。德、刑、政、事、典、禮不易，不可敵也，不
> 為是征。……德立、刑行，政成、事時，典從、禮順，若之何敵
> 之？……」
> 彘子曰：「不可。晉所以霸，師武、臣力也。今失諸侯，不可謂力；
> 有敵而不從，不可謂武。由我失霸，不如死。且成師以出，聞敵彊
> 而退，非夫也。命為軍帥，而卒以非夫，唯羣子能，我弗為也。」
> 以中軍佐濟。

此為「邲之戰」前，晉師上層出現的意見衝突，其中隨武子以傳統敬德觀觀
照楚國，以楚人「德、刑、政、事、典、禮不易」，故「不可敵也」，主張撤軍；
而彘子則以晉國之所以能稱霸，在於「武」和「力」，故強行渡河，其崇尚武
力之思想與隨會所論正好形成鮮明對比。又如春秋晚期，昭四年晉平公與司
馬侯的一段對話：

> 公曰：「晉有三不殆，其何敵之有？國險而多馬，齊、楚多難；有是
> 三者，何鄉而不濟？」
> 對曰：「恃險與馬而虞鄰國之難，是三殆也。四嶽、三塗、陽城、大

> 室、荊山、中南，九州之險也，是不一姓。冀之北土，馬之所生，
> 無與國焉。恃險與馬，不可以為固也，從古以然。是以先王務修德
> 音以亨神人，不聞其務險與馬也。鄰國之難，不可虞也。或多難以
> 固其國，啟其疆土；或無難以喪其國，失其守宇，若何虞難？齊有
> 仲孫之難，而獲桓公，至今賴之。晉有里、丕之難而獲文公，是以
> 為盟主。衛、邢無難，敵亦喪之。故人之難，不可虞也。恃此三者
> 而不修政德，亡於不暇，又何能濟？君其許之！紂作淫虐，文王惠
> 和，殷是以隕，周是以興，夫豈爭諸侯？」

晉平公以「晉有三不殆」而能天下無敵：「恃險與馬」即依仗武力，「虞鄰國之難」則出於實利主義且懷不義之思想，皆與傳統敬德觀相悖，而司馬侯則諫之以「修政德」，謂「先王務修德音以亨神人，不聞其務險與馬也」，正體現出傳統敬德觀與崇尚武力思想之間的對立。不過，司馬侯從長遠發展的歷史角度，指出「虞鄰國之難」的短見性質，重新詮釋了先王務修德音的內涵及正當性，由此則亦可見，面對實利主義、崇尚武力思想的衝擊，傳統敬德觀仍有著強大的拓展性詮釋的張力。

二、「德」觀念的繼承與新詮釋

正因傳統「德」觀念本身具有強烈的道德人文精神及詮釋張力，雖然傳統敬德觀在春秋時期的政治現實中走向衰微，卻仍被諸多賢者哲人所堅守，並在不斷的重新詮釋中，其內涵和意義在社會思想的層面得以拓展。如春秋早期，桓二年臧哀伯以「德」諫魯桓公之語：

> 夏四月，取郜大鼎于宋。戊申，納于大廟，非禮也。臧哀伯諫曰：
> 「君人者，將昭德塞違，以臨照百官，猶懼或失之，故昭令德以示
> 子孫……夫德，儉而有度，登降有數。文、物以紀之，聲、明以發
> 之，以臨照百官，百官於是乎戒懼，而不敢易紀律。今滅德立違，
> 而寘其賂器於大廟，以明示百官，百官象之，其又何誅焉？國家之
> 敗，由官邪也。官之失德，寵賂章也。郜鼎在廟，章孰甚焉？」

此為宋大夫華督弒君後，魯桓公會合鄭莊公等諸侯進行干預，結果一眾諸侯卻接受華氏的賄賂，認可華氏及其所立的宋莊公而回，故臧哀伯謂其「滅德立違」，而魯桓公竟又「寘其賂器於大廟」，於是臧哀伯指出此舉將使百官「失德」，苦心勸諫國君當「昭德塞違」。臧哀伯在「諫之以德」的過程中，實從德與禮的關係角度，具體詮釋了何謂「德」，不僅繼承了傳統，且發展了「德」

觀念的意涵。又如前引春秋中期宣三年王孫滿答楚莊王之問鼎，謂：

> 在德不在鼎。昔夏之方有德也，遠方圖物，貢金九牧，鑄鼎象物，
> 百物而為之備，使民知神、姦，故民入川澤山林，不逢不若，螭魅
> 罔兩，莫能逢之。用能協于上下，以承天休。桀有昏德，鼎遷于商，
> 載祀六百。商紂暴虐，鼎遷于周。德之休明，雖小，重也。其姦回
> 昏亂，雖大，輕也。天祚明德，有所底止……周德雖衰，天命未改。
> 鼎之輕重，未可問也。

楚莊王有覬覦王權之心而向王室問鼎，王孫滿則秉持傳統敬德觀，指出九鼎
外在象徵王權，而內在意義實在於「德」，並重申了「德以配天」的理念，曰
「天祚明德」，暗指楚子並無受命之德，用以拒絕莊王。此段話中，王孫滿不
僅重申了傳統敬德觀，且在闡釋九鼎的由來時，將傳統的「德」落實到民人
身上，從「使民知神、姦」的角度詮釋「用能協於上下，以承天休」，此則是
本著重民思想對「德」觀念做出的新詮釋。再如春秋中期成二年楚大夫申公
巫臣諫楚莊王毋納夏姬，乃謂：

> 君召諸侯，以討罪也；今納夏姬，貪其色也。貪色為淫，淫為大罰。
> 周書曰：「『明德慎罰』，文王所以造周也。明德，務崇之之謂也；慎
> 罰，務去之之謂也。若興諸侯，以取大罰，非慎之也。君其圖之！」
> 王乃止。

此中則不僅可見巫臣出於傳統敬德觀，對《周書》中「明德慎罰」作出「務崇
之」、「務去之」的具體詮釋〔註56〕，且亦可見時人對傳統「德」義的繼承與
發揚，常是通過對經典、古志、名言等的反省與詮釋而進行的，此種情況亦
見於《國語》，如《魯語上》：

> （子叔聲伯）對曰：「吾聞之：『不厚其棟，不能任重。』重莫如
> 國，棟莫如德。夫苦成叔家欲任兩國而無大德，其不存也，亡無日
> 矣。」〔註57〕

聲伯所引「吾聞之」之語，即來自時人流傳的重要言論，其或出自先代，或出
自當時的哲人，而聲伯將其對照現實情形加以詮釋，以強調「德」的重要意

〔註56〕巫臣諫莊王、子反毋納夏姬，卻自為之，後與夏姬奔齊，然如成二年楚共王
謂：「其自為謀也則過矣，其為吾先君謀也則忠」，此處主旨亦在討論此言論
中所持敬德觀，不在論其人之得失。

〔註57〕徐元誥：《國語集解》，頁171。

義。又如春秋晚期，《左傳·昭二十四年》載萇弘諫勉劉子的一段話：

> 同德度義。〈大誓〉曰：「紂有億兆夷人，亦有離德；余有亂臣十人，
> 同心同德」，此周所以興也。君其務德，無患無人。

亦引《尚書》中〈大誓〉之文，對傳統之「德」作出現實詮釋。

在春秋人文思潮的勃興中，賢者哲人輩出，實成為傳統敬德觀的繼承與發展的主體，其約與孔子同時者，鄭有子產，晉有叔向，齊有晏子，吳有季札等，如子產相鄭數十年，以小國面對大國而不屈者，所恃者亦惟堅守德禮，如內政上，《左傳·襄三十年》謂：

> 子產使都鄙有章，上下有服；田有封洫，廬井有伍。大人之忠儉者，
> 從而與之；泰侈者因而斃之。

又如外交上，襄三十一年載子產相鄭伯如晉，晉侯以魯喪而未見，子產使盡壞其館之垣而納車馬焉，並駁晉人之讓謂：

> 僑聞文公之為盟主也，宮室卑庳，無觀臺榭，以崇大諸侯之館，館
> 如公寢；庫廄繕修，司空以時平易道路，圬人以時塓館宮室；諸侯
> 賓至，甸設庭燎，僕人巡宮；車馬有所，賓從有代，巾車脂轄，隸
> 人、牧、圉各瞻其事；百官之屬各展其物；公不留賓，而亦無廢事；
> 憂樂同之，事則巡之；教其不知，而恤其不足。賓至如歸，無寧菑
> 患；不畏寇盜，而亦不患燥濕。今銅鞮之宮數里，而諸侯舍於隸人，
> 門不容車，而不可逾越；盜賊公行，而天厲不戒。賓見無時，命不
> 可知。若又勿壞，是無所藏幣以重罪也。敢請執事：將何所命
> 之？……若獲薦幣，修垣而行，君之惠也，敢憚勤勞！

子產之言乃據舊禮以責晉人之禮失，句句理直，故晉執政正卿趙文子聞後乃謂：「信，我實不德」，而使士文伯致歉。又如晉大夫叔向，亦為傳統之堅守者，襄十八年載其言論謂：

> 晉人聞有楚師，師曠曰：「不害。吾驟歌北風，又歌南風，南風不
> 競，多死聲。楚必無功。」董叔曰：「天道多在西北。南師不時，必
> 無功。」叔向曰：「在其君之德也。」

此中晉師曠、董叔、叔向皆對楚人興師事發表議論，一從歌樂之風而論，一從天道時令而論，而叔向則秉持傳統敬德觀，落到「君德」上立論。又如襄二十七年「宋之會」上叔向之言論行事：

> 晉、楚爭先。晉人曰：「晉固為諸侯盟主，未有先晉者也。」楚人曰：

> 「子言晉、楚匹也，若晉常先，是楚弱也。且晉、楚狎主諸侯之盟
> 也久矣，豈專在晉？」叔向謂趙孟曰：「諸侯歸晉之德只，非歸其尸
> 盟也。子務德，無爭先……」乃先楚人。

則可見在激烈的現實政治鬥爭中，叔向仍堅守以德為合諸侯的理念，勸諫趙文子「務德，無爭先」。另如哀十年載吳季札（延州來季子）事：

> 冬，楚子期伐陳，吳延州來季子救陳，謂子期曰：「二君不務德，而
> 力爭諸侯，民何罪焉？我請退，以為子名，務德而安民。」乃還。

面對諸侯之兵爭日甚，季札哀歎民人何罪，乃堅守傳統，並將「德」的理念詮釋落實到重民，即所謂「務德而安民」，於是付諸行事，主動退兵。

從上述賢人言論中亦可見，傳統敬德觀中被得以繼承和大為拓展的意義，實皆在其人文的一面：或論德、禮，從政教層面為禮制注入「德」的內義；或將傳統「德」義落到重民；或從人事、歷史層面強調「德」義，而如叔向之不採天道說，但從「君德」預觀成敗，更凸顯「德」觀念在天人關係中的人文取向。實際上，從《左傳》可見，在春秋時期天人關係轉變的大前提下，有著宗教與政治雙重意義面向的傳統敬德觀，其演變的大體趨勢便是宗教性的淡化與人文性的演進，同時，隨著傳統天命觀的變化與現實政治的衝擊，周代落在政教層面的人文之「德」勢必接受重新的詮釋，向更多的層面拓展意義。

第二節 《左傳》中的「德」觀念體系

上節論述了春秋時期的思想、政治背景及其對傳統敬德觀產生的影響，此節則專對《左傳》中「德」觀念的具體意涵作一析分，以見春秋時期「德」觀念在人文性意涵上拓展的具體情形。

如第一章所述，《尚書·周書》中「德」的主要指涉為：作為最高政教理念的「德」、「美德」義及其延伸的「王德」、「有德者」義，且保存了自《商書》即有的「德性」義等〔註58〕。這些涵義在《左傳》中皆被沿用，而作為政教理念的「德」與「美德」義仍是春秋時期「德」觀念最重要的兩種意涵。但相比於《周書》，《左傳》中「德」的意涵已產生諸多複雜而重要的變化，最

〔註58〕此外，《商書》、《周書》中的「德」還有用作「心意」義、「德惠」義者，這些涵義在《左傳》亦存，且為後世所沿用，但此種涵義與本文討論的「德」的思想史意義關係不大，故不贅述。

重要的變化亦體現在這兩個主要意涵上：一是作為政教理念的「德」演變出更為豐富、具體的意涵，總體上「德」的人文性進一步增強；二是「美德」義中的「道德」義得到極大拓展，凸顯出「德」的倫理性演變新趨向。

壹、作為政教理念的「德」及其意義變化

從《左傳》所見，作為政教理念的「德」，一則仍延續著傳統的意義，在傳統敬德觀衰微與繼承共存的複雜境況中，仍有著最高政教理念的地位；二則在前者的基礎上又延伸出一「德命」義；但其最重要的變化則在於，此時「德」與「天」、「命」並提的情況已很少見，而常與「禮」、「刑」等政教理念置於同等地位並提，形成「德－禮」、「德－刑」等並行理念結構，且政教之「德」在此種結構中被界定出越來越具體的內涵。

一、最高政教理念之「德」

雖則周室衰微，政治失序，並面對著實利主義等思想的衝擊，但從《左傳》所載時人言論可見，「德」依然是春秋時期的最高政教理念。如春秋早期，僖四年楚屈完於「召陵之盟」面對齊桓公盟主之軍威而曰：

> 君若以德綏諸侯，誰敢不服？

又僖二十四年富辰諫周惠王之欲以狄伐鄭曰：

> 大上以德撫民。

如春秋中期，則有文七年晉郤缺諫趙宣子歸田於衛曰：

> 無德，何以主盟？

宣三年王孫滿答楚莊王之問鼎而辭曰：

> 在德不在鼎。

及宣十二年邲之戰後，楚莊王不為京觀而自省「武」德曰：

> 無德而強爭諸侯，何以和眾？

成十六年鄢陵之戰後，范文子諫晉厲公曰：

> 周書曰：「惟命不于常」，有德之謂。

及襄二十四年子產諫范宣子之重幣曰：

> 德，國家之基也，有基無壞，無亦是務乎？

如春秋晚期，則有昭二十四年周王室王子朝之亂，萇弘諫劉文公曰：

> 君其務德，無患無人。

又昭三十二年周敬王派使如晉請城成周而曰：

　　昔成王合諸侯城成周，以為東都，崇文德焉。

及哀七年子服景伯諫季康子之欲伐邾曰：

　　民保於城，城保於德。

皆可見周文傳統中敬德觀的延續，「德」在政教中仍被作為最高理念加以推
崇，此實為春秋時期政教之「德」的基本所指。

二、「德命」義

　　《左傳》中的「德」，不僅仍可見用作傳統的最高政教理念，且相比《周
書》而言，出現一個與最高政教理念意義緊密相關的「德命」義，用以指代以
「德」所護持的天命，如自春秋早期至晚期皆出現的「周德」之「德」：

　　隱十一年：天而既厭周德矣，吾其能與許爭乎！

　　僖二十四年：召穆公思周德之不類，故糾合宗族于成周……今周德
　　既衰……

　　宣三年：周德雖衰，天命未改，鼎之輕重，未可問也。

　　襄二十九年：其周德之衰乎？猶有先王之遺民焉。

此概念亦見於《國語》，如《周語上》：

　　今周德若二代之季矣。

所謂「周德」，當指有周以德所秉承之天命，故可謂之「德命」。如謝大寧先
生謂：「天厭周德，乃言周之德命已衰，『德』作『德命』解甚明」〔註59〕，
其他言「周德不類」、「周德之衰」之「德」同此。然此周「德」不同於《尚
書・商書》中「夏德若茲」的夏「德」：「夏德」乃謂夏王之（不良）行徑
〔註60〕，而此時的「周德」經過周代敬德觀的強化，當指周代之「德命」。
「德命」義實基於周代「敬德保命」觀念，在周初敬德觀中，「德」本是王朝
受命與保命的依據，是溝通天、人的媒介，因周代對「敬德保命」的長期尊
奉，作為最高政教理念的「德」與「天命」已密不可分，不僅「德」本身被看
做天命的呈現，且王朝的天命必由「德」所加持，故「德」的意涵中產生此
「德命」義。

〔註59〕謝大寧：〈儒學的基源問題——「德」的哲學史意涵〉，頁17。

〔註60〕「夏德若茲」，本文第一章第二節第貳部分已引此文，可參。此句出自〈湯誓〉，
　　　　在此句之前，商湯列舉了夏王的種種罪行，而謂「夏德若茲」，故「夏德」意
　　　　謂夏王之種種品性行為。屈萬里先生也將此「夏德」之「德」釋作「行為」，
　　　　參見屈萬里：《尚書今注今譯》，頁66。

又，如《左傳・僖二十五年》晉文勤王後，向周襄王請「隧」，襄王以「隧」為天子所專用而弗許，乃謂：

> 王章也。未有代德，而有二王，亦叔父之所惡也。

其中所謂「未有代德」，即指未有取代周王朝的德命，故襄王不能以王者之禮濫賞於晉侯，以致天下有「二王」之名，此「代德」之「德」亦當指涉「德命」義。而不僅周王朝有其德命，諸侯亦皆有其德命，如哀七年所言「魯德」：

> （子服景伯）對曰：「禹合諸侯於塗山，執玉帛者萬國。今其存者，無數十焉，唯大不字小、小不事大也。知必危，何故不言？魯德如邾，而以眾加之，可乎？」

其中「魯德如邾」，即指魯國之德命如同邾國之德命。須指出的是，此種「德命」義在《周書》中雖未見，但在《左傳》中已然成熟，當是形成於西周，而在春秋文獻中被沿用。

要之，作為最高政教理念之「德」、「德命」義皆體現了傳統敬德觀的延續，然而，其與周文傳統的政教之「德」仍有著明顯的不同，在《周書》中，「德」往往與「天」、「命」並提，有著強烈的「配天」、「保命」的面向，而《左傳》中用作最高政教理念的「德」，卻很少見到「天命」的面向；「德命」義雖然體現了「德」的宗教性意涵，但此種意義亦不多見，在《左傳》所出現的三百多個「德」字中，僅上述所引「周德」、「代德」、「魯德」等六處為此義，總體而言，「德」的宗教性正日趨淡化。

三、「德－禮」、「德－刑」結構下的「德」

實際上，從《左傳》可見，作為政教理念之「德」，一方面可見天命面向的明顯衰落，另一方面則是常常與其他政教理念並提，形成「德－禮」、「德－刑」的政教理念結構，在這兩種結構中，「德」雖仍有引領地位，但整體上是與「禮」、「刑」分別並行的，即，「德」雖仍被視作最高政教理念，但不是唯一的重要政教理念；而置於「德－禮」、「德－刑」結構中，「德」的政教內涵往往在春秋時人的詮釋中，得到更為具體的界定，政教性體現的即是人文性，故亦可見「德」的人文性乃得到進一步詮釋。此如僖七年「甯母之盟」上管仲之諫齊桓公：

> 臣聞之：招攜以禮，懷遠以德。德禮不易，無人不懷。

可見管仲乃為齊桓稱霸樹立「德－禮」之政教理念結構，以為合諸侯之方針綱領，且在「德」與「禮」的意義對照中，其以「禮」用於「招攜」，攜，離

也，指攜貳者〔註61〕，而以「德」用於「懷遠」，遠指遠人，夷狄之屬，可見乃從所施加的對象上對兩個理念分別作出詮釋。又如文七年晉大夫郤缺之諫正卿趙宣子歸衛田，乃謂：

> 曰衛不睦，故取其地。今已睦矣，可以歸之。叛而不討，何以示威？服而不柔，何以示懷？非威非懷，何以示德？無德，何以主盟？子為正卿，以主諸侯，而不務德，將若之何？《夏書》曰：「戒之用休，董之用威，勸之以九歌，勿使壞。」九功之德皆可歌也，謂之九歌。六府、三事，謂之九功；水、火、金、木、土、穀，謂之六府；正德、利用、厚生，謂之三事，義而行之，謂之德、禮。無禮不樂，所由叛也。

其中則可見，囊括了天道、人事的「六府」、「三事」合為「九功」，此九功「義而行之」則謂之「德、禮」，有此「九功」之德、禮，則能興可歌之「樂」，實勾勒了一個「德－禮樂」的政教理念結構，而樂本為禮之輔助，故此理論亦可歸為「德－禮」結構。

至於「德－刑」之政教理念結構，亦多見於時人言論，如僖十五年韓之戰晉惠公被秦人所俘，戰後和談中晉大夫陰飴甥言於秦穆公曰：

> 貳而執之，服而舍之，德莫厚焉，刑莫威焉。服者懷德，貳者畏刑，此一役也，秦可以霸。

即以「德」、「刑」對舉來闡釋稱霸的核心理念，成一「德－刑」理論，以「貳而執之」為「刑」，「服而舍之」則為「德」。又如僖二十五年晉文公圍陽樊，陽樊人蒼葛呼曰：

> 德以柔中國，刑以威四夷，宜吾不敢服也！

亦見「德－刑」之理念結構，而在「德」、「刑」的意義對照中，以「懷柔」來詮釋「德」義；且在華夷關係中，將「德」的適用範圍界定為「中國」，而將刑威適用於「四夷」。不過，從適用對象上而言，此「德柔中國而刑威四夷」的思想，實與管仲「懷遠以德」的思想相異，因「四夷」即「遠人」之屬，管仲主張對待遠人當懷柔以「德」，但此處蒼葛則謂對待遠方之「四夷」當以刑威，而對待中國則以「德」，可見，春秋時期思想文化中諸多概念的內涵、外延實正處於廣泛性的探討之中，並未形成固定性的定義，時人會在不同情境

〔註61〕採杜注：「攜，離也」，及楊伯峻：「攜，離也，此指攜貳之國」。參見〔晉〕杜預：《春秋經傳集解》，頁94，及楊伯峻：《春秋左傳注》，頁317。

中對同一個概念的意涵予以不同的詮釋。此外，如以下時人言論中，亦皆可見「德－刑」之理念結構，以及相關涵義詮釋：

> 曹人請于晉曰：「君唯不遺德、刑，以伯諸侯。」（成十六年）

> （長魚矯）對曰：「……御姦以德，御軌以刑。不施而殺，不可謂德；臣逼而不討，不可謂刑。德、刑不立，姦、軌并至，臣請行。」（成十七年）

不過，在春秋時人的政教思想中，「德－禮」、「德－刑」的結構亦並非已形成定式，如前引宣十二年晉隨武子謂楚國「德、刑、政、事、典、禮不易，不可敵也」，其後進而解釋六者具體所指，乃謂：

> 楚君討鄭，怒其貳而哀其卑。叛而伐之，服而舍之，德、刑成矣。伐叛，刑也；柔服，德也，二者立矣。昔歲入陳，今茲入鄭，民不罷勞，君無怨讟，政有經矣。荊尸而舉，商農工賈不敗其業，而卒乘輯睦，事不奸矣。蒍敖為宰，擇楚國之令典；軍行，右轅，左追蓐，前茅慮無，中權，後勁。百官象物而動，軍政不戒而備，能用典矣。其君之舉也，內姓選於親，外姓選於舊。舉不失德，賞不失勞。老有加惠，旅有施舍。君子小人，物有服章。貴有常尊，賤有等威，禮不逆矣。德立、刑行，政成、事時，典從、禮順，若之何敵之？

從中可見，所謂「政」、「事」、「典」三者並非政教理念，而是從三個角度述政事有經，故此實以「德」、「刑」、「禮」之核心政教理念並列。

此外，「德」不僅與「禮」、「刑」，亦常與其他政教理念如「信」、「義」等並提，如僖七年管仲諫齊桓公曰：

> 夫諸侯之會，其德、刑、禮、義，無國不記。記姦之位，君盟替矣。

其中以「德、刑、禮、義」並提。又如成十六年楚大夫申叔時論「戰之器」曰：

> 德、刑、詳、義、禮、信，戰之器也。德以施惠，刑以正邪，詳以事神，義以建利，禮以順時，信以守物。民生厚而德正，用利而事節，時順而物成，上下和睦，周旋不逆，求無不具，各知其極……

則以「德」、「刑」、「詳」、「義」、「禮」、「信」並提，並在對諸政教理念的意義詮釋中，以「施惠」釋「德」。此中特須注意的是，「德以施惠」實指出「德」的面向對象為民，即對民施惠，同時申叔時另特提出「詳」的理念以「事神」，

專門用來承載溝通天、人的意義，故從「德」、「詳」此種並列的關係，可見此種政教之「德」已全為人文的性質，不再注重天命的面向。

綜言之，在「德－禮」、「德－刑」等理念結構中，作為政教理念的「德」被春秋時人詮釋出諸多具體指涉，如以「服而舍之」、「懷柔」、「施惠」等為其內涵，用於「懷遠」、「柔中國」、「惠民」、「御姦」等方面，其與周代傳統最高政教理念之「德」相比，既不再強調面向天命的意義，且得到越來越具體的內涵詮釋，皆可見「德」的人文性意義進展。

貳、「美德」義及其倫理性的凸顯

「美德」義，作為「德」的核心涵義，亦在春秋時期得到了進一步的詮釋，並產生重要的變化：即從泛指人、事上的美善性質或行為，越來越多地轉向指涉倫理層面的「道德」義。此種變化可謂春秋時期「德」觀念意涵演變中最重要的一種變化。在述此變化之前，本文先對「倫理」、「道德」概念作一說明。

所謂「倫理」，「倫」是指人際關係，「理」是指價值規範，「倫理」即人際關係中的價值規範〔註62〕，確切而言，在中國古代社會，「倫」所指的人際關係，是以血緣、宗法、等級為內容的人際關係的網絡，是以血緣關係為起點和核心外推擴散而形成的人際關係〔註63〕；所謂「道德」，如沈清松先生言，是「代表一個人提昇其主體至於普遍之歷程及其結果」，或說「行為主體努力實現其人性的歷程及結果」，然而這種實現必須「以倫理關係為基礎，並在發展倫理關係之中」去提昇〔註64〕；故「道德」與「倫理」常連用或有混用的情況，即因其有著緊密的內在關係，如成中英先生謂：「就具體行為及其目標著眼，兩者不必有根本差異」，但就個人與社會的相互關係而言，「道德可視為社會倫理的個體化與人格化，而倫理則可視為個體道德的社會化與共識化」〔註65〕。細分之，則「倫理」的意義側重指涉人際關係層面，而「道

〔註62〕參見史中一著：《倫理學》（台北：國立編譯館，民國 76 年 10 月初版），頁 49。

〔註63〕參見黃秋韻：〈先秦儒家道德基礎之研究——兼論「惡」的問題〉，輔仁大學哲學研究所博士論文，民國 90 年 6 月，頁 9。

〔註64〕參見沈清松：〈對應快速科技發展的道德教育之人類學基礎〉，《哲學與文化》，1985 年 6 月第 12 卷第 6 期，頁 391。

〔註65〕參見成中英：〈中國倫理體系及其現代化〉，《哲學與文化》，1990 年 7 月第 17 卷第 7 期，頁 580。

德」則傾向於個人內在的精神修養，但道德的完成，有賴於倫理的實踐與滿全[註66]。從此種認識出發，本文依據論述所需，或連用或區分使用之。

回溯《周書》中「德」的「美德」義，其內涵尚屬簡略，且是對「美善之性質或行為」的泛指——此所謂「美善」，非道德「善惡」意義上的概念，而僅表示常識意義上「好」、「好的」之意，如本文第一章引《周書》所述文王之美德，謂「明德慎罰[註67]，不敢侮鰥寡，庸庸，祗祗，威威，顯民」，則文王之德既包括文王在政教上的英明作為及偉大功績，亦包括其個人品行上的美善之性，是周人對文王身上各種好的品行和行為的描述，且皆為具體列舉，尚未抽象出各種倫理道德性原則。此種泛指意義上的「美德」義仍常見於春秋時人的思想意識中，如《左傳・襄二十七年》晉趙孟與楚令尹子木論范武子之「德」：

> 子木問於趙孟曰：「范武子之德何如？」對曰：「夫子之家事治，言
> 於晉國無隱情，其祝史陳信於鬼神無愧辭。」

趙孟乃以家治、忠心為國、無愧鬼神三者言范武子之德，「家治」是指管理宗族的成就，「忠國」是指從政為國的政治表現，「無愧鬼神」是就神、人關係而言，故范武子之「德」亦是一種泛指意義上的美善行為的統稱，且可見時人對個人美德的評價尤為注重其在政治上的成就（治理家族亦屬宗法政治範圍，祭祀權亦與宗法、政治權合一），而非單從個體倫理道德上立論。

同時，春秋時期「德」之「美德」義適用範圍亦很廣，既可用於指人，亦可用於指事，如宣十二年楚莊王論「武」之「七德」：

> 夫武，禁暴、戢兵、保大、定功、安民、和眾、豐財者也，故使子
> 孫無忘其章。今我使二國暴骨，暴矣；觀兵以威諸侯，兵不戢矣；
> 暴而不戢，安能保大？猶有晉在，焉得定功？所違民欲猶多，民何
> 安焉？無德而強爭諸侯，何以和眾？利人之幾，而安人之亂，以為
> 己榮，何以豐財？武有七德，我無一焉，何以示子孫？

所謂「武有七德」，「德」用來指稱的「武」乃是一個概念、一種事物。此七種美德實則指「禁暴、戢兵、保大、定功、安民、和眾、豐財」等七種重要的功用與意義。又如襄九年魯夫人穆姜論隨卦「元、亨、利、貞」之「四德」：

[註66] 參見黃秋韻：〈先秦儒家道德基礎之研究——兼論「惡」的問題〉，頁16。
[註67] 此「明德」之「德」為最高政教理念，文王敬德、明德是「文王之德」的首要體現。

　　元，體之長也；亨，嘉之會也；利，義之和也；貞，事之幹也……

　　今我婦人，而與於亂，固在下位，而有不仁，不可謂元；不靖國家，

　　不可謂亨；作而害身，不可謂利；棄位而姣，不可謂貞。有四德者，

　　隨而無咎，我皆無之，豈隨也哉？

從「元，體之長也」等議論可見，此四德之「德」乃泛指美善之性質與情勢，而從穆姜對自己不具備「元、亨、利、貞」的分析，則又可見此「四德」乃囊括了有利的地位、正確的行為、美善的品行等多種指涉，顯為泛指意義的「美德」。

　　然而，在對於何者為美善的性質行為的討論中，春秋時人的詮釋亦已日益深入，「美德」的意涵漸從具體走向抽象，並日益凸顯出倫理性意義，從廣義的「美善性質行為」中漸而區分出了「道德」義；同時，由於倫理層面的「美德」義的細化，社會思想中亦逐漸形成一些倫理道德性質的德目概念，如「孝」、「義」、「仁」、「忠」、「信」、「讓」等──這些概念大多雖在春秋以前即已出現，但其內涵意義卻是在春秋時期得到重要演變、發展，漸而定型的（本章第三、四節將對此詳論）。不過此中過程是很複雜的，如文六年晉趙孟論公子雍之「德」：

　　趙孟曰：「立公子雍。好善而長，先君愛之，且近於秦。秦，舊好也。

　　置善則固，事長則順，立愛則孝，結舊則安。為難故，故欲立長君。

　　有此四德者，難必抒矣。」

此為晉襄公卒後，趙孟主張立公子雍為君，以公子雍有「好善」、「長」、「先君愛之」、「近於秦」等四種優勢，故能有「固」、「順」、「孝」、「安」等「四德」，此「四德」之「德」雖仍屬泛指，其中「固」、「安」皆為「有利的情形」之意，但「順」、「孝」則屬倫理層面的美善性質，「事長則順」即合乎長幼尊卑之倫理秩序，「立愛則孝」則指涉父子關係中的倫理道德原則。又如僖十四年晉大夫慶鄭之語：

　　慶鄭曰：「背施，無親。幸災，不仁。貪愛，不祥。怒鄰，不義。四

　　德皆失，何以守國？」

此「四德」則指「親」、「仁」、「祥」、「義」四種美德，其中「祥」用於神、人關係層面的意義，而「親」、「仁」、「義」則皆指人倫層面的倫理道德。此皆可見，一方面「德」之「美德」義的所指仍為混雜，但另一方面，其倫理性涵義已日益凸顯。

　　實際上，《左傳》中的「德」亦已出現一種純粹指涉倫理層面的「道德」義，如莊二十四年魯大夫御孫諫魯莊公丹楹、刻其桷之語：

　　　　臣聞之：「儉，德之共也；侈，惡之大也。」先君有共德，而君納諸
　　　　大惡，無乃不可乎？

其中「儉，德之共[註68]也；侈，惡之大也」，「儉」、「侈」皆指人的道德行為，則此處之「德」純為倫理道德層面的價值判斷，「儉」亦可稱之為倫理道德意義上的一個「德目」。又如襄二十八年齊晏子論「富」與「幅」：

　　　　且夫富，如布帛之有幅焉，為之制度，使無遷也。夫民，生厚而用
　　　　利，於是乎正德以幅之，使無黜嫚，謂之幅利。利過則為敗。吾不
　　　　敢貪多，所謂幅也。

晏子實闡述了人性與道德之間的關係。所謂「正德」之「德」，即指道德，所謂「幅利」，即謂道德之產生，在於約束逐利的人性，使不貪婪。另如昭十年晏子諫陳桓子將致邑於公，乃謂：

　　　　讓，德之主也。讓之謂懿德。凡有血氣，皆有爭心，故利不可強，
　　　　思義為愈。

「懿德」即美德，「讓」謂「謙讓」，以「讓」為「德之主」，則此「德」亦純為倫理「道德」。且從晏子「凡有血氣，皆有爭心，故利不可強，思義為愈」，及上述「夫民，生厚而用利」之語可見，至春秋晚期，時人已開始深入到人性的角度來剖析道德的意義，「德」的倫理性日益深化。又，倫理之「德」亦可見於《國語》，如《晉語九》晉郵無正諫趙簡子曰[註69]：

　　　　昔先主文子……有孝德以出在公族，有恭德以升在位，有武德以羞
　　　　為正卿，有溫德以成其名譽，失趙氏之典刑，而去其師保，基于其
　　　　身，以克復其所。

此為春秋晚期之語，從郵無正對先主趙文子之德的追述來看，所謂「孝德」、「恭德」、「溫德」，皆是從倫理層面列舉的德目，則此「德」亦為道德倫理概念。

　　又，不僅從時人言論中可見「德」的倫理性之凸顯，且從諸多史事中亦可見倫理之「德」日益受到時人的廣泛尊崇，成為一種主流的社會價值取向，

[註68]　「共」，楊伯峻先生引俞樾之說謂當讀為「洪」，大也，以舊讀為「恭」不妥，
　　　　此從楊說。參見楊伯峻：《春秋左傳注》，頁 229。
[註69]　徐元誥：《國語集解》，頁 448～449。

此種情形在春秋中晚期表現得更為明顯，如《左傳・成十七年》（春秋中期）
載鮑國事：

> 初，鮑國去鮑氏而來為施孝叔臣，施氏卜宰，匡句須吉。施氏之宰
> 有百室之邑，與匡句須邑，使為宰，以讓鮑國而致邑焉。施孝叔曰：
> 「子實吉。」對曰：「能與忠良，吉孰大焉？」鮑國相施氏忠，故齊
> 人取以為鮑氏後。

鮑國有「忠」，故匡句須捨占卜之吉而讓之，謂「能與忠良，吉孰大焉」，可
見時人思想中宗教信仰的消褪，而人倫之忠德成為了更重要的價值取向；且
鮑國亦因其「忠」而被齊人立為鮑氏之後，更可見國家、社會對個人德行的
重視。

　　實際上，「有德者得位」本是周文傳統中已有的思想，此從「天子建德」
即得以突出體現：所謂「天子建德」，實即在與宗法制相結合的前提下，天子
選建有德者為諸侯（詳見下文第「參」部分），但在現實政治中，此種「德位
一致」的思想與嫡子繼承制、世官制度等並不能達到理想的平衡。然而，隨
著春秋時人對傳統「德」觀念的不斷詮釋，且對「美德」的詮釋日益傾重於人
倫層面，並落到個體的身上，於是有位者的德行成為時人議論中的一個焦
點，進而使得「德位一致」的思想得到繼承與發展。又如春秋晚期虢之會，因
魯伐莒，楚人欲戮魯使叔孫豹（穆叔），而叔孫豹秉持德行，不行賄賂卻得以
保位之事，昭元年（春秋晚期）載：

> 季武子伐莒，取鄆，莒人告於會，楚告於晉曰：「尋盟未退，而魯伐
> 莒，瀆齊盟，請戮其使。」樂桓子相趙文子，欲求貨於叔孫，而為
> 之請，使請帶焉，弗與。梁其脛曰：「貨以藩身，子何愛焉？」叔孫
> 曰：「諸侯之會，衛社稷也，我以貨免，魯必受師，是禍之也，何衛
> 之為？人之有牆，以蔽惡也，牆之隙壞，誰之咎也？衛而惡之，吾
> 又甚焉。雖怨季孫，魯國何罪？叔出季處，有自來矣，吾又誰
> 怨？」……趙孟聞之，曰：「臨患不忘國，忠也；思難不越官，信也；
> 圖國忘死，貞也；謀主三者，義也。有是四者，又可戮乎？」……
> 固請諸楚，楚人許之，乃免叔孫。

晉趙文子以叔孫穆叔有「忠」、「信」、「貞」、「義」之德行，故為之請，終使楚
人免去叔孫之戮。此即可見個人以德行而受到尊崇，得以護位的情況。

　　要之，從文獻可見，「德」用作「美德」時，已從泛指「美善性質行為」

中日益凸顯「道德」義，同時，各種倫理道德性質的德目得到廣泛討論，個人之道德品行受到廣泛的尊崇，皆可見「德」觀念的倫理性日益凸顯。而從時間上而言，這一意義演變是在春秋中晚期得以明顯體現。

參、「德性」義及其他

除上述兩種最重要的意涵外，從《左傳》中可見，春秋時期的「德」仍延續著「德性」義，即「德」作中性的性質、屬性、行為義，並保存著周代文獻中「王德」、「君德」、「有德者」的用法。但這些意義、用法並非主流，此擇其要點略述之。

《左傳》中「德」用作「德性」義者，如莊三十二年「虢多涼德」，僖二十四年「女德無極」，文五年「天為剛德」，宣二年「桀有昏德」，昭二十六年「君無穢德」、「君無違德」，定四年「夷德無厭」，哀十三年「且夷德輕」等，其中的「德」皆為中性之性質、屬性、行為義。

《左傳》中的「王德」，其涵義獲得最重要發展者為人們對「文王之德」即「王德」的典範的進一步詮釋，如宣十一年晉郤成子謂：「《詩》曰『文王既勤止。』文王猶勤，況寡德乎？」襄二十九年吳季札謂：「廣哉，熙熙乎！曲而有直體，其文王之德乎！」襄三十一年衛北宮文子謂：「《周書》數文王之德曰：『大國畏其力，小國懷其德』，言畏而愛之也」等，皆通過具體的詮釋，豐富了自周初以來即形成的「文王之德」的內涵，以為有位者樹立德行之典範。同時，政教理念之「德」延伸到諸侯、卿大夫個體上，亦引發時人對「君德」、「官德」內涵的討論，如僖十九年宋子魚謂：「今君德無乃猶有所闕，而以伐人，若之何？」襄二十八年晉叔向謂「在其君之德也」，鄭子大叔謂「無乃非盟載之言，以闕君德」，又如前引襄二十七年趙孟論范武子之德等，這種討論實推動了「德」觀念從政教層面到個體道德層面的演變，此在本文第五節另作討論。

此外，「德」作「有德者」的用法則如「天子建德」之「德」，如隱八年魯大夫眾仲談及姓氏之由來，謂：

> 天子建德，因生以賜姓，胙之土而命之氏。

此言姓氏來自天子之分封，所謂「因生以賜姓，胙之土而命之氏」，如周封舜後於陳，以舜居媯汭，故賜姓曰媯，命氏曰陳〔註70〕。從此言論可見，能得

〔註70〕參見〔晉〕杜預註：《春秋經傳集解》，頁51。

到天子賜姓、封土、命氏者，當為有德者，即所謂「天子建德」之意，「建」為封建〔註71〕，「德」為有德者，此實周代敬德觀的體現，指出周代分封以「尚德」為首要原則。具而言之，周初分封先王之後、異姓功臣，皆以先王、功臣有德而獲分封資格；而其分封同姓的基本原則，則是在符合宗法制的前提下，優先選擇宗親之有德者進行分封，即宗法「親親」原則與「尚德」原則二者統一，這一同姓分封原則的具體情形，正如定四年衛大夫子魚所言：

> 以先王觀之，則尚德也。昔武王克商，成王定之，選建明德，以蕃屏周。故周公相王室，以尹天下，於周為睦，分魯公以……，是使之職事于魯，以昭周公之明德……。分康叔以……，命以《康誥》而封於殷虛，皆啟以商政，疆以周索。分唐叔以……，命以《唐誥》而封於夏虛，啟以夏政，疆以戎索。三者皆叔也，而有令德，故昭之以分物。不然，文、武、成、康之伯猶多，而不獲是分也，唯不尚年也。……武王之母弟八人，周公為大宰，康叔為司寇，聃季為司空，五叔無官，豈尚年哉？

此為皋鼬之盟上，主盟者定諸侯歃血先後（實即尊卑之序）時，欲「長蔡於衛」，以蔡之始封君蔡叔年長於衛之始封君康叔，而衛大夫子魚（祝佗）卻指出，先王之分封乃「尚德不尚年」：其舉魯公、康叔、唐叔之受封，指出「三者皆叔也，而有令德，故昭之以分物」，而「文、武、成、康之伯」雖多，其他人卻未獲如此重要的分封，即在於「尚德」不「尚年」。要之，周初對於嫡長子之外的直系血親的分封，並非一種以長幼定尊卑的固化原則，而是首要採用德行上的依據，即選擇血親中的有德者予以優先分封，或予以重要據點的分封，此亦子魚所謂「選建明德」的內義，其所建之「德」即指「有德者」。

綜而言之，本節從橫向角度討論了《左傳》中的「德」觀念體系，可見，相比周文傳統中的「德」，春秋時期「德」觀念的意涵遠為豐富和複雜，總體上，其人文性大為拓展，且在承續政教性的同時，又日益凸顯出倫理性的意涵。以下三節再從縱向的角度，詳述《左傳》所見之「德」觀念在春秋時期的意義演變方向與演變進程。

〔註71〕此「封建」，指分封建國。

第三章 《左傳》中的「德」觀念（下）

第三節 從天命到人文：天人關係中「德」觀念的人文強化

在周文傳統中，「德」觀念是一個具有宗教性和人文性雙重意義的理念，其天命面向標誌著宗教性的一面，而其對人自身的肯定則顯耀著人文性的一面；至春秋時期，在天人關係發生根本性轉變的思想背景下，「德」觀念的第一個重要變化即在於宗教性的減弱，同時人文性得到進一步強化並逐漸壓過前者，此種意義演變趨勢可從《左傳》所反映的春秋時代思潮中「德」與「鬼神」的關係、「德以治民」的理念、「德」與「命」的關係、德目的性質變化等四個方面得以印證。

壹、「鬼神非人實親，惟德是依」

在本章第一節「春秋人文思想的勃興」中，本文討論了傳統宗教的人文化，以見春秋時期的天人關係中，人的一面漸轉為主體性地位，其以「民，神之主也」為代表性宣言；此下則進一步討論，當鬼神與人產生具體聯繫時，鬼神為人所「主」者，實落在人文之「德」上。

前承西周，春秋時期仍延續著鬼神宗教信仰，但隨著人文思潮的勃興，從春秋早期到晚期，宗教信仰的氛圍正日趨淡化，人文思想的發展呈現出一個漸進的歷程，至春秋晚期終出現以鄭子產「天道遠，人道邇」為代表的人文理性宣言。春秋早期，宗教鬼神信仰尚較為濃郁，如文獻中尚記載鬼神降

於人間之事，鬼神與人尚有著直接的、密切的聯繫，然而，正是經由春秋時人對此種現象的種種人文詮釋，「德」觀念漸從宗教思想中得以突破，其人文性得以本質上的深化。如《左傳·莊三十二年》載：

> 秋七月，有神降於莘。惠王問諸內史過曰：「是何故也？」對曰：「國之將興，明神降之，監其德也；將亡，神又降之，觀其惡也。故有得神以興，亦有以亡，虞、夏、商、周皆有之。」……王從之，內史過往，聞虢請命，反曰：「虢必亡矣，虐而聽於神。」
> 神居莘六月。虢公使祝應、宗區、史嚚享焉。神賜之土田。史嚚曰：「虢其亡乎！吾聞之：國將興，聽於民；將亡，聽於神。神，聰明正直而壹者也，依人而行。虢多涼德，其何土之能得？」

「有神降於莘」為春秋早期事，其時人們仍確信鬼神的現實存在，但是，從以上周內史過和虢史嚚的詮釋中則可見，「神」的意志不僅是人可以了解的，而且是依人之「德」而行的，國家、人君是否有「德」影響著鬼神的意志所向，而虢公「虐而聽於神」、「多涼德」卻享神求土，故內史過、史嚚二人皆預言虢國將亡，其所據而預言者即人文之「德」的標準。此事亦見於《國語·周語上》，其中所載內史過論人君之「政德」與「明神」的關係更詳：

> 有神降于莘……（內史過）對曰：「……國之將興，其君齊明衷正，精潔惠和，其德足以昭其馨香，其惠足以同其民人。神饗而民聽，民神無怨，故明神降之，觀其政德，而均布福焉。國之將亡，其君貪冒辟邪，淫佚荒怠，麤穢暴虐，其政腥臊，馨香不登；其刑矯誣，百姓攜貳。明神不蠲，而民有遠志，民神怨痛，無所依懷，故神亦往焉，觀其苛慝，而降之禍。是以或見神以興，亦或以亡。」〔註1〕

可見，在鬼神信仰仍存的思想世界中，春秋時人實以人君政教之「德」作為和諧神、人的媒介：人君有德，則能「神饗而民聽，民神無怨」，為此「明神」降福；而人君無德，則「明神不蠲，而民有遠志」，以此降下天禍。此種以「君德」影響鬼神意志的思想，在春秋早期虞大夫宮之奇的言論中，表達得更為明確、深入，如《左傳·僖五年》：

> （虞）公曰：「吾享祀豐絜，神必據我。」（宮之奇）對曰：「臣聞之，鬼神非人實親，惟德是依。故《周書》曰：『皇天無親，惟德是輔。』

〔註1〕徐元誥：《國語集解·周語上》，頁28～29。

又曰：『黍稷非馨，明德惟馨。』又曰：『民不易物，惟德繄物。』
如是，則非德，民不和，神不享矣。神所馮依，將在德矣。若晉取
虞，而明德以薦馨香，神其吐之乎？」

「鬼神非人實親，惟德是依」、「神所馮依，將在德矣」，皆鮮明顯示春秋早期
宗教鬼神觀的人文轉向，此可謂為自殷代以來鬼神與人的關係發展中最重要
的一步變化，「德」觀念的人文性進展實已發生質的飛躍：由宮之奇對《周
書》「皇天無親，惟德是輔」等古訓的重新詮釋，實可見傳統天命觀下為了配
天的「德」，現已轉而成為決定天命方向的主要因素，正因人文之「德」成為
決定性的因素，故宮之奇謂若「明德以薦馨香，神其吐之乎！」同時，人君之
「德」也是協調天、人的主要媒介，即所謂「非德，民不和，神不享矣」。進
而言之，此時的「德」觀念已突破對傳統天命的附屬，及天命之束縛，而成為
一種完全獨立存在的、溝通天人的價值。

此種發生在春秋早期宗教思想中「德」的人文轉向，其後亦得以繼承和
演進。如前引春秋中期時人評論范武子之德，晉趙孟乃將「其祝史陳信於鬼
神無愧辭」納入范武子之「德」的人文統攝中，而後楚康王亦對趙孟所言「范
武子之德」作出評價，如襄二十七年載：

子木歸以語王。王曰：「尚矣哉！能歆神、人，宜其光輔五君以為盟
主也。」

可見在時人的觀念中，不僅是人君，卿大夫個體之「德」亦被上昇至和協神、
人的主導因素的地位，且由「能歆神、人」之個人德行的最高境界，最終仍落
到人文層面的評價，而謂「宜其光輔五君以為盟主也」。至春秋晚期，齊大夫
晏嬰又引此而諫齊景公修德，事在昭二十年：其時景公有疾，久而不愈，以
為鬼神所致而遷怒祝、史，欲誅以脫罪，晏子乃諫曰：

「日宋之盟，屈建問范會之德於趙武。趙武曰：『夫子之家事治；言
於晉國，竭情無私；其祝、史祭祀，陳信不愧；其家事無猜，其祝、
史不祈。』建以語康王。康王曰：『神、人無怨，宜夫子之光輔五君
以為諸侯主也。』」公曰：「據與款謂寡人能事鬼神，故欲誅于祝、
史，子稱是語，何故？」

此即晏子引述趙孟與楚康王論「范武子之德」而諫，但齊侯不解，晏子進而
解釋：

若有德之君，外內不廢，上下無怨，動無違事，其祝、史薦信，無

愧心矣。是以鬼神用饗，國受其福，祝、史與焉。其所以蕃祉老壽者，為信君使也，其言忠信於鬼神。其適遇淫君，外內頗邪，上下怨疾，動作辟違，從欲厭私……不思謗讟，不憚鬼神，神怒民痛，無悛於心，其祝、史薦信，是言罪也；其蓋失數美，是矯誣也。進退無辭，則虛以求媚，是以鬼神不饗其國以禍之，祝、史與焉。所以夭昏孤疾者，為暴君使也，其言僭嫚於鬼神。

於是曰：

君若欲誅於祝、史，修德而後可。

此中，晏子實對「范武子之德」又做出了更為詳細的詮釋，即人事上有「德」，才能事神無愧心，乃能和協神、人；從而引伸至國君，以鬼神之降福降禍，其根本原因在於人君有「德」與否，而非主持神事的祝、史所能決定，於是細數人君之有德、無德對鬼神產生的影響，以勸諫齊侯修德。此亦鬼神「惟德是依」思想的具體詮釋。

不僅於鬼神之事上，人文之「德」已成為主導因素，且在春秋時期仍頗為盛行的占筮活動中，亦可見「德」已為主導原則。雖如前所述，春秋時期的占筮已不同於殷商時那種作為天意、神意顯示的性質，而成為一種結合了天道、人事認識的「數」，然而此種術數畢竟有著宗教思想的淵源，充滿未可知的神秘色彩，但春秋時人亦已將人文之「德」置於對卜筮結果的解釋中，使得「德」成為適用占筮解釋的一種普遍性的重要原則。如前引魯襄九年穆姜以「四德」詮釋隨卦，其中即包含人倫之「德」的原則，又如僖十五年晉大夫韓簡對卜筮的議論：

及惠公在秦，曰：「先君若從史蘇之占，吾不及此夫！」韓簡侍，曰：「龜，象也。筮，數也。物生而後有象，象而後有滋，滋而後有數。先君之敗德，及可數乎？史蘇是占，勿從何益？《詩》曰：『下民之孽，匪降自天。僔沓背憎，職競由人。』」

可見，韓簡不僅從可知的角度對卜筮本身提出了新詮釋，驅除其神秘色彩，凸顯人文理性精神，且最終以先君之「德」為歸依，提出人事上的成敗非占筮所及，而在於人之德行，故謂「先君之敗德」，即便不從不吉之占筮，亦無濟於事，而韓簡引《詩》之「職競由人」句，更是在對經典的詮釋中，進一步強化了人文之德在天人關係中的主導性地位。又如昭十二年，魯南蒯欲作亂而占筮，得比卦，爻辭曰「黃裳元吉」，以為大吉，於是示諸魯大夫子服惠伯，

惠伯卻作出不同解釋，乃謂：

> 吾嘗學此矣，忠信之事則可，不然，必敗。外彊內溫，忠也；和以
> 率貞，信也，故曰「黃裳元吉」。……外內倡和為忠，率事以信為共，
> 供養三德為善，非此三者弗當。

子服惠伯實指出，《易》之筮問對卜筮者本人是有德行要求的，即所謂「忠信
之事則可，不然，必敗」，故強調卜筮者非有忠、信、恭之德則「弗當」。此亦
顯見卜筮活動及解釋中以「德」為重要原則的思想。

從以上兩則材料的年代亦可見，「德」成為占筮解釋中的主導因素主要出
現在春秋中晚期，春秋早期尚未見。陳來先生亦注意到此種變化，謂：「春秋
中期以前〔註2〕的卜筮文化和筮問活動，都沒有對於德行的要求」，而春秋中
期之後，「筮問者本身的德行和筮問者將要從事的行為的性質，都成為筮問是
否正確預知未來的前提條件」，「這樣一來，『德』的因素成為卜筮活動自身所
要求的一個重要原則。這是以前從未有過的。」〔註3〕

要之，春秋時期，在鬼神與人的關係中，在占筮結果的解釋中，人文之
「德」皆已成為主導性的影響因素。從此種時人宗教思想變化中可知，在天
人關係中，人文之「德」已日益成為一種獨立的、起決定作用的價值理念。

貳、從「德以配天」到「德以治民」

春秋時期「德」觀念的宗教性減弱、人文性強化之情形，亦突出體現在
政教思想中。如本文第一章所述，周文傳統中，政教之「德」是置於天命觀的
前提之下的，此種「德」的天命面向在春秋時期仍有一定延續，如《左傳·僖
三年》鄭孔叔謂「棄德，不祥」，「不祥」即以「主宰天」意志呈現不吉之兆，
又如成十六年范文子謂「周書曰：『惟命不于常』，有德之謂」，仍秉持天命無
常、惟以德護持之傳統政教理念。然而，總體上，隨著春秋時期天人關係的
變化、人本主義的深入人心，在政教層面上，「德」的天命面向已日益少見，
而在時人思想中普遍轉為對民人的面向，「重民」成為了「政德」最重要的一
項內涵。

〔註2〕陳來先生在《古代思想文化的世界——春秋時代的宗教、倫理與社會思想》
一書中所用的春秋分期約為通用意義，未作明確的年份界定，從行文可見，
自僖公中期即屬春秋中期。參加陳來：《古代思想文化的世界——春秋時代的
宗教、倫理與社會思想》，頁1～48。
〔註3〕陳來：《古代思想文化的世界——春秋時代的宗教、倫理與社會思想》，頁48。

　　深究此種意義演變的原因，一則如徐復觀先生所指出，「因為中國宗教與政治的直接關聯，所以宗教中的道德性，便常顯為宗教中的人民性。」〔註4〕即由於宗教與政治的直接關係，政教之「德」的「配天」意義必然轉出「重民」的意義——因重視民人乃能有德，乃能配天，故「重民」思想實為傳統德治思想的本然內義，故如本章第一節「人本主義與重民思想」中所論，重民思想本是上古政教中即已形成的優良傳統，其在《商書》、《周書》中皆已可見；二則由於春秋時期宗教信仰的逐漸減弱，「德」的天命面向日趨淡化，同時隨著政教層面興起重民思想，直接推動「德」觀念從周代「配天」的面向轉為「重民」的面向。

　　從《左傳》來看，政教之「德」的「重民」意涵，在春秋時人的言論中一再被明確強調，如春秋早期時人之語：

　　　（眾仲）對曰：「臣聞以德和民，不聞以亂。」（隱四年）

　　　（富辰諫曰：）「大上以德撫民。」（僖二十四年）

　　　（臼季曰：）「能敬必有德。德以治民，君請用之！」（僖三十三年）

魯大夫眾仲「以德和民」、周大夫富辰「以德撫民」、晉大夫臼季「德以治民」之論，皆可見時人對於政教之「德」的核心指向已落在「民」上。《國語》中亦見春秋早期的此種言論，如《晉語四》載晉文公之大夫趙衰之言，謂：「夫先王之法志，德義之府也。夫德義，生民之本也」，亦以「德義」為「生民之本」。

　　又如《左傳》所載春秋中期之時人言論：

　　　孟明增修國政，重施於民。趙成子言於諸大夫曰：「秦師又至，將必辟之。懼而增德，不可當也……念德不怠，其可敵乎？」（文二年）

　　　（韓無忌謂：）「恤民為德。」（襄七年）

前者晉趙成子乃以孟明「增修國政，重施於民」為「德」，後者晉韓無忌則謂「恤民為德」。又如春秋晚期之言論：

　　　（狐庸對曰：）「若天所啟，其在今嗣君乎！甚德而度。德不失民，度不失事。民親而事有序，其天所啟也。」（襄三十一年）

　　　（逢滑曰：）「臣聞國之興也，視民如傷，是其福也；其亡也，以民

〔註4〕徐復觀：《中國人性論史》（先秦篇），頁53。

　　為土芥，是其禍也。楚雖無德，亦不艾殺其民。吳日敝於兵，暴骨

　　如莽，而未見德焉。」（哀元年）

前者吳大夫狐庸以「不失民」為有德；後者陳大夫逢滑亦從對待民人的角度
評價吳、楚之德，以兩國雖皆無德，但吳國「暴骨如莽」較之楚國「不艾殺其
民」為更甚，所謂「視民如傷」為國家之福，「以民為土芥」為國家之禍，皆
體現時人對「德」政之重民意涵的強調。

　　正因政教之「德」日益形成「重民」的核心內涵，故春秋時人評價為政
者是否有德，多是從其治民的角度而論。此種評價在春秋中晚期尤多，如襄
二十九年：

　　鄭子展卒，子皮即位，於是鄭饑，而未及麥，民病。子皮以子展之

　　命餼國人粟，戶一鍾，是以得鄭國之民，故罕氏常掌國政，以為上

　　卿。宋司城子罕聞之，曰：「鄰於善，民之望也。」

　　宋亦饑，請於平公，出公粟以貸，使大夫皆貸。司城氏貸而不書，

　　為大夫之無者貸。宋無饑人。叔向聞之，曰：「鄭之罕，宋之樂，其

　　後亡者也，二者其皆得國乎！民之歸也。施而不德，樂氏加焉，其

　　以宋升降乎！」

此為鄭、宋發生饑荒，鄭大夫子皮（罕氏）廣施於國，故「得鄭國之民」，被
國人推為常掌國政之上卿；而宋大夫子罕（司城氏、樂氏）亦主持救荒，使得
「宋無飢人」，且「貸而不書」，更是被晉叔向評價為「施而不德」，「不德」即
不以為己德，二者皆被認為是「民之歸」而有政德，受到時人稱頌。此為重民
而被視為有德之事，又有與其相反之事，如楚平王之「不撫民」受到時人批
評，昭十九年載：

　　楚人城州來，沈尹戌曰：「楚人必敗。昔吳滅州來，子旗請伐之。王

　　曰：『吾未撫吾民。』今亦如之，而城州來以挑吳，能無敗乎？」侍

　　者曰：「王施舍不倦，息民五年，可謂撫之矣。」戌曰：「吾聞撫民

　　者，節用於內，而樹德於外，民樂其性，而無寇讎。今宮室無量，

　　民人日駭，勞罷死轉，忘寢與食，非撫之也。」

此為楚平王侍者與楚大夫沈尹戌對「撫民」的談論，侍者認為楚平王五年不
對外作戰且「施捨不倦」，為息民之舉，是為「撫民」；而沈尹戌對「撫民」進
行了更為具體的詮釋，指出楚平王對內不節用，使得「民人日駭，勞罷死轉，
忘寢與食」，實際並無政德，不可謂「撫民」。二者意見雖不同，然皆凸顯了德

政中的「重民」思想，且沈尹戌謂使「民樂其性」，乃指出治民之德政中的最高要求。楚平王之不撫民，實被時人所公認，如昭二十五年載，楚平王使城州屈而遷茄人，城丘皇而遷訾人，又使二大夫築巢、卷之城郭，鄭大夫子大叔評價道：

> 楚王將死矣。使民不安其土，民必憂，憂將及王，弗能久矣。

子大叔亦從「使民不安其土，民必憂」出發，預言楚平王不得民心，必將走上死路，即對楚子不重民人的無德之政提出尖銳批評。

以上皆可見，周文政教傳統中「德以配天」的天命面向，至春秋時期已轉為落到民人的面向上，「德以治民」、「德以和民」、「德以撫民」等敘述在政治中被大力強調，「重民」成為了政教之「德」的核心內涵。

參、「德」與「命」：從保「天命」到察人之「運命」

周文傳統中「德」觀念的宗教性，既體現為「配天」的面向，同時又體現為「保命」的目的，即所謂「敬德保命」，此理念在春秋時期仍得到一定程度上的繼承，如《左傳・僖二十二年》載魯侯禦邾而不設備，大夫臧文仲以不可輕敵諫，乃引《詩》曰：「『敬之敬之！天惟顯思，命不易哉！』先王之明德，猶無不難也，無不懼也，況我小國乎！」以闡明先王「明德」而敬慎保命的意義，即體現出對傳統「敬德保命」思想的繼承，然而事實上，臧文仲的建議卻沒被魯僖公採納，可見傳統敬德觀在春秋政治中實已式微。前已討論，傳統敬德觀之式微在思想層面上的根本原因，乃在於傳統天命觀的衰微，此則再討論與之相關的另一個問題，即：在「敬德保命」理念中，隨著傳統天命觀的衰微及人本主義的興起，「命」觀念的意義亦產生了重要的變化。

勞思光先生認為：「『命』觀念在古代中國思想中，有兩種意義，一指出令，一指限定。前者可稱為『命令義』，後者可稱為『命定義』。」周代天命觀之「命」，即指「主宰天」之「命令」，其以意志性為基本內容；而前孔子時代「命」觀念最重要的演變，「乃由『命令義』轉為『命定義』」，「命」之「命定」義則不涉及意志問題，而指涉一種「客觀限定」。此種「命定」義在《詩經・國風》中已見，如〈小星〉篇：「肅肅宵征，夙夜在公，寔命不同」，「肅肅宵征，抱衾與裯，寔命不猶」，其中的「命」即「顯然指『命定』之環境而言」〔註5〕。從《左傳》看來，春秋時期的「命」觀念，大多仍指涉「命令」

〔註 5〕勞思光：《新編中國哲學史》（一），頁 97～99。

義，但同時亦出現幾處指涉「命定」義之「命」者〔註6〕，如襄三十一年晉趙
文子與吳大夫屈狐庸的一段對話：

> 吳子使屈狐庸聘于晉，通路也，趙文子問焉，曰：「延州來季子其果
> 立乎？巢隕諸樊，閽戕戴吳，天似啟之，何如？」對曰：「不立，是
> 二王之命也，非啟季子也……」

此涉吳國君位繼承中的著名事件，事在《史記‧吳世家》：「壽夢有子四人，長
曰諸樊，次曰餘祭，次曰餘眛，次曰季札。季札賢，而壽夢欲立之，季札讓不
可，於是乃立長子諸樊」，諸樊卒後，「有命授弟餘祭，欲傳以次，必致國於季
札而止」〔註7〕，故時人皆以季札本有君位繼承權，因此趙文子謂「巢隕諸
樊，閽戕戴吳（餘祭）」，似可見天意亦如此，但吳大夫狐庸否定其說，以諸
樊、戴吳之卒為「二王之命」，此「命」即有宿命之意味，顯為「命定」義。
又如昭二年鄭子產謂：

> 人誰不死？凶人不終，命也。作凶事，為凶人，不助天，其助凶人
> 乎？

子產所謂「凶人不終，命也」，其中的「命」亦為「命定」義，是從「人誰不
死」所涉人之壽命皆有終盡的意思中，轉出的人生有限之宿命意味。值得注
意的是，此處子產所言「命定」之「命」乃是基於對個體的道德評判，實呈現
出春秋時人思想中「德」與「命」之間的一種重要關係，即「德」與「命」從
周代「敬德保天命」的宗教、國家政教層面，已延伸到個體身上，置於個人道
德與其運命的關係中而被討論，此種個人的「運命」義，即含有標識人生之
有限性的「命定」義。

個體層面的「德」與「命」之關係，雖未見在春秋文獻中被直接討論，卻
從《左傳》中春秋時人普遍具有的「有德必有後」、「無德必敗亡」的思想中
得以呈現。所謂「有德必有後」，是指個人有德不僅關係一己之運命，且因宗
法制度下個人與宗族的緊密關係，亦能影響宗族之命運，長保宗族後嗣的延

〔註6〕除「命令」義、「命定」義外，《左傳》中的「命」亦有少數其他意涵，有用
　　　　作「壽命」義者，如前引文十二年「命可長也」之「命」；又有一與天生之「性」
　　　　相關的「性命」義者，如成十三年：「劉子曰『吾聞之，民受天地之中以生，
　　　　所謂命也，是以有動作禮義威儀之則以定命也。』」其中之「命」與後世《中
　　　　庸》中「天命謂之性」的「性」義似相近。
〔註7〕〔漢〕司馬遷：《史記‧吳世家》（北京：中華書局，1982 年 11 月第 2 版），
　　　　頁 1448～1451。

續與興盛。如前述春秋早期桓二年臧哀伯以「德」諫魯桓公，其時周內史評價道：

> 周內史聞之，曰：「臧孫達其有後於魯乎！君違，不忘諫之以德。」

周內史即以臧哀伯有德，故言「其有後於魯」，又如春秋中期襄二十六年晉大夫叔向曰：

> 鄭七穆，罕氏其後亡者也，子展儉而壹。

則以鄭子展「儉而壹」，而論其族必長久。又如春秋晚期昭七年魯孟僖子謂：

> 臧孫紇有言曰：「聖人有明德者，若不當世，其後必有達人。」今其
>
> 將在孔丘乎！

則引魯大夫臧孫紇之言以論孔子，以「有明德者」之後「必有達人」。以上可見自春秋早期至晚期皆有此種「有德必有後」的思想。實際上，由於春秋時期政治失序，在亂象叢生的現實生活中，此種個人之「德」與其「運命」的關係，更多地則是從「無德必敗亡」、「無德則取禍」的思想中得以體現，即個人無德則將造成個人或家族敗亡的命運，如春秋早期之相關言論：

> 公問於眾仲曰：「衛州吁其成乎？」對曰：「臣聞以德和民，不聞以
>
> 亂……夫州吁弒其君而虐用其民，於是乎不務令德，而欲以亂成，
>
> 必不免矣！」（隱四年）

> 虢公敗犬戎于渭汭。舟之僑曰：「無德而祿，殃也。殃將至矣！」（閔
>
> 二年）

> 卜偃曰：「《周書》有之：『乃大明，服。』己則不明，而殺人以逞，
>
> 不亦難乎？民不見德，而唯戮是聞，其何後之有？」（僖二十三年）

第一條引文為魯大夫眾仲對衛州吁成敗的預測，以「德」而觀其命運，謂州吁既無德而作亂，則必不免；第二條為虢大夫舟之僑對虢君命運的預測，亦以「無德而祿，殃也」，預言災禍將至；第三條為晉大夫卜偃推斷晉懷公濫殺而將無後，其據亦在於「民不見德，而唯戮是聞」，皆體現「無德必敗亡」的思想。

又如春秋中期之相關史事與言論：

> 鄭公子曼滿與王子伯廖語，欲為卿。伯廖告人曰：「無德而貪，其在
>
> 《周易》豐之離，弗過之矣。」間一歲，鄭人殺之。（宣六年）

> 冬，公孫歸父會齊侯于穀，見晏桓子，與之言魯，樂。桓子告高宣
>
> 子曰：「子家其亡乎！懷於魯矣。懷必貪，貪必謀人。謀人，人亦謀

己。一國謀之，何以不亡？」（宣十四年）

秦伯問於士鞅曰：「晉大夫其誰先亡？」對曰：「其欒氏乎！」秦伯
曰：「以其汰乎？」對曰：「然。欒黶汰虐已甚，猶可以免，其在盈
乎！」秦伯曰：「何故？」對曰：「武子之德在民，如周人之思召公
焉，愛其甘棠，況其子乎？欒黶死，盈之善未能及人，武子所施沒
矣，而黶之怨實章，將於是乎在。」（襄十四年）

以上引文，第一條為鄭大夫王子伯廖對公子曼滿欲為卿的評論，謂其「無德
而貪」必取禍；第二條為齊大夫晏桓子對魯公孫歸父個人命運的預言，謂其
「懷必貪，貪必謀人」，而「謀人，人亦謀己。一國謀之，何以不亡？」此實
以個人之無德，從人事層面作出合理的命運推測；第三條為晉大夫士鞅對欒
氏家族命運的預言，從欒武子之德而指出其子欒黶雖汰虐卻尚能免禍，而從
欒黶之無德，預測欒黶之子欒盈必受其禍。皆可見「無德而取禍」的思想。

又如春秋晚期之相關史事言論：

（子大叔）告子展曰：「楚子將死矣。不修其政德，而貪昧於諸侯，
以逞其願，欲久，得乎？……」裨竈曰：「今茲周王及楚子皆將死。
歲棄其次，而旅於明年之次，以害鳥帑，周、楚惡之。」（襄二十八
年）

此為鄭大夫子大叔與裨竈皆預言楚康王將死，相比裨竈從「天道」角度的預
測，子大叔則純從人事的角度，以楚子「不修其政德，而貪昧於諸侯」，必不
能長久。又如同樣是襄二十八年，魯大夫展莊叔對齊慶封的評論：

慶封……遂來奔。獻車於季武子，美澤可以鑑。展莊叔見之，曰：
「車甚澤，人必瘁，宜其亡也。」

慶封在內亂中出奔，魯大夫展莊叔從「車甚澤，人必瘁」，乃評論「宜其亡
也」，亦是從慶封個人奢侈無德之表現，而論其有此出亡之命運。

要之，從上述「有德必有後」、「無德必敗亡」的思想中，可見周文傳統
中政教層面的「德」與「天命」之關係，時至春秋已普遍性地落到個體的層
面，轉為討論個人德行與其有局限的運命之間的關係，在此種思想中，「德」、
「命」的宗教性皆消退，而皆落到人事的範疇被加以新詮釋。

肆、「孝」與「信」：德目之從宗教性轉向倫理性

如本章第二節所論，春秋時期「德」觀念的倫理性日益凸顯，同時，社

會思想中亦逐漸形成一些倫理道德性質的德目概念，如「孝」、「義」、「仁」、「忠」、「信」等，這些德目中，有純為倫理道德性質者，如「仁」、「義」、「忠」等；亦有原本具有宗教性質，而在春秋時期轉為了倫理道德性質者，典型者如「孝」與「信」，此種德目的意涵轉變，亦體現了其時天人關係中「德」觀念的人文性強化。

「孝」，如韋政通先生指出，其出現在西周金文中時，是帶著濃濃的宗教色彩的，如：

> 天子明哲，覲孝於申（神）。（大克鼎）

> 用訴（享）孝於前文人。（追敦）

> 用禪（祈）追孝于皇考惠仲。（虢姜簋蓋）

> 其用亨（享）孝于皇神祖考。（杜伯盨）〔註8〕

從「覲孝於神」、「享孝於前文人」、「追孝于皇考」、「用享孝于皇神祖考」可見，周人「孝」的對象乃是祖先、神。又如《詩經·小雅》中的〈天保〉篇：「吉蠲為饎，是用孝享。禴祠烝嘗，于公先王」，及《易·萃卦》之〈彖傳〉：「王假有廟，致孝享也」，皆以「孝享」為向祖先祭祀，皆見「孝」原本具有的宗教意義。春秋時期仍有此種宗教性意義的「孝」觀念，如《國語·周語下》：「言孝必及神。」「昭神能孝。」〔註9〕

但總體而言，春秋時期的「孝」觀念的宗教性指涉已十分少見，《左傳》、《國語》等文獻中出現的「孝」，絕大多數情況下乃是作為一個倫理性質的德目而被時人談及的，此從文獻中大量的例證可見，如《左傳》所載：

> （石碏諫曰：）「君義，臣行，父慈，子孝，兄愛，弟敬，所謂六順也。」（隱三年）

> （里克曰：）「且子懼不孝，無懼弗得立。」（閔二年）

> （季文子曰：）「父義，母慈，兄友，弟共，子孝，內平，外成。」（文十八年）

> （閔子馬曰：）「為人子者，患不孝，不患無所。」（襄二十三年）

〔註8〕 參見韋政通：《中國思想史》（上），頁40；兼參中央研究院：「殷周金文暨青銅器資料庫」http://www.ihp.sinica.edu.tw/~bronze/之大克鼎、追簋、虢姜簋蓋、杜伯盨條目。按，韋書以「用禪追孝于皇考惠仲」出自虢姜簋，核「殷周金文暨青銅器資料庫」，實則出自虢姜簋蓋。

〔註9〕 參見徐元誥：《國語集解》，頁88～89。

（伍尚曰：）「奔死免父，孝也。」（昭二十年）

（晏子曰：）「父慈子孝」，「父慈而教，子孝而箴。」（昭二十六年）

又如《國語》所載〔註10〕：

（管仲曰：）「閒燕則父與父言義，子與子言孝。」「有居處好學，

慈孝于父母……」（《齊語》）

太子曰：「吾聞之羊舌大夫曰：『事君以敬，事父以孝。』」（《晉語

一》）

（杜原款曰：）「守情說父，孝也。」（《晉語二》）

其中的「孝」，皆明確指涉人倫之父子、母子關係中，為人子所以事父母的道德原則。從上可見，春秋文獻中的「孝」大多是純倫理性質的，除極少數情況下保留了原有的宗教性質外，「孝」的倫理性意涵在春秋時期實已定型，並成為人倫關係中最重要的德目之一。

「信」，原本亦是一個宗教性極強的概念，如謝大寧先生謂，「信」原是「指與神祇的誓約」，《尚書·呂刑》篇：「民興胥漸，泯泯棼棼，罔中于信，以覆詛盟」，其中的「信」即「純是宗教上與神的約定」〔註11〕，此宗教性意義仍見於春秋時期的「信」概念中，如《左傳·桓六年》隨大夫季梁言「信」：

所謂道，忠於民而信於神也；上思利民，忠也；祝史正辭，信也。

從季梁「忠於民而信於神」之語可見，與人倫層面、政教意義上的「忠」相比，「信」乃是人對神的承諾與約定，顯為宗教性意義。又如莊十年魯莊公與曹劌的對話：

公曰：「犧牲玉帛，弗敢加也，必以信。」（曹劌）對曰：「小信未孚，

神弗福也。」

其中的「信」亦指對神講誠信。此皆春秋早期之相關情形，至春秋中、晚期，「信」仍具有宗教性意義，其於諸侯盟誓上體現得尤為突出，如以下言論：

范文子曰：「是盟也何益？齊盟，所以質信也。」（成十一年）

（劉獻公曰：）「盟以底信，君苟有信，諸侯不貳，何患焉？」（昭

十三年）

〔註10〕以下分別參見徐元誥：《國語集解》，頁 220、225、258、280。

〔註11〕謝大寧：〈儒學的基源問題——「德」的哲學史意涵〉，頁 15。

皆謂齋盟以質「信」，可見「信」仍指涉向神明立誓約。但與此同時，春秋時期的「信」亦已更多地指涉倫理意義上的「誠信」，如《左傳》載春秋早、中期關於「信」的時人言論：

> （鄧曼曰：）「其謂君撫小民以信，訓諸司以德……」（桓十三年）
>
> 管仲曰：「子父不奸之謂禮，守命共時之謂信。」（僖七年）
>
> （晉文公）曰：「信，國之寶也，民之所庇也。」（僖二十五年）
>
> 晏平仲言於齊侯曰：「小所以事大，信也。失信，不立。」（襄二十二年）

以上諸條，楚夫人鄧曼以「信」適用於「君撫小民」；齊大夫管仲以「信」為「守命共時」；晉文公對原人講信用，以「信」為「國之寶也，民之所庇也」；齊大夫晏平仲以「信」適用於「小所以事大」，其中所言之「信」皆無宗教性質，而完全是一種政教方面的倫理價值觀念。

至春秋中、晚期，「信」觀念除了政教上的意義外，已越來越多地用於指涉個人的倫理道德，如春秋中期宣二年晉鉏麑之行事與言論：

> 宣子驟諫，公患之，使鉏麑賊之。晨往，寢門闢矣，盛服將朝，尚早，坐而假寐。麑退，歎而言曰：「不忘恭敬，民之主也。賊民之主，不忠。棄君之命，不信。有一於此，不如死也。」觸槐而死。

此為晉靈公派鉏麑前往刺殺趙宣子，鉏麑感歎趙宣子「不忘恭敬」，堪為「民之主」，以「賊民之主，不忠」，故不忍刺殺，但他又以不履行君命，則是對國君不守信，所謂「棄君之命，不信」，為此觸槐而死。鉏麑所謂「信」，即指個人倫理道德方面的「信用」，且此事亦可見春秋時人為信義而捨生忘死的道德實踐精神。又如成九年范文子論楚鍾儀之語：

> （范）文子曰：「楚囚，君子也。言稱先職，不背本也；樂操土風，不忘舊也……不背本，仁也；不忘舊，信也；……仁以接事，信以守之，忠以成之，敏以行之。」

范文子所謂「不忘舊，信也」，是出於對鍾儀個人德行之評價，其中「信」與「仁」、「忠」等皆為倫理道德層面的德目。又如成十七年晉大夫郤至所言「信」：

> 人所以立，信、知、勇也。信不叛君，知不害民，勇不作亂。失茲三者，其誰與我？

以及昭元年晉正卿趙武所言「信」：

武將信以為本，循而行之。譬如農夫，是穮是蓘，雖有饑饉，必有豐年。且吾聞之：能信不為人下，吾未能也。

亦皆完全是適用於道德主體的倫理道德概念。故從《左傳》中可見，春秋時期的「信」觀念，其意涵處於從宗教性轉向倫理性的演變過程中，兩種性質的意涵皆可見，但後者的意義正日益普遍、日益定型。此種意涵性質的變化實基於春秋時期天人關係中從天到人的轉變背景，故時人將「德」及「德目」的指涉範疇日益傾重於人的一方，並落到政教、人倫層面等對其意涵加以具體詮釋。

綜合本節所論，春秋時期，「德」觀念日益從宗教鬼神信仰中突破，而成為天人關係中的主導性影響因素；政教之「德」在周文傳統中的天命面向已很少被談論，而普遍轉為了民人面向，「重民」成為政教之「德」的核心內涵；同時，「命」觀念的意義亦產生變化，「德」與「命」的關係從周文傳統中的「敬德保天命」的宗教、政教層面，向個體身上延伸，更多地被置於個人道德與其運命的關係中被討論；而如「孝」、「信」之德目，其意涵亦發生從宗教性質轉向倫理性質的演變。此皆可見，在天人關係的演變中，春秋時期「德」觀念的人文性得以本質上的強化，其人文性意義逐漸壓過宗教性意義。

第四節　由政教及於倫理：人文之「德」的意義拓展

在討論了春秋時期「德」觀念的人文強化後，本節進而討論春秋時期人文之「德」本身的意涵亦內在地產生了一個重要變化：即在「德」的政教性意義發展的同時，另一方面，「德」的倫理性意義日益凸顯，成為了春秋時期「德」觀念意涵中獲得最大拓展的一個意義面向。如果說前述「天命」與「人文」作為一對相對性的概念，用以揭示西周至春秋時期「德」觀念宗教性減弱、人文性強化的情形，那麼，「政教性」和「倫理性」同作為「德」之人文性的體現，則可進一步用以揭示春秋時期「德」觀念的人文性指涉本身亦產生的內在演變。具而論之，綜觀自周初至春秋晚期的「德」觀念的意義發展，「德」在周代主要是在政教意義上被談論，而到了春秋時期尤其中晚期，雖則「德」的政教性意義仍存，但其倫理性意義得到越來越多的重視，成為「德」觀念意義發展的新主流。本章第二節論《左傳》中「德」之「美德」義時，已討論春秋中晚期體現倫理性的「道德」義的發展，此則再從政教之

「德」的倫理性內義，及諸德目內涵的形成兩方面來討論「德」的倫理性意義的拓展。

壹、政教之「德」的倫理性內義

周代的「德」，其根本性質是一個政教理念，但由於政治制度與社會倫理的直接關聯，政教之「德」亦必天然對應某些特定的倫理性內義，經由春秋時期人文思想的進展，其倫理性意義日益得到充分詮釋。

周代政教之「德」在倫理層面所蘊含的內義，與周代的政治特點與社會組織特點相關。殷周時期的政治體制和社會組織，皆建立在宗法制度的基礎之上，而宗法制乃是一種基於血緣關係的制度。從政治上而言，周代政治體制是宗法制和分封制的緊密結合，或說是宗法的政治化，它「將自然的血緣關係化入人為的政治關係中」〔註12〕，故周代宗法分封政治制度乃以血緣關係為基礎；而從社會組織的角度而言，如張榮明先生《殷周政治與宗教》所論，殷周時期的宗法制實即一種宗族組織法，「族」是殷周社會的基本組織形式，人們的政治生活和宗教生活皆須依賴族組織才得以進行〔註13〕，周代社會有貴族和庶族的分化：貴族包括王族——周王的親族、公族——諸侯的親族、家族——大夫的親族，他們保持著完整的血緣組織（宗族），並在此基礎上建構起政治和宗教組織合一的體系，庶族雖不直接生活於宗族組織，但他們依附於貴族，受控於宗族組織，仍受宗法制度的約束〔註14〕。可見，周代的政治與社會生活由此宗法制度嚴密地組織起來，而其基礎便是血緣和親緣關係。時至春秋，雖然周禮崩壞，政治日漸失序，但宗法分封制尚未完全解體，社會組織上亦是完全延續著宗法制度下的宗族制，故亦延續著周代宗法分封制、宗族制下所構建的社會基本人倫關係，以及在基本人倫關係上所產生的相應的倫理價值原則。

正由於此種政治體制、社會組織皆以血緣關係為基礎，故血緣親屬間的

〔註12〕此為勞思光先生論周代宗法制度之語。參見勞思光：《新編中國哲學史》（一），頁104。

〔註13〕宗法、宗族制度有著淵遠的歷史來源，如韋政通先生所云，「從龍山文化中祖先崇拜的功能，已可推想家族組織的雛形蓋已形成。承繼龍山文化發展的殷商文化，由卜辭中所見的，雖祇限於王室，但可看出其家族組織已相當定型，最具體的例證，就是它已有大宗、小宗的制度。」參見韋政通：《中國思想史》（上冊），頁27。

〔註14〕張榮明，《殷周政治與宗教》，頁257～261。

關係成為最重要的社會倫常關係，與之相應則產生「親親」的倫理價值觀念，而當「德」觀念落實到實際政治及君王等具體個體身上時，諸如「親親」之類的倫理觀即成為政教之「德」的必然內義。所謂「親親」，其核心內涵在於「親愛及於相同血緣同出者」，依此觀念明確分判「親族」與「非親族」的倫理價值觀，並進一步主張，在任何情境中都應將血緣同出者放於首要位置來考量。〔註15〕由宗法分封政治而產生「親親」倫理價值觀，從《左傳·僖二十四年》王臣富辰諫襄王以狄伐鄭之語可見：

> 臣聞之：大上以德撫民，其次親親，以相及也。昔周公弔二叔之不咸，故封建親戚，以蕃屏周。管、蔡、郕、霍、魯、衛、毛、聃、郜、雍、曹、滕、畢、原、酆、郇，文之昭也。邘、晉、應、韓，武之穆也。凡、蔣、邢、茅、胙、祭，周公之胤也。召穆公思周德之不類，故糾合宗族于成周，而作詩，曰：「常棣之華，鄂不韡韡。凡今之人，莫如兄弟。」其四章曰：「兄弟鬩于墻，外禦其侮。」如是，則兄弟雖有小忿，不廢懿親。今天子不忍小忿，以棄鄭親，其若之何？

此中富辰追述周初分封姬姓宗親的目的乃在於「封建親戚，以蕃屏周」，即周代分封的政治出發點，實「透過緊密的親緣血統關係，化作臣民核心向心力」〔註16〕，故富辰在周天子與諸侯間的政治關係中，一再強調「親親」的倫理觀，謂「親親以相及也」，以周、鄭為兄弟，「雖有小忿，不廢懿親」，以勸諫天子毋棄「鄭親」。須指出的是，此種「親親」倫理觀雖基於自周初即已確立的宗法分封制度而必然產生，為周人思想上的事實存在，但其概念在《尚書·周書》中尚未見，而是在《左傳》、《國語》〔註17〕中被春秋時人明確提出，其首次出現即在以上魯僖二十四年富辰的言論中。不僅如此，富辰亦將「親親」倫理觀明確詮釋為政教之「德」的內義，緊接上段言論，富辰又謂：

> 庸勳、親親、暱近、尊賢，德之大者也。即聾、從昧、與頑、用嚚，姦之大者也。棄德、崇姦，禍之大者也。鄭有平惠之勳，又有厲宣

〔註15〕 趙師中偉：〈周代親親倫理思想之承襲——以先秦孔孟為探討〉，未刊稿，頁18。

〔註16〕 趙師中偉：〈周代親親倫理思想之承襲——以先秦孔孟為探討〉，頁11。

〔註17〕 《國語·周語中》則謂：「尊貴、明賢、庸勳、長老、愛親、禮新、親舊。」「愛親」即「親親」義。參見徐元誥：《國語集解》，頁48。

之親,棄嬖寵而用三良,於諸姬為近,四德具矣……周之有懿德也,
猶曰「莫如兄弟」,故封建之。其懷柔天下也,猶懼有外侮,捍禦侮
者,莫如親親,故以親屏周。召穆公亦云。今周德既衰,於是乎又
渝周、召,以從諸姦,無乃不可乎?民未忘禍,王又興之,其若文、
武何?

所謂「庸勳、親親、暱近、尊賢,德之大者也」,其中的「德」與前引「大上
以德撫民」的「德」同為傳統政教理念,可見,在富辰的詮釋中,「親親」與
「庸勳」、「暱近」、「尊賢」等皆為政教之「德」的重要體現,實則,四者乃是
政教之「德」適用於不同的倫常關係時,所必然呈現的相應倫理價值觀:「親
親」指親愛親人;「暱近」指親暱近者,且從富辰以鄭國「於諸姬為近」之語
看來,近者亦常為血緣上親近者;「庸勳」指任用有功者;「尊賢」指尊崇賢
者。而在各種倫理價值中,又以「親親」為最重,故富辰謂「周之有懿德也,
猶曰『莫如兄弟』」,「捍禦侮者,莫如親親」。此實揭示了作為政教理念之「德」
本身所具有的倫理性內義,且突出體現在「親親」的政治倫理觀上。又如春
秋中期文七年宋大夫樂豫諫宋昭公毋去羣公子,而謂:

公族,公室之枝葉也;若去之,則本根無所庇蔭矣。……親之以德,
皆股肱也,誰敢攜貳?若之何去之?

樂豫指出公族宗親為「公室之枝葉」,若「親之以德,皆股肱也」,故不應去
之,其所謂「親之以德」,表述出親親乃是德義。

對於「親親」的具體所指,春秋時人亦有討論,如文十五年魯大夫叔仲
惠伯諫東門襄仲之不為公孫敖哭喪:

惠伯曰:「喪,親之終也。雖不能始,善終可也。史佚有言曰:『兄
弟致美。救乏、賀善、弔災、祭敬、喪哀,情雖不同,毋絕其愛,
親之道也。』子無失道,何怨於人?」

惠伯以兄弟「親親之道」勸諫襄仲,所謂「喪,親之終也」,「救乏、賀善、弔
災、祭敬、喪哀,情雖不同,毋絕其愛,親之道也」,皆是對「親親」意涵的
具體闡釋,且後者乃引自古人之言,亦可見「親親」倫理觀念的歷史淵源。

同時,因「親親」倫理觀念所施加的親屬對象,既包括父子、母子等直
系親屬,又包括兄弟等旁系親屬,故從「親親」倫理觀生發,在不同的親屬關
係上,又產生了更為具體的倫理道德原則,此如文十八年季文子所言:

(昔)高辛氏有才子八人……忠、肅、共、懿、宣、慈、惠、和,

天下之民謂之八元……舜臣堯……舉八元，使布五教于四方，父義，

母慈，兄友，弟共，子孝，內平外成。

從上述舜舉「八元」而「使布五教于四方」，於是「父義，母慈，兄友，弟共，子孝，內平外成」看來，春秋時期已形成「父義，母慈，兄友，弟共，子孝」之「五教」概念，即「親親」倫理觀下具體細化出的五種倫理道德原則。不過，這些倫理道德原則並非固化的概念，如隱三年石碏諫衛莊公偏寵公子州吁，謂：

君義，臣行，父慈，子孝，兄愛，弟敬，所謂六順也。

在石碏的言論中，「親親」範疇內的倫理道德原則又為「父慈，子孝，兄愛，弟敬」。又如《國語·齊語》管仲謂：

令夫士群萃而州處，閒燕則父與父言義，子與子言孝，其事君者言

敬，其幼者言弟。〔註18〕

則為「父義」、「子孝」、「幼弟（悌）」。可見，除人子之「孝」的意涵已定型外，春秋時人對不同倫常關係所適用的倫理道德原則並未形成固定的規範，各種倫理道德概念的意涵指涉亦較為寬泛。

又，政治倫理中的「親親」觀念雖突出體現了政教之「德」的倫理性內義，但政「德」的倫理性意義並不止於「親親」觀念涉及的倫常中，亦體現於其他社會倫常關係中，如上述隱三年石碏所謂「君義，臣行」，實揭示了周代宗法分封政治制度下另一種最重要的倫常關係即「君－臣」的倫理道德原則。對於「君－臣」關係中的倫理道德原則，春秋時人亦是進行了廣泛討論的，如《左傳·襄二十二年》齊大夫晏平仲謂：

君人執信，臣人執共，忠信篤敬，上下同之，天之道也。

又如《國語·周語中》劉康公曰〔註19〕：

臣聞之：為臣必臣，為君必君，寬、肅、宣、惠，君也；敬、恪、

恭、儉，臣也。

又如《國語·晉語一》晉大夫荀息與丕鄭的相關討論〔註20〕：

荀息曰：「吾聞事君者，竭力以役事，不聞違命。君立臣從，何貳之

有？」丕鄭曰：「吾聞事君者，從其義，不阿其惑。惑則誤民，民誤

〔註18〕徐元誥：《國語集解》，頁 220。

〔註19〕徐元誥：《國語集解》，頁 69～70。

〔註20〕徐元誥：《國語集解》，頁 256。

　　　　失德，是棄民也……」

皆是對「君－臣」之倫理道德原則的詮釋，從中亦可見，春秋時期，君－臣關係中的道德原則亦不固定，但突出體現一種相互相對的道德承擔之思想，如《晉語一》丕鄭所謂「事君者，從其義，不阿其惑」，亦即《左傳・隱三年》石碏所謂「君義，臣行」，臣子對君主並非絕對服從，而是基於「義」的道德原則；而如《左傳・襄二十二年》晏平仲及《周語中》劉康公之言論，皆具體闡述了君、臣各自的道德擔當。

　　要之，以上皆可見政教之「德」所具有的倫理性內義及其在春秋時期得以凸顯的情形。又，從上述材料亦可見，春秋時人用於討論各種倫常關係中的道德原則是極為豐富的，如義、慈、孝、恭、敬、弟（悌）、忠、信、宣、惠等，這些「德目」亦是「德」的倫理性意義的具體呈現，以下另舉其最重要者加以說明。

貳、重要德目的內涵形成

　　春秋時期，隨著「德」觀念在倫理層面的意義推進，人們對人倫中諸德目的具體意涵亦進行了廣泛討論，最受關注者約有「孝」、「忠」、「敬」、「仁」、「義」、「信」、「知」、「勇」等。其中，「孝」、「信」在本章第三節已有討論，此再對「孝」略作補充；又，因「敬」與「禮」觀念密切相關，故另置於本文第三章討論。以下集中討論「忠」、「仁」、「義」等倫理道德之細目。

一、孝

　　如趙中偉先生指出，周代的「親親」倫理觀念，由於強調的是父系宗族的親親關係，重視父與子倫常的綿延維繫，以保護父權威嚴在社會倫常與政治倫理關係中穩固實現，故在諸倫理德行概念中尤重視「孝悌」的觀念〔註21〕。「孝」、「悌」之中，又以「孝」為更重。前文已論，春秋時期「孝」的意涵已較為定型，主要指涉為人子所以事父母的道德原則，此再補充說明春秋時人所論「孝」與政教之「德」的直接關係。如《左傳・成二年》載，春秋中期齊、晉鞌之戰，齊人戰敗求和，晉人謂必以齊君之母蕭叔同子為質，被齊人嚴詞拒絕，齊使賓媚人乃謂：

　　　蕭同叔子非他，寡君之母也。若以匹敵，則亦晉君之母也。吾子布
　　　大命於諸侯，而曰必質其母以為信，其若王命何？且是以不孝令

─────────────

〔註21〕趙師中偉：〈周代親親倫理思想之承襲——以先秦孔孟為探討〉，頁18。

也。《詩》曰：「孝子不匱，永錫爾類。」若以不孝令於諸侯，其無
乃非德類也乎？

賓媚人指出，以齊君之母為質是不合孝道的，進而指出「若以不孝令於諸侯，其無乃非德類也乎」，所謂「德類」之「德」，即政教理念之「德」，以倫理道德上的「不孝」為政教上號令諸侯之「不德」，正可見人倫之「孝」乃納入政教之「德」的意義範疇內，可見政教之「德」在倫理性意義上的具體拓展。

二、忠

「忠」，並不見於可信的《尚書》文本中〔註22〕，從《左傳》可見，「忠」的確切涵義當是在春秋時人的重重反省之中，逐漸得以形成的。《左傳》中關於「忠」的言論很多，如春秋早期之記載：

（魯莊）公曰：「小大之獄，雖不能察，必以情。」（曹劌）對曰：
「忠之屬也，可以一戰。」（莊十年）

士蔿稽首而對曰：「守官廢命，不敬；固讎之保，不忠。失忠與敬，
何以事君？」（僖五年）

（晉獻）公曰：「何謂忠、貞？」（荀息）對曰：「公家之利，知無不
為，忠也。送往事居，耦俱無猜，貞也。」（僖九年）

（狐突）對曰：「子之能仕，父教之忠，古之制也。策名、委質，貳
乃辟也。今臣之子，名在重耳，有年數矣。若又召之，教之貳也。
父教子貳，何以事君？」（僖二十三年）

從以上言論，可見「忠」的核心所指：其一，從晉大夫士蔿「失忠與敬，何以事君」的言論可知，「忠」是一個主要用於「君─臣」倫常關係中的道德原則，既適用於君王與其臣民，亦適用於家主與其家臣，即分封制度中上級領主與其下級間的倫理價值原則，由此種倫常引申，「忠」進而用於指涉個人服務公家之事時所秉持的道德原則，此正晉大夫荀息所謂「忠」於「公家之利」，亦魯人曹劌以魯莊公「小大之獄，雖不能察，必以情」為「忠之屬」之意，從後者又可見，不僅臣子秉忠，國君為公事盡心亦可稱之為「忠」。其二，從晉狐突以「教之忠」與「教之貳」對舉可見，「忠」的核心意涵指「忠心不二」；從荀息「知無不為」可見，「忠」還指「盡心盡力」。

〔註22〕偽孔傳《尚書》中的〈仲虺之誥〉、〈伊訓〉、〈泰誓〉、〈蔡仲之命〉、〈君牙〉、
〈冏命〉篇中出現幾處「忠」或「忠良」，但這幾篇皆是偽作。

綜而言之，本文認為，春秋時期的「忠」，是一種事君、為公方面的道德原則，核心意涵包括忠心不二、盡心竭力。此種意涵從春秋中、晚期的史事與時人言論中亦得以證明，如春秋中期文六年晉臾駢奉命送其怨敵賈季之帑，而阻止其部屬因報私仇，乃謂：

> 「吾聞前志有之曰：『敵惠敵怨，不在後嗣，忠之道也。』夫子禮於賈季，我以其寵報私怨，無乃不可乎？介人之寵，非勇也。損怨益仇，非知也。以私害公，非忠也。釋此三者，何以事夫子？」盡具其帑與其器用財賄，親帥扞之，送致諸竟。

臾駢以「敵惠敵怨，不在後嗣」為「忠之道」，即「惠」、「怨」所針對的對象與後嗣、他人無關，此實側面可見「忠」所適用的倫常關係有其限定，是為「不貳」；其後又謂「以私害公，非忠也」，即公報私仇為不忠，則充分可見春秋時人所謂「忠」，乃是為公之事中的道德原則。又如春秋中期宣十二年晉大夫士貞子諫厲公之許荀林父請死，乃謂：

> 林父之事君也，進思盡忠，退思補過，社稷之衛也，若之何殺之？

則以「盡忠」來談論事君之道。又可見，正因「忠」有「盡心盡力」之意涵，故人們常以「盡忠」之詞強調「忠」義。又如成十六年晉范文子評價魯季文子曰：

> 季孫於魯，相二君矣，妾不衣帛，馬不食粟，可不謂忠乎？

季文子之「忠」又見於襄五年時君子之評論：

> 季文子卒。大夫入斂，公在位。宰庀家器為葬備，無衣帛之妾，無食粟之馬，無藏金玉，無重器備，君子是以知季文子之忠於公室也：相三君矣，而無私積，可不謂忠乎？〔註23〕

季文子相三君而無私積為「忠於公室」，亦可見「忠」的核心內涵即為公為君之忠心不二、盡心竭力。再如春秋晚期之言論：

> 榮成伯曰：「遠圖者，忠也。」（襄二十八年）

> 趙孟聞之曰：「臨患不忘國，忠也……」（昭元年）

> （叔孫）昭子語諸大夫曰：「昔慶封亡，子尾多受邑，而稍致諸君，君以為忠，而甚寵之……忠為令德，其子弗能任，罪猶及之，難不慎也？喪夫人之力，棄德、曠宗，以及其身，不亦害乎？」（昭十年）

〔註23〕本文雖不取「君子曰」的內容，但此處「君子」之語意同上引范文子之言，可見季文子之忠當為春秋時人的普遍看法，故特為引用，以作參照。

亦皆可見「忠」的意涵所在：第一條，「遠圖者」為「忠」，即為公事之長遠考慮為盡忠；第二條，「臨患不忘國」為「忠」，即為國事不懼個人患難為忠心；第三條，如叔孫昭子所言，齊大夫子尾領受國君之賜，其後又歸還部分封邑，既體現事君之恭敬，又維護了國君的利益，而齊侯以其為忠，即事君之不貳與盡力；而魯叔孫昭子所謂「忠為令德」，以不能任忠為「棄德」，更可見在論定「忠」為重要德目時，其所屬之「德」觀念已全然指涉倫理性意義。

三、仁

在孔子之前，春秋時人已常使用「仁」的概念，確切而言，從《左傳》、《國語》看來，春秋時人對「仁」的討論和使用主要出現在春秋中晚期，且多將「仁」用作一個具體的德目，但總體而言，無論從高度或廣度，其意義皆遠未及孔子學說中的「仁」。綜觀《左傳》、《國語》中的「仁」，其具體意涵約有三個重要面向：其一，「仁」是以人為本的；其二，「仁」有「寬厚」、「慈愛」義；其三，「仁」主要作為一個德目使用，但漸出現「合德」的意義。

其一，「仁」是一個以人倫、人道為基本範疇來談論的概念，「仁」的意義，首要在於體現根本的人倫常理與人道精神，以人為本。此從《左傳》以下時人言論可見：

> （晉文）公曰：「因人之力而敝之，不仁；失其所與，不知；以亂易整，不武。吾其還也。」（僖三十年）

> （楚沈尹戌曰：）「仁者殺人以掩謗，猶弗為也。今吾子殺人以興謗，而弗圖，不亦異乎！」（昭二十七年）

> （鄖公）辛曰：「違強陵弱，非勇也；乘人之約，非仁也；滅宗廢祀，非孝也；動無令名，非知也。」（定四年）

在與其他德目的意義對照中，晉文公乃以「因人之力而敝之」為「不仁」，楚沈尹戌則謂「仁者殺人以掩謗，猶弗為也」，鄖公鬪辛亦以「乘人之約」為「非仁」，皆可見種種違反根本的人倫常理、人道精神的行為即為「不仁」，故「仁」則是以人倫、人道為本的一種道德原則。又如《國語》相關言論：

> （富辰曰：）「夫義所以生利也，祥所以事神也，仁所以保民也。不義則利不阜，不祥則福不降，不仁則民不至。」（周語中）

> （單襄公曰：）「言信必及身，言仁必及人，言義必及利。」「愛人能仁。」（周語下）

在富辰的言論中，與「事神」之「祥」相對，又與「生利」之「義」有不同側重，德目「仁」是所以「保民」者，即在天、人相對性關係中是與民人直接關聯的；而單襄公更明確談到「言仁必及人」、「愛人能仁」，皆可見「仁」是直接指涉人倫、人道範疇的一種道德原則。職此之故，春秋時人談論「仁」時，又往往將籠統意義上的「人之美德」稱作「仁」，如《左傳・僖八年》「目夷長且仁」，成五年「神福仁而禍淫」，定九年「親富不親仁」，其中的「仁」皆此種用法。又如《國語・晉語一》：「為仁者，愛親之謂仁；為國者，利國之謂仁」〔註24〕，此正因「仁」指涉籠統的「人的美德」，故在對待親人、國家等不同倫常中，不限於指涉某一固定的意義。

其二，「仁」的具體意涵中，確切者則有「寬厚」、「慈愛」義。如《左傳》：

> 慶鄭曰：「背施，無親。幸災，不仁。」（僖十四年）

> （伍參曰：）「其佐先縠剛愎不仁，未肯用命。」（宣十二年）

> （趙文子曰：）「子木有禍人之心，武有仁人之心，是楚所以駕於晉也。」（昭元年）

> 子服景伯曰：「小所以事大，信也；大所以保小，仁也。背大國，不信；伐小國，不仁。」（哀六年）

皆可見「仁」與其他德目相比，具體內涵為「寬仁」、「慈愛」：第一條，「幸災」即為不厚道；第二條，「剛愎」亦是為人不寬厚的表現，以與「不仁」連用；第三條，「禍人」與「仁人」對舉，「禍人」即為禍害他人，「仁人」當為仁愛他人；第四條，「大所以保小」為「仁」，則「仁」亦指涉寬、愛之意。又如《國語・楚語上》：

> （申叔時曰：）「明等級以導之禮……明慈愛以導之仁。」〔註25〕

更明確表述「仁」之「慈愛」義。從上述材料亦可見，前孔子時期，「仁」作為一個具體的德目，常與「信」、「義」、「禮」、「知」、「勇」等其他德目並列使用，而未見其地位明顯高出其他德目，此從《左傳》以下諸條亦可見：

> 夫樂以安德，義以處之，禮以行之，信以守之，仁以屬之，而後可以殿邦國，同福祿，來遠人。（襄十一年）

〔註24〕徐元誥：《國語集解》，頁264。
〔註25〕徐元誥：《國語集解》，頁486。

閑之以義，糾之以政，行之以禮，守之以信，奉之以仁，制為祿位，
以勸其從。」（昭六年）

不過，雖然「仁」主要作為一個具體德目被使用，但自春秋中期，亦出現一種用作「合德」意義的「仁」，但其例尚少，如《左傳‧襄七年》晉韓無忌謂韓起「好仁」，而謂：

恤民為德，正直為正，正曲為直，參和為仁。如是則神聽之，介福降之。

可見在韓無忌的言論中，「仁」已被詮釋為道德人格的極高原則，其囊括了「恤民」之「德」、「正直」之「正」、「正曲」之「直」等三種美德，而能使得「神聽之，介福降之」。另，與此種「合德」意義相關的，又有春秋時人將其他德目歸入「仁」的意涵的言論，如《左傳‧僖八年》宋大夫子魚謂：「能以國讓，仁孰大焉」，乃以謙讓之德為「仁」；僖三十三年晉大夫臼季曰：「出門如賓，承事如祭，仁之則也」，則以「敬」為「仁之則」；又如《國語‧晉語二》：「殺身以成志，仁也」，實以「義」為「仁」（「義」的意涵見下文）。此種不同德目意涵混用的現象，雖可見處於轉型、劇變時期的春秋時人所必然具有的思想混雜情形，但亦可謂「仁」本身亦具有一種意涵上的詮釋張力。

此外，從《左傳》、《國語》中可見，「仁」還具有一個與「功」的意義密切相關的意涵，如《左傳‧昭二十年》楚執伍奢以召其子，伍尚乃謂其弟伍員曰：

奔死免父，孝也；度功而行，仁也；擇任而往，知也；知死不辟，勇也。

又如《國語‧周語中》單襄公曰〔註26〕：

以義死用謂之勇，奉義順則謂之禮，畜義豐功謂之仁。

及《魯語上》魯展禽曰：

夫仁者講功，而智者處物。無功而祀之，非仁也；不知而不能問，非智也。

以上所謂「度功而行，仁也」，「畜義豐功謂之仁」，「仁者講功」、「無功而祀之，非仁也」，皆可見，孔子之前的「仁」，實有一個強調功效、功用、功利的意涵面向，此點頗可注意。

〔註26〕以下分別參見徐元誥：《國語集解》，頁76、161。

四、義

從《左傳》可見，自春秋早期至晚期，「義」的核心意涵已很固定。如勞思光先生釋《論語》中的「義」，以孔子的「義」皆指「正當」或「道理」〔註27〕，此種意義實在孔子之前固已形成。「義」，即正當、合於道理，亦《禮記・中庸》所謂「義者，宜也」〔註28〕。本文以為，相對而言，「孝」、「忠」、「信」、「仁」等德目皆體現的是善惡（好壞）原則，而「義」則標示的是一種是非（對錯）原則。

《左傳》所載春秋時人對「義」的討論，如春秋早期有：

（鄭莊公曰：）「多行不義必自斃。」「不義不暱，厚將崩。」（隱元年）

（石碏曰：）「且夫賤妨貴，少陵長，遠間親，新間舊，小加大，淫破義，所謂六逆也。君義，臣行……所謂六順也。」（隱三年）

狐偃曰：「求諸侯，莫如勤王。諸侯信之，且大義也。」（僖二十五年）

上述第一條「多行不義」、「不義不暱」的「不義」，皆指不正當之事；第二條石碏以「貴、賤」，「長、少」，「遠、親（近）」，「新、舊」，「小、大」等意義對立者對舉，可見「義」與「淫」亦為意義對立者，「淫」指淫邪，則「義」指正當，其後「君義」之「義」亦同此；第三條狐偃以「勤王」為「大義」，即指「勤王」為最正當之事。又如春秋中期：

（狼瞫）曰：「《周志》有之：『勇則害上，不登於明堂。』死而不義，非勇也……」及彭衙，既陳，以其屬馳秦師，死焉。晉師從之，大敗秦師。（文二年）

趙盾曰：「杜祁以君故，讓偪姞而上之；以狄故，讓季隗而己次之，故班在四。先君是以愛其子……母義子愛，足以威民。」（文六年）

（解揚曰：）「君能制命為義，臣能承命為信，信載義而行之為利。」（宣十五年）

叔服曰：「欺大國，不義。」（成元年）

〔註27〕勞思光：《新編中國哲學史》（一）（桂林：廣西師範大學出版社，2005年10月第1版），頁83。
〔註28〕〔清〕阮元校刻：《十三經註疏・禮記註疏》，頁887。

（賓媚人曰：）「反先王則不義。」（成二年）

晉侯夢大厲……曰：「殺余孫，不義。」（成十年）

上述第一條狼瞫「死而不義」之「不義」，即前所謂「害上」，「害上」為破壞尊卑倫常秩序，違反倫理道德原則，故謂之「不義」，即不正當、不合於道理，而狼瞫死義之事，亦可見時人踐「義」忘死的崇高精神；第二條趙孟論杜祁之「義」，乃因其顧全大局而讓位於人，其「義」亦行為合宜、合於道理之意；第三條「君能制命為義」，則指能制命為君主正當之事〔註29〕；其餘「欺大國不義」、「反先王則不義」、「殺余孫不義」皆以種種不正當的行為為「不義」。又如春秋晚期之相關言論：

晉魏舒合諸侯之大夫于狄泉，將以城成周。魏子蒞政。衛彪傒曰：「將建天子，而易位以令，非義也。大事奸義，必有大咎。」（定元年）

（王生）曰：「私讎不及公，好不廢過，惡不去善，義之經也。」（哀五年）

上述第一條「將建天子，而易位以令，非義也」，乃從反面評價晉大夫魏舒僭越禮制，居君位以出令的行為「非義」，「非義」即不正當、違背禮制秩序；第二條「私讎不及公，好不廢過，惡不去善，義之經也」，則從正面討論了種種正當的、道德的行為體現了「義」的原則。以上皆可見，前孔子時期，德目「義」之「正當」、「合於道理」的意涵已然定型，所指並不複雜，且被時人普遍尊崇。

要之，從以上春秋時人對諸德目的討論與推崇之情形，皆體現出其所歸屬的大範疇——「德」觀念的倫理性意義的具體化進展。

第五節　從他律到自律：「德」觀念的個體內化

從春秋時期「德」觀念的人文性強化及倫理性凸顯這兩大演變進程中，亦皆可見一種「德」觀念從國家政教層面向道德個體層面的延伸趨勢，而在此種延伸過程中，又呈現出另一種重要的演變趨勢：即「德」的實現，從天命約束、政治驅動等外在要求逐漸轉為個體的道德自覺。以下詳論之。

〔註29〕釋義參見楊伯峻：《春秋左傳注》（北京：中華書局，2009 年 10 月第 3 版），頁 760。

壹、外在驅動之「德」向道德自覺的演變

　　周文傳統中的「敬德」，是有著顯見的外在驅動力的：其一，在天人關係中，周代「德」觀念以天命觀為前提，周人之「敬德」首先是出於對天命的敬畏的；其二，在政教層面上，政教之「德」的實現，從根本上而言是帶著政治功利性的，注重政治實效。此種外在驅動的「德」觀念特色，在春秋時期仍得以延續，「德」的「天命」約束力，在本章第三節論「德以配天」時已提及，此再舉春秋時人常見的「德福一致」的思想以作補充。

　　所謂「德福一致」，是出於天命鬼神的外在威力，即人們在對天、神生畏的前提下，提出的以「德」的人文努力以求天福的思想，如《左傳・桓六年》季梁之諫隨侯：

> 是以聖王先成民而後致力於神……奉酒醴以告曰「嘉栗旨酒」，謂其上下皆有嘉德而無違心也。所謂馨香，無讒慝也。故務其三時，修其五教，親其九族，以致其禋祀，於是乎民和而神降之福，故動則有成。

即以聖王有政德而能得「神降之福」，最終「動則有成」，取得政功，此種「德福一致」的思想既可見「德」的宗教約束力，又體現了「德」的政治功利性。又如昭二十年晏子諫齊景公曰：

> 若有德之君，外內不廢，上下無怨，動無違事，其祝、史薦信，無愧心矣。是以鬼神用饗，國受其福，祝、史與焉。

亦可見以人君有德而能使「鬼神用饗，國受其福」的思想。「德」的另一種外在驅動力即政治功利性，亦常見於時人思想中，如僖二十七年晉趙衰舉薦郤縠而謂其「說禮、樂而敦《詩》、《書》」，繼而道：

> 《詩》、《書》，義之府也；禮、樂，德之則也；德、義，利之本也。

所謂「德、義，利之本也」，一方面體現出「利」須以「德、義」為基礎的思想，另一方面也體現出「德、義」乃可成就功利的思想，可見時人「德」、「義」觀念的政治功利性。又如昭十三年魯季氏家臣南蒯以費邑叛，季平子怒而欲抓捕費人，冶區夫諫曰：

> 非也，若見費人，寒者衣之，饑者食之，為之令主，而共其乏困，費來如歸，南氏亡矣。民將叛之，誰與居邑？若憚之以威，懼之以怒，民疾而叛，為之聚也。若諸侯皆然，費人無歸，不親南氏，將焉入矣？

冶區夫勸季平子不僅不抓捕，反而對費人施德，即「寒者衣之，饑者食之，為之令主，而共其乏困」，以招撫費人，使南氏失去民心擁護，同時從反面指出，若「憚之以威，懼之以怒」，則是將費人推向南氏。此即鮮明體現以德政收攬人心的政治功利主義。

　　要之，天命之約束與政治功利的驅動，皆體現出「德」的實現出於外在要求，但與此同時，隨著春秋時期「德」觀念向著個體層面的延伸，個體對「德」的實踐中已越來越多地體現一種道德自覺性，「德」觀念的落實呈現出從外在驅動到內在自覺的演變。此中，君德與官德的個體內化實成為促進這一演變的某種關鍵因素，如春秋時期人君對君德的反省，莊八年載：

> 夏，師及齊師圍郕。郕降于齊師。仲慶父請伐齊師。公曰：「不可。我實不德，齊師何罪？罪我之由。《夏書》曰：『皋陶邁種德，德，乃降。』姑務修德，以待時乎。」秋，師還。

此為春秋早期齊、魯共伐郕，郕人卻只向齊師投降，魯大夫慶父為此不平，向莊公請命伐齊，魯莊公卻自謂「我實不德」，「姑務修德，以待時乎」，體現出國君對「德」的自我反省精神，由此種君德之反省，乃有政教之「德」轉化為對君主個體的具體道德要求，如春秋中期宣二年晉大夫士會諫晉靈公之不君：

> （晉靈公）曰：「吾知所過矣，將改之。」（士會）稽首而對曰：「人誰無過，過而能改，善莫大焉！《詩》曰：『靡不有初，鮮克有終。』夫如是，則能補過者鮮矣。君能有終，則社稷之固也，豈惟羣臣賴之。」

士會所謂「人誰無過，過而能改，善莫大焉」，純是對國君提出的道德品行方面的要求，由此個體道德而延伸至「社稷之固」，實可見「君德」內涵的深化。又如春秋晚期哀元年楚大夫懼吳師侵陳，楚令尹子西戒曰：

> 二三子恤不相睦，無患吳矣。昔闔廬食不二味，居不重席，室不崇壇，器不彤鏤，宮室不觀，舟車不飾；衣服財用，擇不取費。在國，天有災癘，親巡孤寡而共其乏困；在軍，熟食者分而後敢食，其所嘗者，卒乘與焉。勤恤其民，而與之勞逸，是以民不罷勞，死知不曠。吾先大夫子常易之，所以敗我也。今聞夫差，次有臺榭陂池焉，宿有妃嬙嬪御焉；一日之行，所欲必成，玩好必從；珍異是聚，觀樂是務；視民如讎，而用之日新。夫先自敗也已，安能敗我？

以上子西對吳王闔廬為君之德的概括，既有政教方面的表現，即「在國，天有災癘，親巡孤寡而共其乏困……勤恤其民，而與之勞逸」等，又有其個人道德品行方面的修為，即「食不二味，居不重席……衣服財用，擇不取費」，可見時人對「君德」的詮釋中，君主的個人品行已不可或缺；而從子西以夫差無德而「先自敗也已」，及勉勵楚大夫們「恤不相睦，無患吳矣」等語，又可見一種反躬求諸己的道德精神，即以人事興敗出於自身，由此邏輯而能逼向個體的道德自覺。

實際上，君王之敬德，除了天命與德治功利性的外在要求外，由於其本人亦是一道德主體，具有成為道德典範的天然要求而起到教化天下的作用，故周代以來，君德的修養方面早已形成一種反躬自省的精神傳統，此鮮明體現在君王的「罪己」傳統中，如《左傳》所載的周王、諸侯的「罪己」之語：

> 冬，王使來告難，曰：「不穀不德，得罪于母弟之寵子帶，鄙在鄭地氾，敢告叔父。」（僖二十四年）

> （楚子）曰：「不穀不德而貪，以遇大敵，不穀之罪也。」（宣十二年）

> 楚子疾，告大夫曰：「不穀不德，少主社稷。生十年而喪先君，未及習師保之教訓而應受多福，是以不德，而亡師于鄀，以辱社稷……」（襄九年）

可見，君王凡有難、有過，皆先罪己而稱「不德」，已形成一種固定的政治話語，從此種成熟的政治性套語中，既可見傳統敬德觀的深刻影響，並推知此種「罪己」傳統當在春秋之前即已形成。

君德之外，春秋時人對官德亦多有反省，如春秋中期襄二十一年魯大夫臧武仲諫季武子之語：

> 紇也聞之：在上位者灑濯其心，壹以待人；軌度其信，可明徵也，而後可以治人。夫上之所為，民之歸也。上所不為，而民或為之，是以加刑罰焉，而莫敢不懲。若上之所為，而民亦為之，乃其所也，又可禁乎？夏書曰：「念茲在茲，釋茲在茲，名言茲在茲，允出茲在茲，惟帝念功」，將謂由己壹也。信由己壹，而後功可念也。

此中臧武仲對「在上位者」道德品行進行了詳細討論，指出在上位者當反身省心，於己於人要求同一，即「壹以待人」、「由己壹」，才可成為民人的道德典範，而後可以治人、有功。此亦闡明官德之自我反省的根本緣由，雖可見

政治功利性之驅動，但正由此深化了官德的具體要求，促進了在上位者對個人德行的自覺實踐。又如春秋晚期定四年晉趙簡子追述鄭子太叔之語：

> 黃父之會，夫子語我九言，曰：「無始亂，無怙富，無恃寵，無違同，無敖禮，無驕能，無復怒，無謀非德，無犯非義。」

此「無始亂」等「九言」，實為春秋時期賢者對官德的一種總結，是對在上位者個體提出具體的道德要求，而此種要求已不再提及功利的目的，純是一種道德規範的性質，要求在上位者的道德自覺。

又，從以上引文皆可見，春秋時人對君德、官德的深入討論多出現在春秋中晚期，此實與春秋時期天人關係由天到人日益深化的進程相關，在此進程中，「德」觀念日益落到人的一方，深化至人倫層面及落實到個體身上而得以具體討論，由此，對於道德的根源是來自外在的要求還是人性深處共通的基礎這一命題，春秋時人的認知正發生著明顯的變化。徐復觀先生認為，「在春秋時代，雖然由道德的人文精神之伸展，而將天地被投射為道德法則之天地，但在長期的宗教傳統習性中，依然是倒轉來在天地的道德法則中，求道德的根源；而尚未落下來在人的自身求道德的根源」〔註30〕，然細審之下，時至春秋晚期，人們對道德根源的討論實已開始落到人性本身來討論，雖則此種思想尚未普遍，但確已見端倪，如襄二十八年晏子辭邑，而與大夫子尾之論「富」：

> 子尾曰：「富，人之所欲也。何獨弗欲？」對曰：「慶氏之邑足欲，故亡。吾邑不足欲也，益之以邶殿，乃足欲。足欲，亡無日矣。在外，不得宰吾一邑。不受邶殿，非惡富也，恐失富也。且夫富，如布帛之有幅焉，為之制度，使無遷也。夫民生厚而用利，於是乎正德以幅之，使無黜嫚，謂之幅利。利過則為敗。吾不敢貪多，所謂幅也。」

如前所論，晏子所論「富」與「幅」實闡述了人性與道德之間的關係，子尾之指出「富，人之所欲也」，是從人性的角度指出人對財富的本能欲求，晏子亦在承認此種人性本能的基礎上，進而提出「正德」以「幅利」，即以道德規範來節度人的欲望，約束逐利的人性，此即從人性的根源處指出修養道德的意義。正是沿著此種思想之進展，從畏天威、求福報與政治功利等外在驅動而實踐的「德」，必將真正在個體身上走向內在的理性自覺，逐漸成為個體安身

〔註30〕徐復觀：《中國人性論史》（先秦篇），頁 59～61。

立命的「道德」。

貳、時人對理想道德人格的討論

　　「德」觀念在個體層面的延伸與內化，使得個體的道德修身問題日益得到關注，此種思想動態在春秋時人對「君子」、「小人」品行的討論上得以集中體現。春秋中晚期，人們正是通過對「君子」與「小人」不同品行的不斷解釋與塑造，探討著個體修身層面的理想道德人格的內涵。而「君子」、「小人」概念的意義也從最初的社會地位上的區分，逐漸被賦予道德品行上的區別，「君子」的品格漸成為個體道德追求中的理想人格。

　　「君子」、「小人」的概念在《尚書》中已出現：其時「君子」用於指稱在官位者，即「有位者」之稱，如〈酒誥〉篇：「庶士、有正、越庶伯君子，其爾典聽朕教」〔註31〕，〈召誥〉篇：「予小臣敢以王之讎民、百君子、越友民，保受王威命明德」〔註32〕之「君子」；「小人」則用於指稱無位或位卑者，如〈盤庚〉篇：「無或敢伏小人之攸箴」〔註33〕，〈康誥〉篇：「小人難保」〔註34〕，〈無逸〉篇：「其在高宗，時舊勞于外，爰暨小人」，「其在祖甲，不義惟王，舊為小人」，「不知稼穡之艱難，不聞小人之勞」〔註35〕等，其中「小人」皆此指涉；又如〈無逸〉篇〔註36〕周公曰：

　　　嗚呼！君子所其無逸。先知稼穡之艱難，乃逸，則知小人之依。

乃以「君子」、「小人」對舉，二者區分即在於社會地位上的不同。春秋時期的「君子」、「小人」概念，仍可見此種本義，如《左傳‧宣十二年》晉大夫隨武子曰：

　　　君子小人，物有服章。貴有常尊，賤有等威，禮不逆矣。

又如襄九年晉大夫知武子曰：

　　　君子勞心，小人勞力，先王之制也。

其中「君子」、「小人」之分，皆在於地位貴賤上的差異，或出於地位的不同而言其所任之事的不同。然綜觀春秋時人所言「君子」、「小人」，與《尚書》中

〔註31〕參見屈萬里：《尚書今注今譯》，頁143。
〔註32〕參見屈萬里：《尚書今注今譯》，頁162。
〔註33〕參見屈萬里：《尚書今注今譯》，頁69～70。
〔註34〕參見屈萬里：《尚書今注今譯》，頁131。
〔註35〕以上〈無逸〉三條，參見屈萬里：《尚書今注今譯》，頁181～182。
〔註36〕參見屈萬里：《尚書今注今譯》，頁180～181。

最明顯的不同則在於，二者已轉出道德品行上的迥然差異，且其道德上的區別意義漸漸重於地位上的區分，即：「君子」越來越多地用來指有德者，「小人」則多用來指品德相對低劣者。此間轉變情形，在春秋早期僖十五年晉大夫陰飴甥所言「君子」、「小人」的用法上具體可見：

> 秦伯曰：「晉國和乎？」（陰飴甥）對曰：「不和。小人恥失其君而悼
> 喪其親，不憚征繕以立圉也，曰：『必報讎，寧事戎狄。』君子愛其
> 君而知其罪，不憚征繕以待秦命，曰：『必報德，有死無二。』以此
> 不和。」秦伯曰：「國謂君何？」對曰：「小人慼，謂之不免。君子
> 恕，以為必歸。小人曰：『我毒秦，秦豈歸君？』君子曰：『我知罪
> 矣，秦必歸君。貳而執之，服而舍之，德莫厚焉，刑莫威焉。服者
> 懷德，貳者畏刑，此一役也，秦可以霸。納而不定，廢而不立，以
> 德為怨，秦不其然。』」

此為秦、晉韓之戰中，晉人戰敗，晉惠公為秦人所擄，其後秦人許和，於是有秦穆公與晉使陰飴甥和談上的這段對話，從陰飴甥的言論可見，「君子」和「小人」本有地位上的區分，「君子」指居上位者，「小人」指普通民眾，但從其對國事所持不同態度中又可見，二者在德行上亦呈現出極大差異：君子之「必報德」與小人「必報讎」相對、「君子恕」與「小人慼」相對，君子以德度秦與小人以怨視秦相對，由此即見二者從地位上的差異轉出德行上的差異。進而言之，這一差異實與周代敬德理念直接相關，因有位者為政教方針之推行者、實施者，且被設定為民眾的道德榜樣而起到教化功效，故敬德觀首先對有位者的個人品德提出直接的、更高的要求，長而久之，隨著「德」觀念在有位者個體身上的內化，漸而形成與庶民、位卑者明顯不同的道德人格。

春秋時期，「君子」與「小人」的區分日益以道德人格上的差異為重，這在春秋中晚期的言論中體現特別突出，如成九年晉大夫范文子評價楚鍾儀之語：

> 楚囚，君子也。言稱先職，不背本也；樂操土風，不忘舊也；稱大
> 子，抑無私也；名其二卿，尊君也。不背本，仁也；不忘舊，信也；
> 無私，忠也；尊君，敬也。仁以接事，信以守之，忠以成之，敬以
> 行之。事雖大，必濟。

范文子以楚囚鍾儀為「君子」，完全是出於個體德行修養的標準，即以鍾儀有「仁」、「信」、「忠」、「敬」之德而謂之「君子」。又如襄二十六年鄭子產對「小

人之性」的評論：

> 冬十月，楚子伐鄭，鄭人將禦之。子產曰：「晉、楚將平，諸侯將
> 和，楚王是故昧於一來。不如使逞而歸，乃易成也。夫小人之性，
> 釁於勇、嗇於禍、以足其性而求名焉者，非國家之利也，若何從
> 之？」

子產以「釁於勇、嗇於禍、以足其性而求名焉」為「小人之性」，亦非以地位
上的低卑來界定「小人」，而完全以德行上的不足論「小人」。又如襄三十一
年鄭大夫子皮之語：

> 子皮曰：「善哉！虎不敏。吾聞君子務知大者、遠者，小人務知小
> 者、近者。我，小人也。衣服附在吾身，我知而慎之；大官、大邑
> 所以庇身也，我遠而慢之。微子之言，吾不知也。」

鄭大夫子皮乃鄭國上卿，本是有位之「君子」，卻自謂「我，小人也」，其所依
據則在「君子務知大者、遠者，小人務知小者、近者」，即以識見上的短視作
為「小人」的特徵，亦非以身份尊卑來區分「君子」、「小人」。又如昭八年晉
叔向評價大夫子野而論「君子」、「小人」曰：

> 子野之言君子哉！君子之言，信而有徵，故怨遠於其身；小人之
> 言，僭而無徵，故怨咎及之。

叔向以子野之言為「君子」之言，亦出於其言體現「信而有徵」之德行，與
此相對，小人之言則「僭而無徵」。以上皆可見，春秋中晚期時人思想中「君
子」、「小人」之分顯然不在地位高低，而側重於道德品行上的差異。

實際上，因貴族社會固有的地位等級秩序仍存，「君子」與「小人」的地
位區分亦未完全抹去，故春秋時人談論「君子」，有時指有位者，有時指有德
者，兩種意義共存，且正因時人對有德之「君子」品格的討論是從有位之「君
子」概念而來，故「君子」概念最完善的意義，乃在於「有德之有位者」，換
言之，德、位兼備，乃構成春秋時人對「君子」的最高期盼，此種意義貫穿在
整個春秋時期「君子」的用法當中，成為「君子」概念的主要指涉，如春秋早
期桓五年鄭莊公謂：

> 君子不欲多上人，況敢陵天子乎！苟自救也，社稷無隕，多矣。

其「君子」概念即兼含有位者與有德者兩種意義。又如春秋中期以下時人言
論：

> （子產曰：）「僑聞君子長國家者，非無賄之患，而無令名之難。」

（襄二十三年）

衛獻公自夷儀使與甯喜言，甯喜許之，大叔文子聞之，曰：「……君
子之行，思其終也，思其復也……今甯子視君，不如弈棋，其何以
免乎？」（襄二十五年）

前者子產所謂「君子長國家者」，強調了「君子」作為「有位者」的意涵，而
謂君子「非無賄之患，而無令名之難」則體現了「君子」作為「有德者」的意
涵。後者衛大夫大叔文子言「君子之行，思其終也，思其復也」，乃針對衛卿
甯喜而言，亦可見其所謂「君子」指的是有德之有位者。又如春秋晚期之相
關史事言論：

子服惠伯曰：「君子有遠慮，小人從邇。饑寒之不恤，誰遑其後？不
如姑歸也。」（襄二十八年）

（公子札）謂穆子曰：「子其不得死乎！好善而不能擇人。吾聞君子
務在擇人。吾子為魯宗卿，而任其大政，不慎舉，何以堪之？」（襄
二十九年）

穆叔至自會，見孟孝伯，語之曰：「……若趙孟死，為政者其韓子乎，
吾子盍與季孫言之，可以樹善，君子也。」（襄三十一年）

武叔呼而問戰焉。（冉求）對曰：「君子有遠慮，小人何知？」懿子
強問之，對曰：「小人慮材而言，量力而共者也。」武叔曰：「是謂
我不成丈夫也。」（哀十一年）

以上言論中，第一條子服惠伯所謂「君子」、「小人」，乃針對魯君的隨從大夫
們而言；第二條吳公子季札所言「君子務在擇人」，是針對身為「魯宗卿」的
叔孫穆叔；第三條叔孫穆叔所謂「可以樹善，君子也」，則針對魯卿孟孝伯；
第四條冉求所論「君子」則針對魯卿叔孫武叔，其言論皆是對有位者言有德
之「君子」品格，亦可見以上所謂「君子」，皆指涉有德且有位者。

又，綜合上述材料可見，春秋時期「君子」品格的具體內涵是非常豐富
的，如具有「仁」、「信」、「忠」、「敏」等德行者為君子，如「務知大者、遠
者」、「有遠慮」者為君子，如君子之言，「信而有徵」；君子之行，「思其終，
思其復」；如君子「君子不欲多上人」、「非無賄之患，而無令名之難」、「務在
擇人」、「可以樹善」等等，皆是春秋時人在不同情境下對「君子」品格的敘
述，是「德」觀念在個體身上多樣化的具體呈現。此外，對於「君子」道德人

格所達到最完善的狀態，春秋時人乃用「聖人」的概念指稱，從《左傳》來看，此概念亦多見於春秋中晚期，如成六年或謂欒武子曰：

> 聖人與眾同欲，是以濟事，子盍從眾？

又如成十六年范文子諫晉厲公曰：

> 惟聖人能外內無患。自非聖人，外寧必有內憂，盍釋楚以為外懼乎？

及襄二十九年季札見舞《韶濩》者而曰：

> 聖人之弘也，而猶有慚德，聖人之難也。

皆可見時人口中的「聖人」，乃是道德人格最完善者，是對個體道德修身最高境界的描述。

綜而言之，由春秋時人對「君子」、「聖人」的道德人格的塑造，可見時人對個體道德修身的日益重視，及其所推崇的個體自覺追求道德的方向，體現出「德」觀念在個體身上的具體內化。

參、君子對道德的踐行

春秋時人不僅對理想道德人格進行了種種討論，並且身體力行，湧現出諸多堅定實踐道德甚而捨棄富貴、捨棄生命的君子賢人。前輩學者對此種現象已多有討論，如錢穆先生曾撰《論春秋時代人之道德精神》之專文，列舉了《左傳》所載「許多極富道德精神之具體事例」，如衛二子、楚鬻拳、晉太子申生、荀息、狐突、先軫、狼瞫、郑文公、晉鉏麑、解陽、齊大史兄弟、宋伯姬、楚伍尚、晉董安于、張柳朔、楚昭王、衛子路等，皆為「有關死生之際者」，其人「所以寧願捨其生命，至死不反顧，則皆有一種人生律則焉，在彼心中，自認為萬不當逾越者」，「遂成為一種最高的道德精神之表現也。」〔註37〕又如宋目夷、曹子臧、吳季札、韓無忌、晉介之推，其人身上則皆體現「能讓」的道德精神，錢穆先生謂：「權利名位富貴，皆人之所爭也，於此而能讓，斯不得不謂是一種道德精神之表現。至於能讓國、讓天下，此真人情所難，誠可謂是一種道德精神之至高表現也。」〔註38〕以上諸人之言論事例，前文亦有涉及，此再特舉幾例加以補充。

〔註37〕參見錢穆：〈論春秋時代人之道德精神〉（上），《錢賓四先生全集·中國學術思想史論叢（一）》（18），頁271～299。

〔註38〕錢穆：《錢賓四先生全集·中國學術思想史論叢（一）》（18），頁309。

　　其一，踐行道德而視富貴如浮雲者，如春秋中期的曹公子欣時（子臧）。魯成十三年，曹國內亂，公子負芻（曹成公）殺太子而自立，子臧義不食其邑；而後諸侯來討，執成公，欲立子臧為君，子臧卻守節辭位，《左傳·成十五年》載：

> 諸侯將見子臧於王而立之。子臧辭曰：「前志有之曰：『聖達節，次守節，下失節。』為君非吾節也。雖不能聖，敢失守乎？」遂逃，奔宋。

子臧之守節，「蓋力不能誅負芻，其心有憾焉，今乘諸侯之誅負芻而得國，在子臧之心，必有所不忍」〔註39〕，故其謂「為君非吾節也」，堅守節操而出逃避位，其德行可謂「清」矣。次年，晉侯以子臧回國為條件，許曹人赦免其君，子臧顧全大局而回國，然「盡致其邑與卿」，不再從政，成十六年載：

> 曹人復請于晉。晉侯謂子臧：「反，吾歸而君。」子臧反，曹伯歸。子臧盡致其邑與卿而不出。

可見子臧為「守節」而盡棄富貴的道德精神。此種道德精神在當時即已為世人所尊崇，其後吳公子季札讓國，即引曹子臧之言而表達守節之志，襄十四年載：

> 吳子諸樊既除喪，將立季札。季札辭曰：「曹宣公之卒也，諸侯與曹人不義曹君，將立子臧。子臧去之，遂弗為也，以成曹君。君子曰『能守節』。君，義嗣也，誰敢奸君？有國，非吾節也。札雖不才，願附於子臧，以無失節。」固立之，棄其室而耕，乃舍之。

吳季札亦如曹子臧之能守節，寧可「棄室而耕」，亦不願「失節」。

　　其二，踐行道德而捨生忘死者，如春秋早期晉大夫荀息，僖九年載：

> 初，獻公使荀息傅奚齊。公疾，召之，曰：「以是藐諸孤辱在大夫，其若之何？」稽首而對曰：「臣竭其股肱之力，加之以忠、貞。其濟，君之靈也；不濟，則以死繼之。」公曰：「何謂忠、貞？」對曰：「公家之利，知無不為，忠也。送往事居，耦俱無猜，貞也。」及里克將殺奚齊，先告荀息曰：「三怨將作，秦、晉輔之，子將何如？」荀息曰：「將死之。」里克曰：「無益也。」荀叔曰：「吾與先君言矣，不可以貳。能欲復言而愛身乎？雖無益也，將焉辟之？且人之欲善，誰不如我？我欲無貳，而能謂人已乎？」

〔註39〕錢穆：《錢賓四先生全集·中國學術思想史論叢（一）》（18），頁313。

> 冬十月，里克殺奚齊于次……荀息將死之，人曰：「不如立卓子而輔之。」荀息立公子卓以葬。十一月，里克殺公子卓于朝。荀息死之。

荀息之死，乃是對忠貞守信之道德的踐行，其謂「能欲復言而愛身乎？雖無益也，將焉辟之？」可見一種為信義而捨身忘死之精神。又如春秋中期晉國的狼瞫，文二年載：

> 戰于殽也，晉梁弘御戎，萊駒為右，戰之明日，晉襄公縛秦囚，使萊駒以戈斬之，囚呼，萊駒失戈。狼瞫取戈以斬囚，禽之以從公乘，遂以為右。箕之役，先軫黜之，而立續簡伯，狼瞫怒。其友曰：「盍死之？」瞫曰：「吾未獲死所。」其友曰：「吾與女為難。」瞫曰：「周志有之：『勇則害上，不登於明堂』。死而不義，非勇也。共用之謂勇。吾以勇求右，無勇而黜，亦其所也。謂上不我知，黜而宜，乃知我矣，子姑待之。」及彭衙，既陳，以其屬馳秦師，死焉。晉師從之，大敗秦師。

狼瞫以勇武得晉侯車右之職，卻為大夫先軫無故而黜，其友勸狼瞫以死報怨，狼瞫則以「死而不義，非勇也」，乃謂「共（恭）用之謂勇」，故在彭衙之役中英勇殉國，為晉師贏得戰爭，以此種遵義之死節詮釋了勇武之德的意義，亦可謂「捨身取義」之典型。

至春秋晚期，隨著社會原有階層結構的日益失序，處於貴族社會下層的士人階層逐漸興起，此間則湧現出眾多普通士人踐行道德的事例，進一步推動了「德」觀念向著個體倫理道德層面的深化，如哀十一年載魯國士人事跡：

> （魯）右師奔，齊人從之。……孟之側後入以為殿，抽矢策其馬，曰：「馬不進也。」林不狃之伍曰：「走乎？」不狃曰：「誰不如？」曰：「然則止乎？」不狃曰：「惡賢？」徐步而死。

此為齊、魯戰爭中魯國士人的種種表現，孟之側自願殿師而不居功，故謂「馬不進也」，此事亦見於《論語》，而孔子評價孟之側「不伐」〔註40〕；林不狃則在戰敗之時不畏強敵，從容就死，皆體現君子之風。又如哀十四年齊人大陸子方之言行：

〔註40〕《論語・雍也》：子曰：「孟之反不伐。奔而殿，將入門，策其馬，曰：『非敢後也，馬不進也。』」《論語》「孟之反」即《左傳》「孟之側」。參見〔清〕阮元校刻：《十三經註疏・論語註疏》，頁53。

（陳）成子將殺大陸子方，陳逆請而免之。以公命取車於道，及耏，眾知而東之，出雍門，陳豹與之車，弗受，曰：「逆為余請，豹與余車，余有私焉。事子我而有私於其讎，何以見魯、衛之士？」

此為齊國內亂中，陳氏政敵闞止之臣大陸子方出逃，子方以自己服事闞止（子我），故不肯接受陳氏族人陳豹的贈車而出逃，此種生死關頭，子方乃能以一句「事子我而有私於其讎，何以見魯、衛之士」之語，踐行道德而置生死於度外。皆可見士人對個人道德的堅守與追求。

春秋時期，此類堅定踐行道德的仁人志士實舉不勝舉，正由於他們對道德的踐行，使得整個春秋時代展現出一種以崇尚道德為主流價值觀的人文精神氣質，隨著「德」觀念在個體身上的內化進程，時人乃以各種方式表達和踐行各自對道德精神的理解，使得整個時代呈現出一種嶄新的、開放的、講求道義的精神面貌。

第六節　小結

本章以《左傳》文本為中心，前承周文傳統中的「德」觀念體系，集中討論了春秋時期的「德」觀念及其意義演變情形。

在剖析「德」觀念的意涵之前，本章論述了春秋時期「德」觀念演變的特定時代背景。在社會思想方面，其時天人關係正發生根本性的轉變，人在天人關係中的主體性地位逐漸得以確立，呈現「天消人長」的情形，這一轉變反映在社會思潮上，至少呈現出兩個重要的變化：其一是「天」概念的意涵出現多重分化，其二則是春秋時期人文思想的勃興。在社會政治方面，周代分封政治體制日益分崩離析，禮制日漸崩壞，諸侯征伐不斷，內亂頻起，整個社會處於一種劇烈演變、轉型的狀態。此種思想和政治上的歷史劇變皆給春秋時人造成一種思想價值上的危機，在思想危機中乃有種種觀念之變遷，故本文繼而討論了周代傳統敬德觀在此種劇變中的動搖與演變，認為在天人關係轉變的大前提下，有著宗教與政治雙重意義面向的傳統敬德觀，其演變趨勢為宗教性的淡化與人文性的強化，且在現實政治的衝擊下，傳統落在政教層面的人文之「德」勢必接受重新的詮釋，向更多的層面拓展意義。

綜觀《左傳》中「德」觀念的具體意涵，與《尚書》中的周代「德」觀念相比，其在人文性意涵上乃有極大的拓展，並發生了重要的意義變化：其一，作為政教理念的「德」，雖仍延續著傳統最高政教理念的地位，且在此基礎上

又延伸出一「德命」義，但其最重要的變化則在於，此時「德」與「天」、「命」並提的情況已很少見，而常與「禮」、「刑」等政教理念置於同等的地位而並提，且由此政教之「德」被界定出越來越具體的內涵，即，春秋時期的政教之「德」，不再強調面向天命的意義，而得到更具體的內涵詮釋，體現出「德」的人文性之強化。其二，「德」之「美德」義亦得到進一步的詮釋，並從泛指人、事上的美善性質或行為，越來越多地轉向指涉倫理層面的「道德」義，「德」的倫理性意義日益凸顯。

縱觀「德」觀念在春秋時期的主要演變方向與進程，則可見：其一，天人關係中，「德」觀念的人文性質日益被強化。從「鬼神非人實親，惟德是依」、「德以治民」思想的興盛，及「德」與「命」關係的變化、德目「孝」、「信」等的性質變化等方面，皆顯示出「德」觀念從天命意義（宗教性）日益走向人文意義的重大演變。

其二，人文之「德」本身的意涵亦內在產生重要變化：一方面，「德」的政教性意義仍存，另一方面，「德」的倫理性意義凸顯，逐漸成為「德」觀念意義發展的新主流。此體現在，政教之「德」的倫理性內義得到拓展，及「孝」、「忠」、「仁」、「義」等德目的倫理性意涵得到發展。分析前孔子時代的諸德目的內涵，本文認為，「孝」的倫理性意涵在春秋時期已定型，主要指涉為人子所以事父母的道德原則；「忠」的意涵當是在春秋時期逐漸形成，主要用於指涉是一種事君、為公上的道德原則，核心意涵包括「忠心不二」、「盡心竭力」；「仁」則主要用作一個具體的德目，其意涵約有三個重要面向：一是以人為本，指涉根本的人倫常理與人道精神，二有「寬厚」、「慈愛」義，三則漸出現「合德」的意義；「義」的核心意涵在春秋時期亦已固定，即「正當」、「合於道理」。

其三，「德」的落實，從天命約束、政治驅動等外在要求逐漸轉為個體的道德自覺，亦即「德」觀念在個體內化進程中，從一種「他律」之「德」逐漸轉為個體自覺追求之「道德」，此從春秋時人對「君子」、「小人」品行的討論及君子對道德的普遍性踐行事例中皆得以鮮明體現。通過對「君子」與「小人」不同品行的不斷解釋與塑造，春秋時人探討著個體修身層面的理想道德人格的內涵；同時，在諸多堅定踐行道德甚而捨棄富貴、捨生忘死的仁人志士身上，更可見「德」觀念在個體身上所內化出的可貴的人文道德精神。

以上即春秋時期「德」觀念的意涵及其演變之大略。

第四章 《左傳》中的「禮」觀念

　　基於《左傳》內容，本章亦從春秋時期「禮」觀念發展的社會背景、「禮」的具體所指及演變情形等三個方面對「禮」觀念進行討論。

　　如第一章所述，周代的「禮」是一套事實存在的政教文化設施，周初文獻中出現的少量「禮」字皆指「禮儀」義，而在整個西周文獻中，尚未見將「禮」作為一種抽象觀念進行詳細討論的內容，故如韋政通先生所云，「禮」的觀念在思想史上有重大的發展，是要到春秋時代〔註1〕。從禮制文化實體中抽象出來的「禮」觀念在春秋時期廣泛流行的情形，則如徐復觀先生所總結：春秋時代是一個「以禮為中心的人文世紀」，「通過《左傳》、《國語》來看春秋二百四十二年的歷史，不難發現在此一時代中，有個共同的理念，不僅範圍了人生，而且也範圍了宇宙，這即是『禮』。」〔註2〕

　　「禮」觀念在春秋時期的廣泛流行，與其時「禮壞樂崩」的政治劇變直接相關，政治之失序及由此產生的人們對重建社會秩序的渴求，直接促發了時人對「禮」的內義的反省，由此，周代的「禮」文化在春秋時期得到了全面而深刻的詮釋。總體而言，本文以為，春秋時人對「禮」的種種詮釋約呈現出以下特點：其一，「禮」的政治意義得到強化；其二，「禮」的精神內義不斷深化；其三，「禮」的倫理價值向個體層面拓展；其中特須指出的是，在「禮」的精神內義深化過程中，「禮」與「德」觀念形成了密切的、表裡相稱的統一關係，此實具有極重要的思想史意義。

〔註1〕 韋政通：《中國思想史》（上），頁73。
〔註2〕 徐復觀：《中國人性論史》（先秦篇），頁46～47。

第一節 春秋時期「禮」觀念發展的社會背景

本文第二章所論春秋時期的思想價值危機，不僅是「德」觀念演變的社會思想大背景，亦是「禮」觀念演變的背景。如前所論，引起春秋時代思想價值危機的主要動因，一在於天人關係的演變，一在於社會政治的失序，相對而言，前者對「德」觀念演變的影響更為突出，而後者則對「禮」觀念發展的影響更為直接。

一般常用「禮壞樂崩」來形容春秋時期社會政治的失序，但這只是一個大致意義上的描述，確切而言，春秋時期整體性政治失序中，尚有兩個特須注意的重要特點：其一，在整個春秋時期，與禮制崩壞現象並存的是，崇尚禮治的思想亦是興盛的；其二，傳統禮制的崩壞是一個漸變的過程，並非突而全盤瓦解的。對於第一種情形，從《左傳》作者的評述中即可鮮明體現，如東漢鄭玄謂：「左氏善於禮」〔註3〕，《左傳》尤重對禮的內容的記載與評述，據學者統計，《左傳》在評述史事上，作出「禮也」、「非禮也」類的評述近二百條，不書明禮或非禮而明顯涉及禮者不下於六十處〔註4〕；而據本文進一步統計，在近二百條的「禮也」、「非禮也」類的評述中，其中記載「非禮」、「不禮」、「無禮」、失禮者約95處，而「禮也」、「有禮」、「知禮」者則約120處。可見，春秋時期「非禮」的現象與「守禮」的現象是同時存在著的，呈現出極為複雜的社會面貌。

又，縱向而言，春秋時期禮制的崩壞過程是漸變的，此在前文第二章第一節中已提到，具體而言，大體上，春秋早中期「守禮」現象尚多，而中晚期禮制破壞則日益加劇。以《左傳》所載來看，如春秋早期魯莊公死後魯國內亂，齊桓公欲趁機取魯而被大夫仲孫勸阻，仲孫乃謂「魯不棄周禮，未可動也」，可見早期人們對傳統周禮的固有信仰，閔元年載：

> 公曰：「魯可取乎？」對曰：「不可，猶秉周禮。周禮，所以本也。
> 臣聞之，『國將亡，本必先顛，而後枝葉從之』。魯不棄周禮，未可
> 動也。君其務寧魯難而親之。親有禮，因重固，間攜貳，覆昏亂，

〔註3〕〔漢〕鄭玄：《六藝論》（台北：藝文印書館，1974年），頁22。
〔註4〕柯岳君：《〈左傳〉禮意與政治社會研究〉，淡江大學中國文學系博士論文，民國105年6月，頁I。按，此「近二百條」的「禮也」、「非禮也」評述，當不僅包括《左傳》作者的直接評述，還應囊括以「君子曰」形式所作相關評述及「時也」、「不時也」等同類評述，因據本文統計，《左傳》作者所作的直接評述當為120餘條。

霸王之器也。」

仲孫以魯國秉持周禮而「未可動」，乃基於「周禮，所以本也」的認識，可見春秋早期周王室餘威尚存，傳統禮制尚未大壞。又如春秋早期齊桓公舉行標誌其霸業頂峰的「葵丘之盟」時，周襄王派使賜胙，雖命桓公無須下拜，但齊桓公仍然依禮下拜而受胙，在禮制名義上仍不得不表現尊崇王室的態度，事在魯僖九年：

> 王使宰孔賜齊侯胙，曰：「天子有事于文武，使孔賜伯舅胙。」齊侯將下、拜。孔曰：「且有後命，天子使孔曰：『以伯舅耋老，加勞，賜一級，無下拜！』」對曰：「天威不違顏咫尺，小白余敢貪天子之命，無下拜？恐隕越于下，以遺天子羞。敢不下拜？」下，拜；登，受。

可見，周襄王雖是由齊桓公匡助而定位，但齊桓公亦未敢違禮造次。繼齊桓之後，春秋早期尚有晉文稱霸，晉文公亦被認為是「有禮」的，如魯僖二十三年楚成王對他的評價：「晉公子廣而儉，文而有禮」，不過，從溫之會上晉文召會天子的「非禮」行為〔註5〕，又可見時近春秋中期，王室日益失威的情形，由於這一過程是漸變的，春秋中期仍可見傳統禮制的約束力，如晉襄公伐衛，大夫先且居以朝王相諫，而晉襄乃從，文元年載：

> 晉文公之季年，諸侯朝晉，衛成公不朝，使孔達侵鄭，伐綿、訾及匡。晉襄公既祥，使告于諸侯而伐衛，及南陽。先且居曰：「效尤，禍也。請君朝王，臣從師。」晉侯朝王于溫。先且居、胥臣伐衛。

可見晉人稱霸亦仍必得以尊崇王室為旗幟，以增強其對諸侯的號召力。春秋早中期，不僅大國稱霸仍以遵循舊禮為正，社會上有禮的現象亦廣泛存在，即以標誌宗法政治被嚴重破壞的爭霸戰爭為例，在戰爭中亦仍可見時人對禮儀的履行，如成十六年晉、楚鄢陵之戰：

> 郤至三遇楚子之卒，見楚子，必下，免胄而趨風。楚子使工尹襄問之以弓，曰：「方事之殷也，有韎韋之跗注，君子也。識見不穀而趨，無乃傷乎？」郤至見客，免胄承命，曰：「君之外臣至從寡君之

〔註5〕《春秋》僖公二十八年：冬，公會晉侯、齊侯、宋公、蔡侯、鄭伯、陳子、莒子、邾人、秦人于溫。天王狩于河陽。《左傳》謂：是會也，晉侯召王，以諸侯見，且使王狩。仲尼曰：「以臣召君，不可以訓，故書曰『天王狩于河陽』，言非其地也，且明德也。」參見〔清〕阮元校刻：《十三經註疏‧春秋左傳正義》，頁 269、276～277。

戎事，以君之靈，間蒙甲冑，不敢拜命。敢告不寧，君命之辱。為事之故，敢肅使者。」三肅使者而退。

晉韓厥從鄭伯，其御杜溷羅曰：「速從之？其御屢顧，不在馬，可及也。」韓厥曰：「不可以再辱國君。」乃止。郤至從鄭伯，其右茀翰胡曰：「諜輅之，余從之乘，而俘以下。」郤至曰：「傷國君有刑。」亦止⋯⋯

欒鍼見子重之旌，請曰：「楚人謂夫旌，子重之麾也，彼其子重也。日臣之使於楚也，子重問晉國之勇，臣對曰：『好以眾整。』曰：『又何如？』臣對曰：『好以暇。』今兩國治戎，行人不使，不可謂整；臨事而食言，不可謂暇。請攝飲焉。」公許之。使行人執榼承飲，造于子重，曰：「寡君乏使，使鍼御持矛，是以不得犒從者，使某攝飲。」子重曰：「夫子嘗與吾言於楚，必是故也。不亦識乎！」受而飲之，免使者而復鼓。旦而戰，見星未已。

此中晉大夫郤至與楚共王的禮儀交接，晉大夫韓厥、郤至之不辱鄭伯，晉大夫欒鍼與楚令尹子重的禮儀往來，皆可見，即便置於殘酷相殺的戰場，時人仍能保持從容行禮的風度，此實突出反映了時代的尚禮精神。此種尚禮精神亦體現在普通個體身上，如成二年所載齊辟司徒之妻之有禮：

齊侯見保者，曰：「勉之！齊師敗矣！」辟女子。女子曰：「君免乎？」曰：「免矣。」曰：「銳司徒免乎？」曰：「免矣。」曰：「苟君與吾父免矣，可若何？」乃奔。齊侯以為有禮。既而問之，辟司徒之妻也。予之石窌。

又如襄二十三年齊大夫杞梁戰死，杞梁之妻持禮以拒齊侯弔之於郊：

齊侯歸，遇杞梁之妻於郊，使弔之。辭曰：「殖之有罪，何辱命焉？若免於罪，猶有先人之敝廬在，下妾不得與郊弔。」齊侯弔諸其室。

實際上，春秋早中期「守禮」現象尚多，究其深層原因，不僅因早期周王室在尚有少許餘威，更緣於傳統宗法制度仍有其發展。如童書業先生的研究，西周晚期至春秋早期實為一個「諸侯立家」的時期，這種發展一直延續到春秋中期：如魯國的展氏、臧氏出自魯孝公（西周晚期），三桓出自魯桓公（春秋早期），東門氏出自魯莊公（春秋早期）；鄭國的七穆出自鄭穆公（春秋中期）；晉國的強宗如韓、魏、范、中行、知、郤、先氏等，亦皆形成於西

周末至春秋中葉〔註6〕，故此時雖周代統一的分封政治體制正逐漸解紐，但仍然是一個宗法系統擴大、下延的時期，故傳統禮制仍有其社會約束力。然而，也正是從春秋中期開始，隨著宗法系統的進一步下延——卿大夫紛紛分置側室、貳宗〔註7〕，使得天子、諸侯的政治地位進一步下降，政權進一步下移，宗法政治秩序的破壞才真正劇烈起來，周代禮制實由此開始呈現全盤性的崩潰。

此種自春秋中期起傳統禮制的全盤性崩潰，鮮明體現在王室衰微日甚、諸侯彼此兼併加劇、嫡長子繼承制遭到嚴重破壞，以及社會各方面的棄禮、僭禮、不知禮等普遍性現象上。周王室衰微及諸侯兼併之情形在第二章第一節中已有敘述，此再略作補充，如前述晁福林先生所指出，周王室之衰微以自周簡王以後為最劇，周簡王之後即當春秋中晚期；而如諸侯之大吞併小，則從襄二十九年晉司馬侯所言可見一斑：

> 虞、虢、焦、滑、霍、揚、韓、魏，皆姬姓也，晉是以大。若非侵
> 小，將何所取？武、獻以下，兼國多矣，誰得治之？

司馬侯明言晉國之大乃因「侵小」所得，如，僅晉獻公在位期間，閔二年即滅耿，滅霍，滅魏，僖五年滅虢、滅虞，此尚在春秋早期，而「武、獻以下」即近春秋中期，所謂「兼國多矣」，其時兼國日多已成常態，其他諸侯大國亦皆如此。又如嫡長子繼承制之破壞，春秋早期宋國宣、穆之兄終弟及即為亂制，直接導致宋殤公時之外戰內亂，而自春秋中期至晚期，作為宗法政治制度之樞紐的嫡長子繼承制已幾乎無國不有被破壞的現象，以保存周禮最善的魯國為例，春秋中期乃有東門襄仲之殺嫡立庶，文十八年載：

> 文公二妃敬嬴，生宣公。敬嬴嬖，而私事襄仲。宣公長，而屬諸襄
> 仲。襄仲欲立之，叔仲不可。仲見于齊侯而請之。齊侯新立，而欲
> 親魯，許之。冬，十月，仲殺惡及視，而立宣公。……夫人姜氏歸
> 于齊，大歸也。將行，哭而過市，曰：「天乎！仲為不道，殺嫡立
> 庶。」

東門襄仲殺文公嫡子惡和視，而立庶子為君，自此魯公室日卑。又如齊國，襄十九年齊靈公欲廢太子光而立公子牙，公子牙生母仲子勸阻，齊靈公不聽，乃謂「在我而已」；又如哀五年齊景公棄長而立孺子荼（舍），《公羊·哀

〔註6〕 童書業：《春秋左傳研究》（上海：上海人民出版社，1980年），頁121。
〔註7〕 童書業：《春秋左傳研究》，頁153～154。

公六年》誌景公謂陳乞曰:「吾欲立舍,何如?」陳乞乃謂:「所樂乎為君者,欲立之則立之,不欲立則不立。君如欲立之,則臣請立之」〔註8〕,皆可見傳統嫡長子之禮制在其人心中已蕩然無存,此種言論正是時代文化心理的一個縮影。

不僅宗法政治制度自春秋中期而走向全面崩壞,且春秋中期至晚期,對舊禮的廢棄、僭越、不知的現象更體現在社會的方方面面,如大國、霸主之棄禮,成十七年載:

> 〔晉〕厲公田,與婦人先殺而飲酒,後使大夫殺。郤至奉豕,寺人
> 孟張奪之,郤至射而殺之。公曰:「季子欺余!」

其中晉厲公之不禮大夫、郤至之無視國君,已見晉君、臣上下皆驕侈無禮之情狀。又如前引哀七年吳人稱霸而向宋、魯徵百牢,魯大夫以周禮為拒,謂「先王未之有也」,而吳人全然不管不顧,寧棄周禮而堅持徵百牢,則見春秋晚期禮制僭越之甚。又如大夫不知禮的情形,襄七年載:

> 衛孫文子來聘,且拜武子之言,而尋孫桓子之盟。公登亦登。叔孫
> 穆子相,趨進,曰:「諸侯之會,寡君未嘗後衛君。今吾子不後寡君,
> 寡君未知所過。吾子其少安!」孫子無辭,亦無悛容。穆叔曰:「孫
> 子必亡。為臣而君,過而不悛,亡之本也。」

孫文子之「公登亦登」,及被魯大夫叔孫穆子委婉指出後,「無辭,亦無悛容」,即鮮明體現春秋中期時,衛國之正卿已不懂傳統禮儀的情形。又如春秋晚期魯昭十六年鄭大夫孔張之不知禮:

> 三月,晉韓起聘于鄭,鄭伯享之。子產戒曰:「苟有位於朝,無有不
> 共恪!」孔張後至,立於客間,執政禦之;適客後,又禦之;適縣
> 間。客從而笑之。事畢,富子諫曰:「夫大國之人,不可不慎也,幾
> 為之笑,而不陵我?我皆有禮,夫猶鄙我。國而無禮,何以求榮?
> 孔張失位,吾子之恥也。」子產怒曰:「……孔張,君之昆孫子孔之
> 後也,執政之嗣也,為嗣大夫;承命以使,周於諸侯;國人所尊,
> 諸侯所知。立於朝而祀於家,有祿於國,有賦於軍,喪、祭有職,
> 受脤、歸脤。其祭在廟,已有著位。在位數世,世守其業,而忘其
> 所,僑焉得恥之?辟邪之人而皆及執政,是先王無刑罰也。子寧以
> 他規我!」

〔註8〕〔清〕阮元校刻:《十三經注疏·春秋公羊傳注疏》,頁345。

如子產所言,孔張貴為公室子弟、嗣大夫,家族世襲其業,至此卻渾然不知禮,亦可見世卿官家失守舊禮、自壞禮制的情形,此亦時代之悲哀,故子產不以為己恥,而心內實悲痛之。

要之,春秋時期尚禮與禮壞的現象是同在並存的,且早期守禮現象較多,而自中期以後禮制崩壞加劇。細審之下,此種尚禮觀與禮壞日甚的社會現實常造成一種極大困境,如春秋晚期楚靈王為求霸而舉行的「申之會」上,此種矛盾、困境即得以集中體現,昭四年載:

> 六月,丙午,楚子合諸侯于申。椒舉言於楚子曰:「臣聞諸侯無歸,禮以為歸。今君始得諸侯,其慎禮矣。霸之濟否,在此會也。夏啟有鈞臺之享……齊桓有召陵之師,晉文有踐土之盟。君其何用?宋向戌、鄭公孫僑在,諸侯之良也,君其選焉。」王曰:「吾用齊桓。」王使問禮於左師與子產。左師曰:「小國習之,大國用之,敢不薦聞?」獻公合諸侯之禮六。子產曰:「小國共職,敢不薦守?」獻伯子男會公之禮六。……
>
> 王使椒舉侍於後以規過,卒事不規。王問其故,對曰:「禮,吾所未見者有六焉,又何以規?」

楚靈王接受大夫伍舉的建議,欲以禮合諸侯,宋左師向戌、鄭子產亦獻上相關禮儀,此中可見政治上層仍有尚禮之觀念,且傳統禮儀仍有所保存,然而,不僅楚靈王不懂這些禮儀,熟知歷史和禮儀的大夫伍舉[註9]亦謂自己所未見者達半數,可見社會禮壞之甚,禮學實已失了傳承,欲崇禮而不得。此段後又載:

> 楚子示諸侯侈。椒舉曰:「夫六王、二公之事,皆所以示諸侯禮也,諸侯所由用命也。夏桀為仍之會,有緡叛之。商紂為黎之搜,東夷叛之;周幽為大室之盟,戎狄叛之,皆所以示諸侯汰也,諸侯所由棄命也。今君以汰,無乃不濟乎?」王弗聽。

則又可見楚靈王雖在會上採用了諸般禮儀,實際並不知禮亦不守禮,其示諸侯驕侈之態,已完全與禮的精神背道而馳。

正是在這樣的歷史情境下,即傳統禮制走向無可挽救的崩壞,及由此產

[註9] 《左傳》昭四年載楚靈王以諸侯滅賴,「賴子面縛銜璧,士袒,輿櫬從之,造於中軍。王問諸椒舉,對曰:『成王克許,許僖公如是。王親釋其縛,受其璧,焚其櫬。』王從之。」可見伍舉並非不懂古禮之人。

生的重構秩序的渴求，與種種現實困境中，促發了時人尤其崇尚禮制的人們對「禮」的深刻反省：究竟何謂禮？禮的意義何在？禮的核心精神為何？如何繼承禮？諸如此種問題，引發了整個社會上層的廣泛討論，伴隨著春秋時代人文思潮的勃興，時人對「禮」觀念的認識逐漸穿透現實政教設施、制度文化的外在形式，而日益深入到對其內義的討論，以及落實到個體立身的層面進行重重之反省。

第二節　《左傳》中「禮」的意涵

那麼，春秋時人所謂的「禮」，其具體指涉為何？其本質意義何在？以下先從《左傳》出現的「禮」字出發，從橫向上對「禮」的內涵、意義進行討論。

壹、「禮」的概念內涵

《左傳》中出現了五百餘個「禮」字，除用作動詞的「禮待」義外，「禮」的概念當主要指涉三個層面的涵義：一是儀節形式層面的「禮儀」、「禮儀制度」義；二是制度、規範層面的「禮制」義；三是指精神內義層面的「禮意」。多數情況下，「禮」概念是在這三個層面上被談論，亦有少數綜合諸義而用於泛指者。

一、「禮儀」義

討論《左傳》中「禮儀」義之「禮」，首先須指出的是，《左傳》作者所作「禮也」、「非禮也」類的直接評述約 120 餘條，佔去《左傳》關於「禮」的內容的五分之一，其所謂「禮也」、「非禮也」，絕大多數即是從傳統禮儀、儀制層面做出的評述，但因本文討論《左傳》中「禮」的意涵，是為探析從春秋早期至晚期的整個時間序列上、時人群體意識中的「禮」觀念，故將此類作者評述皆區分出去，而直以史事及時人言論中的「禮」為基點作一析分。

整體而言，由於承繼周代發達的禮儀文化，《左傳》中的「禮」最常見的涵義便是「禮儀」及其相關的「儀制」義。所謂「儀制」，是指由於禮儀內容繁複，所形成的一整套系統性的儀文制度，故亦屬「禮儀」的意涵範疇。正由於「禮」最常見的意義即「禮儀」義，故「禮」和「儀」常常互用，如昭六年有「孟僖子為介，不能相儀」，昭七年則謂「孟僖子病不能相禮」，「相禮」即是「相儀」，相禮者即引導、襄助行禮儀者。而因禮儀制度分吉、凶、賓、軍、

嘉禮等五種類別，以下即從此五禮角度討論「禮儀」意義上的「禮」。

所謂「吉禮」，即關於祭祀、敬事鬼神的禮儀，《左傳》中即記載了諸多關於郊祀、雩祭、望祭、社祭、禜祭及宗廟時享、禘祭等吉禮的具體內容〔註10〕。所謂「凶禮」，是關於喪亡殯葬、災異禍亂等的禮儀，《左傳》中指涉此類禮儀的「禮」很多，如襄十七年晏嬰為其父晏桓子服喪之禮：

> 齊晏桓子卒，晏嬰麤縗斬，苴絰、帶、杖，菅屨，食鬻，居倚廬，
> 寢苫、枕草。其老曰：「非大夫之禮也。」

晏氏家老所謂「大夫之禮」，即指大夫之喪禮禮儀。又如魯昭四年叔孫穆叔卒，魯侯命其家臣杜洩葬叔孫，載「杜洩將以路葬，且盡卿禮」，此「卿禮」亦指卿大夫所用之喪葬禮儀。又如昭十年晉平公卒，諸侯大夫如晉送葬，既葬而欲因見新君，晉大夫叔向乃辭曰：

> 孤斬焉在衰絰之中，其以嘉服見，則喪禮未畢；其以喪服見，是重
> 受弔也，大夫將若之何？

所謂「喪禮未畢」，即指喪葬之禮儀未畢。又如魯昭十五年周王室穆后崩，既葬而景王即宴飲晉使且求器，晉叔向評價道：

> 王一歲而有三年之喪二焉，於是乎以喪賓宴，又求彝器，樂憂甚矣，
> 且非禮也……三年之喪，雖貴遂服，禮也。王雖弗遂，宴樂以早，
> 亦非禮也。

此中所謂「非禮也」、「禮也」之「禮」，亦實指喪葬之禮儀制度。

另如昭十七年所載應對日食之禮，則是另一種凶禮：

> 夏，六月甲戌朔，日有食之。祝史請所用幣。昭子曰：「日有食之，
> 天子不舉，伐鼓於社；諸侯用幣於社，伐鼓於朝，禮也。」平子禦
> 之，曰：「止也。唯正月朔，慝未作，日有食之，於是乎有伐鼓用幣，
> 禮也。其餘則否。」

以上魯叔孫昭子和季平子所言「禮」，則指關乎災變之禮儀制度。

「賓禮」，是關於朝聘盟會的禮儀，《左傳》中「禮」用作此義者亦多，有指涉諸侯朝覲天子之禮儀者，如昭十三年晉叔向謂：

> 是故明王之制，使諸侯歲聘以志業，間朝以講禮，再朝而會以示威，
> 再會而盟以顯昭明。

〔註10〕參見張君蕊：〈《春秋左傳》禮制研究〉，鄭州大學博士學位論文 2014 年 5 月，頁 1～55。

其中「間朝以講禮」的「禮」即此義。又有指涉諸侯相朝聘之禮儀者，如隱十一年滕侯、薛侯朝魯，爭長，魯人乃謂：

> 周諺有之曰：「山有木，工則度之；賓有禮，主則擇之。」周之宗盟，異姓為後。

「賓有禮」之「禮」，即指諸侯相朝時的禮儀，且「周之宗盟，異姓為後」為周代此禮的一項重要內容。而周代朝聘禮的舊制，則如昭五年楚大夫薳啟疆所言：

> 朝聘有珪，享覜有璋，小有述職，大有巡功。設机而不倚，爵盈而不飲；宴有好貨，飧有陪鼎，入有郊勞，出有贈賄，禮之至也。

又有指涉列國大夫之聘禮者，如：

> 齊國莊子來聘，自郊勞至于贈賄，禮成而加之以敏。（僖三十三年）

> 晉士燮來聘……公賂之，請緩師。文子不可，曰：「君命無貳，失信不立。禮無加貨，事無二成。」（成八年）

有指涉諸侯會盟之禮者，則如：

> 魯人告于齊曰：「寡君畏君之威，不敢寧居，來修舊好，禮成而不反……」（桓十八年）

> 王孫賈趨進曰：「盟以信禮也，有如衛君，其敢不唯禮是事而受此盟也？」（定八年）

> 王使問禮於左師與子產。左師……獻公合諸侯之禮六。子產……獻伯子男會公之禮六。（昭四年）

要之，以上引文中的「禮」，皆指賓禮相關的「禮儀」或「儀制」義。

「軍禮」，則是關於行軍動眾的禮儀，《左傳》中的「禮」涉此義者，如僖二十八年所載獻俘禮：

> 丁未，獻楚俘于王：駟介百乘，徒兵千。鄭伯傅王，用平禮也。己酉，王享醴，命晉侯宥……賜之大輅之服、戎輅之服，彤弓一，彤矢百，玈弓矢千，秬鬯一卣，虎賁三百人……

此為晉、楚城濮之戰後，晉文公向周襄王獻俘行禮之情形，其中「平禮」即平王時所用的獻俘禮，其下襄王之賜即此禮儀中的重要內容，亦即文四年衛大夫寧武子所謂「諸侯敵王所愾，而獻其功，王於是乎賜之彤弓一、彤矢百、玈弓矢千，以覺報宴」。又如成二年晉、齊鞍之戰後，晉侯派使獻齊捷於周，而周定王以獻俘禮只當適用於中國伐蠻夷，「兄弟甥舅」之間不宜用而辭之，乃

改以侯霸克敵向王室告慶之禮代之：

> 王使委於三吏，禮之如侯伯克敵使大夫告慶之禮，降於卿禮一等。

此「告慶之禮」，亦是軍禮儀文的一種。

「嘉禮」，是關於婚冠飲宴的禮儀，此類禮儀義的「禮」在《左傳》中亦多，如兩君享燕之禮，文三年有云：

> 晉侯饗公，賦〈菁菁者莪〉。莊叔以公降、拜，曰：「小國受命於大國，敢不慎儀？君貺之以大禮，何樂如之？抑小國之樂，大國之惠也。」晉侯降，辭。登，成拜。公賦〈嘉樂〉。

此其禮之具體情形，其中「君貺之以大禮」的「禮」，即晉侯饗魯侯之禮儀。

又如諸侯享他國大夫之禮，昭元年載：

> 夏四月，趙孟、叔孫豹、曹大夫入于鄭，鄭伯兼享之。子皮戒趙孟，禮終，趙孟賦〈瓠葉〉。子皮遂戒穆叔，且告之。穆叔曰：「趙孟欲一獻，子其從之。」……及享，具五獻之籩豆於幕下。趙孟辭，私於子產曰：「武請於冢宰矣。」乃用一獻。趙孟為客。禮終乃宴。

此為鄭伯享晉正卿趙文子之情形，第一個「禮終」的「禮」，乃指享禮之前的「戒禮」禮儀〔註11〕，第二個「禮終」的「禮」，則指正式的「享禮」禮儀。

又如諸侯燕飲其大夫之禮，宣二年載：

> 秋，九月，晉侯飲趙盾酒，伏甲，將攻之。其右提彌明知之，趨登，曰：「臣侍君宴，過三爵，非禮也。」遂扶以下。

提彌明所謂「非禮」之「禮」，具體則指諸侯燕飲大夫的禮節。

此外如冠禮，襄九年所載晉悼公為魯襄公主持冠禮，謂：

> 公送晉侯，晉侯以公宴于河上，問公年。季武子對曰：「會于沙隨之歲，寡君以生。」晉侯曰：「十二年矣，是謂一終，一星終也。國君十五而生子，冠而生子，禮也。君可以冠矣。大夫盍為冠具？」武子對曰：「君冠，必以祼享之禮行之，以金石之樂節之，以先君之祧處之。今寡君在行，未可具也，請及兄弟之國而假備焉。」晉侯曰：「諾。」公還，及衛，冠于成公之廟，假鍾磬焉，禮也。

可見其時國君行冠禮的具體情形，其中的「禮」皆指涉關於冠禮之禮儀或儀制。

〔註11〕戒，楊伯峻先生謂「告也，公食大夫，先告以期。戒亦有禮節。」參見楊伯峻：《春秋左傳注》，頁1208。

綜而言之，《左傳》中的「禮」最常見的涵義為禮儀、儀制義，除上述所舉指涉此義的「禮」概念，《左傳》中尚有大量對禮儀內容的具體記載〔註12〕，要之，「禮儀」層面的「禮」在春秋時代是滲透在社會生活的方方面面，得以普遍應用的。

二、「禮制」義

「禮制」，是指制度層面的禮，如前文所述，周代禮制是以宗法政治制度為核心，包含與之配套的祭祀制度、禮儀制度、日常生活中的規範規則等一整套的秩序體系，故周代禮制實包括政治制度、祭祀制度、禮儀制度等各種系統性制度，但結合上文，在周代及春秋時人的「禮」觀念中，祭祀制度屬「吉禮」內容，禮儀制度亦在「禮儀」義範疇，皆當歸入儀文層面的「禮」，故本文所謂「禮」之「禮制」義，主要指涉體現周代社會政治結構的政治體制及制度，以及在此種體制下派生的人們的系列行為規範。

「禮」用於指政治體制的意涵，如《左傳・僖二十一年》所謂「周禮」之「禮」：

> 邾人滅須句……成風為之言於公曰：「崇明祀，保小寡，周禮也；蠻
> 夷猾夏，周禍也。若封須句，是崇皞、濟而修祀、紓禍也。」

魯僖公之母成風所謂「崇明祀，保小寡，周禮也」，即指「崇明祀，保小寡」乃能維護周代傳統的宗法分封政治體制，故此「周禮」即指涉周代宗法政治制度。又如僖二十五年載晉文公勤王之前占卜事，云：

> 使卜偃卜之，曰：「吉。遇黃帝戰于阪泉之兆。」公曰：「吾不堪也。」
> 對曰：「周禮未改，今之王，古之帝也。」

晉卜偃所謂「周禮未改」，乃指周代政治體制仍存，王度未改之意，故此「周禮」之「禮」，亦顯指涉政治體制之「禮」。此外如襄十年載晉滅偪陽而存其族祀事：

> （晉侯）以偪陽子歸，獻于武宮，謂之夷俘。偪陽，妘姓也。使周
> 內史選其族嗣，納諸霍人，禮也。

《左傳》作者評論此舉合於禮，此「禮」亦指政治制度層面的周禮，因滅小國而存其族祀，亦是周代宗法政治制度下的一個固有傳統。以上皆可見「禮」用作政治體制（制度）層面的「禮制」義，而如官爵制度，亦是政治制度的重

〔註12〕可參張君蕊：〈《春秋左傳》禮制研究〉，頁1～213。及柯岳君：〈《左傳》禮意與政治社會研究〉，頁30～80。

要內容，《左傳》中即有少數「禮」指涉有關官爵的禮制，如襄十年載：

> 初，子駟與尉止有爭，將禦諸侯之師，而點其車。尉止獲，又與之爭。子駟抑尉止曰：「爾車非禮也。」遂弗使獻。

鄭大夫子駟謂尉止之車「非禮」，即當指不合於相關的官職制度。又如襄十三年：

> 新軍無帥，晉侯難其人，使其什吏率其卒乘官屬，以從於下軍，禮也。

《左傳》以晉侯使新軍從於下軍為有禮，即指其舉措合於軍制，此「禮也」之「禮」亦屬官制範疇。此外，《左傳》對具體的官爵制度亦多有記載，如昭二十三年晉人因魯、邾邊境糾紛，使魯大夫叔孫婼與邾大夫坐訟，叔孫拒絕，謂：

> 列國之卿當小國之君，固周制也。邾又夷也。寡君之命介子服回在，請使當之，不敢廢周制故也。

叔孫婼所言「周制」，即周代的官爵制度，成三年亦有相關記載：

> （臧宣叔）對曰：「次國之上卿，當大國之中，中當其下，下當其上大夫。小國之上卿，當大國之下卿，中當其上大夫，下當其下大夫。上下如是，古之制也。」

此「古之制」即上文之「周制」，實皆屬周代禮制的內容。

在固有的政治體制與政治制度下，必產生人們日常的行為規範、規矩，故用以指涉此種規範、規矩的「禮」，亦屬廣義的「禮制」範疇，此如《左傳》所載為君之禮、為臣之禮、事大國之禮等。如隱五年魯侯如棠觀魚，大夫臧僖伯諫曰：

> 凡物不足以講大事，其材不足以備器用，則君不舉焉。君，將納民於軌、物者也。故講事以度軌量謂之軌，取材以章物采謂之物，不軌不物謂之亂政。亂政亟行，所以敗也。故春蒐、夏苗、秋獮、冬狩，皆於農隙以講事也。三年而治兵，入而振旅，歸而飲至，以數軍實。昭文章，明貴賤，辨等列，順少長，習威儀也。鳥獸之肉不登於俎，皮革齒牙、骨角毛羽不登於器，則公不射，古之制也。若夫山林川澤之實，器用之資，皂隸之事，官司之守，非君所及也。

臧僖伯所言皆是為君之禮，即國君所不當為與當為的行為規範，但魯隱公不聽，仍前往棠地觀魚，故《左傳》評價「非禮也」，此處所違反之「禮」實指

為君的行為規範。又如文十八年魯大夫季文子所言「事君之禮」，則是臣子所以事君的相關原則與規範：

> 季文子使大史克對曰：「先大夫臧文仲教行父事君之禮，行父奉以周旋，弗敢失隊，曰：『見有禮於其君者，事之，如孝子之養父母也。見無禮於其君者，誅之，如鷹鸇之逐鳥雀也。』」

此段話中的「有禮」與「無禮」之「禮」為泛指，涉及「禮」的涵義的多個範疇，而其中「事君之禮」的「禮」，則主要指涉行為規範義。又如成三年晉大夫荀罃所謂「臣禮」：

> 若不獲命，而使嗣宗職，次及於事，而帥偏師，以修封疆，雖遇執事，其弗敢違，其竭力致死，無有二心，以盡臣禮，所以報也。」

「竭力致死，無有二心」，即荀罃所謂盡為臣者所以報君的原則、規範，即「臣禮」。另如成十八年魯大夫臧武仲所謂「事大國，無失班爵而加敬焉，禮也」，襄二十八年齊大夫陳文子謂「小事大，未獲事焉，從之如志，禮也」，其所謂「禮」，則皆是對春秋時期大國稱霸這一新政治格局下小國服事大國的原則、規範的總結。這些行為原則、規範或規矩並非固定的制度，而是在既有的政治體制、制度下形成的人們日常遵循的系列行為規範，而春秋時人皆以「禮」的概念統攝之，亦當屬「禮」的「禮制」義範疇。

三、「禮意」義

所謂「禮意」，是指禮的精神、禮的內義，是深入到禮儀、禮制等文化實體背後而詮釋出來的禮的內在、抽象的意義。《左傳》中的「禮」用作此層面意涵者很多，如：

> 僖二十八年：先軫曰：「定人之謂禮。」

> 文十五年：二子曰：「夫子以愛我聞，我以將殺子聞，不亦遠於禮乎？」

> 定六年：公叔文子曰：「尤人而效之，非禮也。」

以上春秋早、中、晚期諸人所論之「禮」，皆是對禮的精神內義的闡釋：晉先軫以「定人」——實指安定曹、衛、宋諸國為合於禮的精神；魯二子以有殺孟獻子的惡名為遠於禮意；衛公叔文子則以「效尤」為不合禮的內義，皆可見其中的「禮」實為一精神內義層面的概念。實際上，「禮意」之「禮」是「禮」觀念在春秋時期得以極大拓展的一個涵義，本文第三節將對其具體意涵及演

變情形進行詳細討論，此則不贅述，詳見後文。

綜而言之，《左傳》中的「禮」，多見於在以上禮儀、禮制、禮意等三個層面上使用，除此之外，又有綜合多個意涵而使用者，如前述「有禮」、「無禮」之「禮」，故「禮」概念雖可進行以上意義析分，但亦不能固化視之。

貳、「禮」的本質與性質

「禮」的本質意義，乃在於規定等級、差別，從而建立秩序。從《左傳》中的人物言論可見，春秋時人對此種本質已有深刻的認識和廣泛討論，如桓二年載晉封曲沃，晉師服乃謂：

> 吾聞國家之立也，本大而末小，是以能固。故天子建國，諸侯立家，卿置側室，大夫有貳宗，士有隸子弟，庶人、工、商，各有分親，皆有等衰。是以民服事其上，而下無覬覦。今晉，甸侯也，而建國，本既弱矣，其能久乎？

「各有分親，皆有等衰」，乃指出周禮（周代宗法分封制度）的本質所在，師服進而指出，正由於此種等級秩序的構建，故能使「民服事其上，而下無覬覦」，而晉國破壞此種制度，實為弱本之舉。又如昭十三年平丘之會上晉叔向謂：

> 國家之敗，有事而無業，事則不經；有業而無禮，經則不序……志業於好，講禮於等，示威於眾，昭明於神。

其中「無禮」則「不序」，「講禮於等」，亦正詮釋了禮以明等級、定秩序的本質意義。除區分等級外，禮的另一本質意義則在於辨差別，此尤體現在男女之別上，如桓十八年魯桓公如齊而攜姜氏同往，魯大夫申繻諫阻曰：

> 女有家，男有室，無相瀆也，謂之有禮。易此，必敗。

即指出禮於男女有別的固有意義。又如僖二十二年泓之戰楚勝宋後，鄭文公饗楚成王，饗畢，鄭文夫人文芊夜送楚子於軍，且以鄭二姬相贈，於是鄭大夫叔詹評價道：

> 楚王其不沒乎！為禮卒於無別。無別不可謂禮。將何以沒？

「無別不可謂禮」，正指出禮以別人倫的本質，而楚成王「為禮卒於無別」，是為丟棄了禮義精神的根本，以至叔詹斷言其不可善終。又如昭元年鄭子產論晉平公之疾為近同姓之美姬所致，於是指出「男女辨姓，禮之大司也」，亦是對禮以辨差別的本質意義的討論：

> 僑又聞之：內官不及同姓，其生不殖。美先盡矣，則相生疾，君子
> 是以惡之。故志曰：『買妾不知其姓，則卜之。』違此二者，古之所
> 慎也。男女辨姓，禮之大司也。今君內實有四姬焉，其無乃是也乎？
> 若由是二者，弗可為也已。四姬有省猶可，無則必生疾矣。」

其中並闡述了禮之所以必別男女之姓，乃出於同姓通婚「其生不殖」的歷史
經驗。

　　以上引文中，「講禮於等」乃強調禮以定「等級」的意義，「無別不可謂
禮」則強調禮以定「差別」的意義，不過，「等」與「別」二者所指雖有一定
差異，但總體皆揭示了禮以區分上下、貴賤之地位，男女、長幼、親疏之人
倫，以建立井然有序的社會和倫理秩序這一禮的本質意義所在。

　　從禮的本質意義，即已標識出「禮」觀念的倫理性特性所在，區分等級
差別，實即對社會倫理的構建，亦是對人際關係的調理。故如僖七年齊管仲
謂「子父不奸之謂禮」，即干犯父子之倫理者為無禮，正是「禮」的倫理性的
直接體現。又如昭二十六年齊晏嬰論禮：

> 禮之可以為國也久矣，與天地並。君令臣共，父慈子孝，兄愛弟敬，
> 夫和妻柔，姑慈婦聽，禮也。君令而不違，臣共而不貳；父慈而教，
> 子孝而箴；兄愛而友，弟敬而順；夫和而義，妻柔而正；姑慈而從，
> 婦聽而婉，禮之善物也。

亦是從君臣、父子、兄弟、夫妻、婆媳等各種人倫關係角度，而論何謂「禮」
與「禮之善物」，皆見「禮」具有天然的倫理性質。另，從上述引文亦可見，
在春秋時人的詮釋中，禮亦具有重要的政教意義，即晏子所謂「禮之可以為
國也久矣」，且其將此種政教意義上升到「與天地並」的高度。

　　「禮」觀念的政教性質，突出體現在「禮」在春秋時期被用作一個極重
要的政教理念上，且常與「德」等理念並用〔註13〕。如《左傳》相關時人
言論：

> 士蒍曰：「夫禮、樂、慈、愛，戰所畜也。」（莊二十七年）
>
> 管仲曰：「招攜以禮，懷遠以德。德禮不易，無人不懷。」（僖七年）
>
> （季札）謂子產曰：「子為政，慎之以禮。不然，鄭國將敗。」（襄
> 二十九年）

〔註13〕此點已在本文第二章第二節論「德」觀念的意涵時涉及，可參看。

> 椒舉言於楚子曰:「臣聞諸侯無歸,禮以為歸。今君始得諸侯,其慎
> 禮矣。」(昭四年)

以上晉大夫士蒍以「禮」為「戰所畜」〔註14〕,齊管仲諫齊桓公以「禮」與
「德」合諸侯,吳季札謂子產以「禮」為政,楚椒舉(伍舉)諫靈王以禮歸諸
侯,皆可見「禮」在時人觀念中是國家治政層面上最重要的政教理念之一。

又,將春秋時期的「禮」觀念置於天人關係演變的背景下,則可見「禮」
所具有的強烈的人文性特徵,此時的「禮」與其「敬事鬼神之事」的本義已很
少關聯。如馮友蘭先生所論:「及春秋之世,漸有人試與各種制度以人本主義
(Humanistic)的解釋以為,各種制度皆人所設,且係為人而設」,其舉《左
傳》、《國語》中春秋時人相關言論而指出,禮樂制度即「皆人所設」且「為人
而設」,如前引《左傳·桓二年》臧哀伯諫隱公語,即可見禮樂的功用乃欲使
「百官戒懼而不敢易紀律」,又如昭二十五年鄭大夫子太叔論禮:

> 吉也聞諸先大夫子產曰:夫禮,天之經也,地之義也,民之行也。
> 天地之經,而民實則之。則天之明,因地之性,生其六氣,用其五
> 行。氣為五味,發為五色,章為五聲。淫則昏亂,民失其性。是故
> 為禮以奉之……

馮友蘭先生謂,此言實指出禮樂之功用,乃「在於使民不昏亂」,而禮的來源,
則「由於人之能摹倣天地。」〔註15〕

實際上,從前述禮的倫理性、政教性特徵,亦皆可見春秋時期的「禮」
觀念的人文性質,即便與宗教鬼神信仰關係最密切的祭祀禮儀,其在春秋時
期亦被賦予人文化的詮釋,如《國語·楚語下》觀射父謂:

> 祀所以昭孝息民、撫國家、定百姓也,不可以已。夫民氣縱則底,
> 底則滯,滯久而不振,生乃不殖。其用不從,其生不殖,不可以
> 封。是以古者先王日祭、月享、時類、歲祀。……日月會于龍尾,
> 土氣含收,天明昌作,百嘉備舍,群神頻行。國于是乎蒸嘗,家于
> 是乎嘗祀,百姓夫婦擇其令辰,奉其犧牲,敬其粢盛,潔其糞除,
> 慎其采服,禋其酒醴,帥其子姓,從其時享,虔其宗祝,道其順

〔註14〕 士蒍所謂以「禮」為「戰所畜」,既指政教層面之禮制為戰爭之基礎,亦指祭
祀禮儀在國家政事、戰爭中具有重要意義,此正《左傳》成十三年劉康公所
謂「國之大事,在祀與戎」及「戎有受脤,神之大節也」,亦可見雖戰事前事
神之禮,仍具政教性意義。

〔註15〕 馮友蘭:《中國哲學史》,頁59~62。

辭，以昭祀其先祖，肅肅濟濟，如或臨之。于是乎合其州鄉朋友
婚姻，比爾兄弟親戚。于是乎弭其百苛，殄其讒慝，合其嘉好，結
其親昵，億其上下，以申固其姓。上所以教民虔也，下所以昭事上
也。〔註16〕

觀射父所謂「祀所以昭孝」，乃因周人的宗教信仰重在祖先崇拜，祭祀以祭祖
為主，祭祖即重在「昭顯孝道」的人文意義，而所以「息民、撫國家、定百姓
也」，則皆以祀禮的功用亦在於政教；其下「夫民……歲祀」，則從民生的角
度對祀禮的來源給予了人文詮釋；而「以昭祀其先祖，肅肅濟濟，如或臨之」，
則如馮友蘭先生指出：「是不必有臨之者也」〔註17〕，故謂「如或臨之」，即
春秋時人已不確信真有鬼神降臨，但是否真有鬼神已不是祭祀禮的重點，因
祭祀禮的舉行，乃在於「上所以教民虔也，下所以昭事上也」，完全是人文性
的功用。

　　綜而言之，從《左傳》可見，春秋時期的「禮」概念，主要包含「禮儀」、
「禮制」、「禮意」等三個層面的涵義；「禮」的本質意義在於規定等級差別，
從而建立秩序；「禮」具有倫理性、政教性，亦皆體現出強烈的人文性。此為
春秋時期「禮」觀念的橫向觀照，以下再從縱向的角度，概述其意義演變的
趨勢。

第三節　春秋時期「禮」觀念的意義演變

　　基於《左傳》文本的綜合分析，本文認為，春秋時期「禮」觀念的演變
主要包括以下幾方面的情形：其一，「禮」的政治意義在春秋時期得到了強
化；其二，「禮」的精神內義經時人的詮釋，不斷走向深化，尤其「禮」與
「德」觀念形成彼此相依的統一關係，極大豐富與提升了「禮」的內義；其
三，「禮」的倫理價值越來越多地落實到個體層面，成為個體立身的重要原
則。以下分別論述。

壹、「禮」的政治意義的強化

　　春秋時期「禮」觀念的政治意義得到強化，是時代的特定要求所致。由
於舊有的宗法政治秩序被破壞，政治危機日趨嚴重，人們渴望重建秩序，同

〔註16〕徐元誥：《國語集解》，頁518～519。
〔註17〕馮友蘭，《中國哲學史》，頁63。

時，由於處於宗法政治解體之初，新制度尚未出現，新秩序的建立尚須經歷長時間的歷史進程，此種歷史情境使得舊有的禮文化首先成為了有識之士反思的對象，「禮」用以建構秩序的政治意義由此得到特別的重視。如陳來先生指出，春秋時人「不再注重儀章度數，而要求把禮作為守國、行政、得民的根本原則」，「強調禮作為政治秩序原則的意義」〔註18〕，也就是說，人們在將「禮」進行政治化的詮釋中，表達著對穩定社會秩序的訴求。

從《左傳》可見，對「禮」的政治意義的強調，是貫穿在春秋早期至晚期的時人言論中的，且以早期的討論更多。春秋早期之相關言論，如莊二十三年曹劌諫魯莊公如齊觀社曰：

> 夫禮，所以整民也。故會以訓上下之則，制財用之節；朝以正班爵之義，帥長幼之序；征伐以討其不然。諸侯有王，王有巡守，以大習之。非是，君不舉矣。

曹劌以莊公之舉為非禮，並從禮的政治功能和目的詮釋禮意，提出「夫禮，所以整民也」的意義所在。又如僖十一年周襄王派使如晉賜命，晉惠公受玉惰，於是周內史過預言晉侯無後，乃謂：

> 禮，國之幹也；敬，禮之輿也。不敬，則禮不行；禮不行，則上下昏，何以長世？

其謂禮為「國之幹」，即立國之根本、基礎，不守禮則上下昏亂無序，不可長久。又如，襄二十一年商任之會上，齊侯、衛侯皆行禮不敬，晉叔向則謂：

> 會朝，禮之經也；禮，政之輿也；政，身之守也。怠禮，失政；失政，不立，是以亂也。

亦以禮為政事之載體，而政事是國君所以守身的根據。又如襄二十六年蔡公孫歸生論「禮之大節」謂：

> 古之治民者，勸賞而畏刑，恤民不倦……三者，禮之大節也。有禮，無敗。

則具體舉出禮有三大節，即勸賞、畏刑、恤民，而三者皆為政教之事。凡此「禮，國之幹也」，「禮，政之輿也」等定義，皆明確可見春秋早期時人對「禮」的政治意義的強調。又如桓二年晉師服所言「禮以體政，政以正民，是以政成而民聽，易則生亂」，僖三十三年魯臧文仲謂「服於有禮，社稷之衛也」，及

〔註18〕陳來：《古代思想文化的世界——春秋時代的宗教、倫理與社會思想》，頁281。

僖三十三年周王孫滿判斷「秦師輕而無禮，必敗」等種種議論，亦皆此種認識之體現。

春秋中期論「禮」的政治意義的言論，典型者則有：

（鄭）子皮怒之曰：「禮，國之幹也。殺有禮，禍莫大焉。」（襄三十年）

（衛）北宮文子曰：「禮之於政，如熱之有濯也。濯以救熱，何患之有？」（襄三十一年）

春秋晚期的相關言論則如前引昭十五年叔向謂：「禮，王之大經也。」又如哀七年魯哀公會吳於鄶，會上吳人派使另召魯正卿季康子，季康子以「畏大國」相辭，而使子貢答曰：

「大國不以禮命於諸侯，苟不以禮，豈可量也？寡君既共命焉，其老豈敢棄其國？……」反自鄶，以吳為無能為也。

可見，吳人不守禮，便是沒有政治原則，故魯人謂「苟不以禮，豈可量也」，故必得畏懼防備，並認為吳人無禮則不可能有政治上之作為。不過，此中雖可見春秋晚期時人仍以禮具有穩定政治秩序的意義，但現實中傳統的「禮」實已失去其政治制約力，故有吳人屢屢棄禮之行為。

相對而言，至春秋晚期，時人對「禮」的政治意義的強調已不如早期之普遍與具體，此實由禮制崩壞的現實情形所致。如前所述，自春秋中期至晚期，政治亂象相比早期愈演愈烈，社會的失序已無可逆轉，人們亦日漸對傳統周禮的政治功用失去信心，如魯昭六年鄭人鑄刑書，晉叔向致信子產批評其「棄禮而徵於書」，然而對傳統禮樂文化有著深刻理解的子產卻回答：「吾以救世也」，即因子產深刻認識到傳統禮治已難以應對這一宗法政治衰微之「季世」，故採取實用主義態度而鑄刑書。因此，在這樣一種歷史現實發展中，「禮」觀念亦漸在政教意義之外，日益拓展其倫理價值層面、個體立身層面的意義。

貳、「禮」的精神內義的深化

春秋時期「禮」觀念演變最主流的趨勢，實在於「禮」的精神內義的不斷深化。由於周代禮樂文化的發達，「禮」幾乎滲透到社會的方方面面，因此，在春秋時人的詮解中，「禮」的內義呈現出極為複雜多樣的面貌，以下擇其要點述之。

一、禮儀的內義及「禮」、「儀」之辨

如前所論，「禮」在春秋時期最常見的意涵為「禮儀」、「儀制」義，但春秋時人對於禮儀之「禮」的認識已日漸透過其外在形式，深入到儀文所承載的內義方面來討論。從時間序列上而言，春秋早期的相關討論尚不多，而自春秋中期至晚期，則日益廣泛而深入。

春秋早期討論禮儀之內義者，如桓二年魯臧哀伯諫桓公納郜鼎於大廟，乃謂：

> 君人者，將昭德塞違，以臨照百官，猶懼或失之，故昭令德以示子孫。是以清廟茅屋，大路越席，大羹不致，粢食不鑿，昭其儉也。袞、冕、黻、珽，帶、裳、幅、舃，衡、紞、紘、綖，昭其度也。藻、率、鞞、鞛，鞶、厲、游、纓，昭其數也。火、龍、黼、黻，昭其文也。五色比象，昭其物也。錫、鸞、和、鈴，昭其聲也。三辰旂旗，昭其明也。

其中所「昭其儉」、「度」、「數」、「文」、「物」、「聲」、「明」者，即分別揭示了各種禮儀、禮器所承載的具體內義。

春秋中期的相關言論則很多，如文十五年公孫敖卒，東門襄仲因與其有舊怨而不欲履行哭喪之禮，叔仲惠伯諫曰：

> 喪，親之終也。雖不能始，善終可也。史佚有言曰：「兄弟致美。」救乏、賀善、弔災、祭敬、喪哀，情雖不同，毋絕其愛，親之道也。子無失道，何怨於人？

乃是對喪禮的內義進行闡釋，即「喪，親之終也」，且如賀、弔、祭等禮，其儀文及其所適用的境況雖不同，背後亦同樣體現了「親之道」，不失此禮意，則為不「失道」。而如成二年晉人獻齊捷於周，周定王使辭曰：

> 蠻夷戎狄，不式王命，淫湎毀常，王命伐之，則有獻捷。王親受而勞之，所以懲不敬、勸有功也。兄弟甥舅，侵敗王略，王命伐之，告事而已，不獻其功，所以敬親昵、禁淫慝也。

則是對獻捷和告事禮背後蘊含的深義進行了闡釋：獻捷禮的本義在於「懲不敬、勸有功」，針對的是不聽王命的蠻夷戎狄；告事禮的本義則在於「敬親昵、禁淫慝」，適用於兄弟甥舅，二者因內義不同，故不可混淆。又如成十二年晉大夫郤至聘楚，斥楚人享禮上之僭用金奏，乃謂：

> 世之治也，諸侯間於天子之事，則相朝也，於是乎有享宴之禮。享

> 以訓共儉，宴以示慈惠。共儉以行禮，而慈惠以布政。政以禮成，
>
> 民是以息。百官承事，朝而不夕，此公侯之所以捍城其民也。

則闡釋了享宴之禮的由來及其政教上的深義，即「享以訓恭儉，宴以示慈惠」，於是乃能「政以禮成，民是以息」。

春秋晚期的相關言論，則如襄二十八年鄭子產論舍壇之禮：

> 子產相鄭伯以如楚。舍不為壇。外僕言曰：「昔先大夫相先君適四
>
> 國，未嘗不為壇。自是至今亦皆循之。今子草舍，無乃不可乎？」
>
> 子產曰：「大適小，則為壇；小適大，苟舍而已，焉用壇？僑聞之，
>
> 大適小有五美：宥其罪戾，赦其過失，救其菑患，賞其德刑，教其
>
> 不及。小國不困，懷服如歸，是故作壇以昭其功，宣告後人，無怠
>
> 於德。小適大有五惡：說其罪戾，請其不足，行其政事，共其職貢，
>
> 從其時命。不然，則重其幣帛，以賀其福而弔其兇，皆小國之禍也，
>
> 焉用作壇以昭其禍？所以告子孫，無昭禍焉可也。」

其中詳細解釋了「作壇」禮儀的深義，乃在於「以昭其功，宣告後人，無怠於德」，並由此指出小國適大國舍不為壇的緣故。而如昭十一年魯昭公之母歸氏薨，昭公不慼，晉叔向乃謂：

> 魯公室其卑乎！君有大喪，國不廢蒐，有三年之喪，而無一日之慼。
>
> 國不恤喪，不忌君也；君無慼容，不顧親也。國不忌君，君不顧親，
>
> 能無卑乎？殆其失國。

實指出喪禮的精神內義重在表達哀慼之情，昭公雖履行了喪葬之儀節，但並無慼容，實可見內心之不孝、「不顧親」，故仍是無禮的。又如定十五年子貢從邾子、魯侯行禮的儀容而預言二君皆死的言論：

> 十五年，春，邾隱公來朝。子貢觀焉。邾子執玉高，其容仰；公受
>
> 玉卑，其容俯。子貢曰：「以禮觀之，二君者，皆有死亡焉。夫禮，
>
> 死生存亡之體也，將左右、周旋，進退、俯仰，於是乎取之；朝、
>
> 祀、喪、戎，於是乎觀之。今正月相朝，而皆不度，心已亡矣。嘉
>
> 事不體，何以能久？高、仰，驕也；卑、俯，替也。驕近亂，替近
>
> 疾，君為主，其先亡乎！」

亦指出「左右、周旋，進退、俯仰」等儀節、「朝、祀、喪、戎」等儀制中皆蘊含著「禮」的終極意義，即所謂「夫禮，死生存亡之體也」，邾、魯二君行禮時儀態不類，或驕或卑，皆為失守禮的精神，無禮則近疾亂，故子貢言二

君「皆有死亡焉」。

　　隨著人們對禮的內義探討的深入，到了春秋晚期，「禮」觀念的意義漸漸出現突破性的變化，其突出體現在時人對「禮」與「儀」的區分上，即固化的禮儀形式不再為人們所注重，其背後的禮的精神內義則得到日益深化的詮釋和傳承。《左傳》中討論「禮」、「儀」之辨最著名的兩段內容，首先出現在昭五年晉大夫女叔齊的言論中：

> 公如晉，自郊勞至于贈賄，無失禮。晉侯謂女叔齊曰：「魯侯不亦善於禮乎？」對曰：「魯侯焉知禮！」公曰：「何為？自郊勞至于贈賄，禮無違者，何故不知？」對曰：「是儀也，不可謂禮。禮，所以守其國，行其政令，無失其民者也。今政令在家，不能取也；有子家羈，弗能用也；奸大國之盟，陵虐小國；利人之難，不知其私。公室四分，民食於他。思莫在公，不圖其終。為國君，難將及身，不恤其所。禮之本末將於此乎在，而屑屑焉習儀以亟。言善於禮，不亦遠乎？」

春秋諸侯中，魯國可謂保存周禮最多者，魯昭公即位時間不長，但在此朝晉典禮中，自郊勞至于贈賄，無一處禮儀有失，可見他對禮儀、儀制是十分了解的，然而晉大夫女叔齊卻批評魯昭公所知者不過是儀文，並不真正懂禮，於是從禮的政教深義上界定了何謂禮：即「禮，所以守其國，行其政令，無失其民者也」，而昭公之為君，公室卑弱，大臣專政，不用賢人，背盟欺小，失其民心而不自知，則不可謂知禮。女叔齊所言「禮之本末」，乃強調了禮作為政治秩序的核心原則的意義，以此與外在形式之儀文嚴格區分。

　　另一段論「禮」、「儀」之辨者，則是昭二十五年鄭子太叔的言論：

> 子大叔見趙簡子，簡子問揖讓、周旋之禮焉。對曰：「是儀也，非禮也。」簡子曰：「敢問何謂禮？」對曰：「吉也聞諸先大夫子產曰：夫禮，天之經也，地之義也，民之行也。天地之經，而民實則之。則天之明，因地之性，生其六氣，用其五行。氣為五味，發為五色，章為五聲。淫則昏亂，民失其性。是故為禮以奉之：為六畜、五牲、三犧，以奉五味；為九文、六采、五章，以奉五色；為九歌、八風、七音、六律，以奉五聲。為君臣上下，以則地義；為夫婦外內，以經二物；為父子、兄弟、姑姊、甥舅、昏媾、姻亞，以象天明，為政事、庸力、行務，以從四時；為刑罰威獄，使民畏忌，以

類其震曜殺戮；為溫慈惠和，以效天之生殖長育。民有好惡、喜
怒、哀樂，生于六氣，是故審則宜類，以制六志。哀有哭泣，樂有
歌舞，喜有施舍，怒有戰鬥；喜生於好，怒生於惡。是故審行信令，
禍福賞罰，以制死生。生，好物也；死，惡物也。好物，樂也；惡
物，哀也。哀樂不失，乃能協于天地之性，是以長久。」簡子曰：
「甚哉，禮之大也！」對曰：「禮，上下之紀、天地之經緯也，民之
所以生也，是以先王尚之。故人之能自曲直以赴禮者，謂之成人。
大，不亦宜乎！」

以上子太叔所引用子產之論及其具體闡發，可謂春秋晚期時人對禮的內義所
作的最為精闢的哲學詮釋。在將「禮」與趙簡子所問揖讓、周旋等「儀」進
行明確區分後，子太叔從這幾個方面闡述了何謂禮：其一，將「禮」作為經
天緯地、規範民行的普遍性原則，由此推崇至至高至大的地位，所謂「夫
禮，天之經也，地之義也，民之行也」，「禮，上下之紀、天地之經緯也，民
之所以生也」；其二，禮的產生，在於順應天地之性、效法天地之道，即人倫
之禮是仿效自然的法則而建構的；其三，禮的基本功用在於協和天地之性，
節制民人之志，促進人倫社會的長久發展。此可謂春秋先哲對「禮」的深義
的最系統的總結，將禮的內義推至天地，最後又落到人性，如陳來先生所
論，「一言以蔽之，禮是法天則地的產物，禮是天經地義的體現，禮是倫理
關係的法則」〔註19〕。在這樣的詮釋之下，「儀文之禮」與「禮意之禮」固已
判然有別，這種分別，在後儒所作的《禮記》中，則被表達為「禮之本」與
「禮之文」的區別：「本」表示根本性的原則，「文」則指原則借以表現的具體
形式〔註20〕。

　　要之，從以上春秋晚期的「禮」、「儀」之辨，乃突出體現了「禮」的涵義
從外在走向內在的演變情形。

二、禮出自於天

　　如上述子太叔所論，至春秋晚期，禮的產生亦即禮的終極來源，被認為
是由於效仿天地自然之法則，實際上，從《左傳》來看，此類以「禮出自於

〔註19〕陳來：《古代思想文化的世界——春秋時代的宗教、倫理與社會思想》，頁
　　　　248。
〔註20〕陳來：《古代思想文化的世界——春秋時代的宗教、倫理與社會思想》，頁
　　　　249。

天」的探討約從春秋中期興起，在文十五年魯季文子論禮的一段話中，首次出現相關討論：

> 季文子曰：「齊侯其不免乎？己則無禮，而討於有禮者，曰：『女何故行禮？』禮以順天，天之道也。己則反天，而又以討人，難以免矣。」

季文子所謂「禮以順天，天之道也」，乃明確將禮的來源推至「天」。其後，襄二十八年則有鄭子太叔「以禮承天之休」之語，亦體現此種思想。

結合春秋時期天人關係的思想背景來看，「以禮出自天」的思想實與春秋中期「天道」思想的興起密切相關。如本文第二章第一節所論，隨著春秋中期「天道」思想興起，「天」的概念已從傳統的「主宰天」意義中，新分化出「義理天」（或稱「形上天」）、「自然天」、「物質天」等多重涵義，而上述「禮以順天」及「以禮承天之休」中的「天」，顯非「主宰天」概念，而是指涉作為宇宙最高原理、萬物存有的終極根據的「義理天」（「形上天」）的概念。但到了春秋晚期，從時人言論來看，其論禮所出自的「天」則轉而更多地指涉「自然天」，如上述昭二十五年子太叔所言禮所效仿之天地法則，實指「自然天」的概念，故子太叔謂為「六畜、五牲、三犧」，「九文、六采、五章」，「九歌、八風、七音、六律」等禮儀制度，以奉宇宙自然中的「五味」、「五色」、「五聲」；制定君臣、上下之禮的等級，以則「地義」；規定夫婦、外內之禮的差別，以經「二物」，凡此種種，皆以禮的秩序的制定乃出於對「自然天」的效仿。又如昭三十二年晉史墨謂：

> 物生有兩、有三、有五、有陪貳。故天有三辰，地有五行，體有左右，各有妃耦，王有公，諸侯有卿，皆有貳也。

亦以「王、諸侯之有公卿為貳」之禮制的終極來源，乃出於「物有陪貳」之宇宙自然秩序。又如哀七年魯大夫子服景伯應對吳人來徵百牢而曰：

> 周之王也，制禮，上物不過十二，以為天之大數也。

則以周代禮數的制定亦出於「自然天」之「大數」。

對禮的終極來源的討論亦體現了「禮」觀念內義的深化。要之，約與「天道」思想的興起同時，自春秋中期起，時人乃有以禮的產生出自於天的討論，其論禮所出自之「天」，非指傳統天命觀中的「主宰天」概念，而指「義理天」或「自然天」的概念，而隨著討論的日益具體化，至春秋晚期，以禮的終極來源乃在於效仿「自然天」秩序的思想已得到了系統化的詮釋。

三、「敬，禮之輿也」

禮的核心精神在於敬，此在春秋時人對禮的種種詮釋中亦得到明確闡發，如前引僖十一年周內史過所言「敬，禮之輿也。不敬，則禮不行」，以「敬」為禮的載體，實高度概括了「敬」乃「禮」的核心精神所在。

「敬」，是一種認真、嚴肅的精神狀態。本文以為，如果說「忠」、「孝」、「仁」、「信」等德目體現的是善惡標準，「義」體現的是是非標準，那麼，「敬」體現的則是一種生命態度。在周初提出「敬德保命」的最高政教理念中，即可見周人對「敬」精神的高度推崇，徐復觀先生甚至認為，「周人的哲學，可以用一個『敬』字作代表」，謂周代的「敬」乃是「直承憂患意識的警惕性而來的精神斂抑、集中，及對事的謹慎、認真的心理狀態。這是人在時時反省自己的行為，規整自己的行為的心理狀態。」〔註21〕從《左傳》可見，在春秋時人的觀念中，「敬」亦是一種極為重要的精神價值，如襄二十八年魯叔孫穆叔提出「敬，民之主也」，實對此進行了高度概括：

> 公過鄭，鄭伯不在，伯有迋勞於黃崖，不敬。穆叔曰：「伯有無戾於鄭，鄭必有大咎。敬，民之主也，而棄之，何以承守？鄭人不討，必受其辜。濟澤之阿，行潦之蘋、藻，寘諸宗室，季蘭尸之，敬也。敬可棄乎？」

此為鄭大夫伯有在郊勞禮上行禮不敬，而引出叔孫穆叔的一段評價，穆叔所謂「敬，民之主也」，實指「敬，人之主也」，即敬為人守身之主，其後「濟澤之阿，行潦之蘋、藻，寘諸宗室，季蘭尸之，敬也」則是點出祭祀禮儀所體現的核心精神是虔敬，而伯有棄禮不敬，故穆叔預言其「必受其辜」。又如襄十年齊人會諸侯於鍾離，齊大夫高厚和齊太子光皆行禮不敬，晉大夫士莊子亦謂：

> 高子相大子以會諸侯，將社稷是衛，而皆不敬，棄社稷也，其將不免乎！

亦以二人行禮不敬是為棄社稷，皆將不能免於難。從上述引文亦可見，「不敬」即「非禮」，確切而言，時人所言「不敬」，主要指禮儀意義上的「非禮」、「失禮」，除上引兩處外，又如桓二年「杞侯來朝，不敬」、文十四年「邾文公之卒也，公使弔焉，不敬」，成四年晉侯見魯侯「不敬」，成十三年晉大夫郤錡「將事不敬」，襄二十八年蔡侯受鄭伯之享而「不敬」等等，皆為朝、弔、會、

〔註21〕徐復觀：《中國人性論史》（先秦篇），頁22。

享等各種禮儀上行禮不恭敬，皆是非禮之舉。

敬與禮的關係無可分割，從禮所起源處即作為事神致福之祭祀儀式起，其核心精神即在於呈現對鬼神的虔敬態度，這種事神之禮中對鬼神的虔敬態度的強調，亦仍體現在春秋時人的思想中，如成十三年王臣成肅公受脤而不敬，王臣劉康公乃謂：

> 吾聞之：民受天地之中以生，所謂命也。是以有動作禮義威儀之則，以定命也。……是故君子勤禮，小人盡力。勤禮莫如致敬，盡力莫如敦篤。敬在養神，篤在守業。國之大事，在祀與戎。祀有執膰，戎有受脤，神之大節也。今成子惰，棄其命矣，其不反乎！

劉子在闡明「禮以定命」的意義上，指出「勤禮莫如致敬」，而敬則在於「養神」，正可見傳統「敬」觀念的宗教性質，因受脤乃事神之大節，故劉康公以成子不敬實為丟失了事神之禮的核心精神，是為「棄命」，必將不返。又如昭三年魯叔孫穆叔諫季武子欲卑小邾子於朝禮，乃謂：

> 曹、滕、二邾實不忘我好，敬以逆之，猶懼其貳，又卑一睦，焉逆羣好也？其如舊而加敬焉。志曰：「能敬無災。」又曰：「敬逆來者，天所福也。」

穆叔所引前志「能敬無災」、「敬逆來者，天所福也」，與劉康公「敬在養神」實體現出同樣的思想，即「敬」本為事天帝鬼神之態度，能敬則能為天所福佑。

然而，隨著「禮」的內義的拓展，春秋時期，「敬」作為「禮」的核心精神已從面對鬼神漸而拓展到一切禮儀、禮制當中。如徐復觀先生言，周人的「敬」即已與宗教的虔敬近似而實不同，其強調的是人的精神，凸顯的是人之主體的積極性與理性作用，而非「將自己投擲於神的面前而澈底皈歸於神的心理狀態」〔註22〕，至春秋時期，此種人文性質得到了進一步的發展，如襄三年晉大夫魏絳所謂「敬」：

> 臣聞：「師眾以順為武，軍事有死無犯為敬。」君合諸侯，臣敢不敬？
> 君師不武，執事不敬，罪莫大焉。

此為魏絳戮晉悼公之弟揚干，而向晉侯自行請罪，實際亦為自己申訴了戮揚干之理由，魏絳申辯的出發點在於「軍事有死無犯為敬」，即軍事當中就算死也不違犯軍禮則為「敬」——魏絳之戮揚干乃屬執行「軍禮」，從其後晉悼公

〔註22〕徐復觀：《中國人性論史》（先秦篇），頁22。

將其赦免而謂「吾子之討，軍禮也」即可見，此實闡明了「敬」乃是軍禮的核心精神，故魏絳一再申明不敢「不敬」，謂「執事不敬，罪莫大焉」。而軍禮乃是純人文意義的制度，「敬」作為其核心精神亦是人文意義的指涉。

又如成十三年晉使郤錡來魯乞師，將事不敬，魯大夫孟獻子乃謂：

> 郤氏其亡乎！禮，身之幹也；敬，身之基也。郤子無基。

所謂「禮，身之幹也；敬，身之基也」，完全是從個人立身的層面來言「禮」與「敬」的重要意義，強調的是二者的人文倫理價值，而非強調事神之虔敬。此亦可見春秋時期「敬」的意義之人文化，與禮本身的人文化直接相關，亦與時代人文思潮的勃興密切相關。

此外，與「敬」相反的「不敬」之態度，則突出體現為「傲」與「惰」，如文九年楚大夫鬬椒聘魯而「執幣傲」，成十四年衛侯饗苦成叔而「苦成叔傲」，僖十一年王使賜命而晉侯「受玉惰」，上引成十三年成子受脤而「惰」，襄二十八年蔡侯「受享而惰」，皆被時人評論為不敬而失禮。「傲」、「惰」是時人對「敬」的反面敘述，反襯出「敬」作為禮的核心精神，是心志上的不驕不惰，是一種嚴肅、謹慎、認真的生命態度。

四、禮與法的分離

春秋時期「禮」的精神內義的不斷深化，使得「禮」的意涵呈現從外在走向內在的演變，除上述所論之外，春秋晚期還有一種動向頗可注意，亦是此種演變趨勢的一個體現，此即禮與法的分離，即刑法原本作為禮制的一部分內容，因與日益深化的禮的精神內義漸相違背，而最終從禮制中分離了出來。

春秋早中期的「禮」與「法」的概念並無明確分界，如宣十六年：「武子歸而講求典禮，以修晉國之法」，可見法即是典禮制度的一種；又如前引襄三年魏絳戮揚干，「戮」既為刑罰的一種，也便是後世所謂「軍法」，而晉侯乃謂魏絳為執行「軍禮」，則禮與法亦未區分〔註23〕。然而，到了春秋晚期，出現

〔註23〕本文第二章（上）論「德－禮」、「德－刑」結構下之「德」時，曾談到春秋時人以「德」、「禮」、「刑」之政教理念並行，「刑」即刑法，可見「禮」、「刑」（法）本有區別，但此處引文則見春秋早中期禮、法未分的情形，主要因為成文法未公佈之前，法度作為一種對秩序的規範，是在廣義的禮制範疇中的，而成文法公佈之後，「法」一般專用來指成文法，其概念本身的意義有所變化；且春秋時期諸多觀念的意涵並非完全固定，故「禮」、「刑」因其在語境中所指之側重不同，而會出現並列相提的情況。

了成文法的公佈，如魯昭六年鄭人鑄刑書，是為春秋時期成文法的首次公佈，到魯昭二十九年，晉國亦鑄刑鼎，用來公佈前執政范宣子所制訂的刑書〔註24〕，正是在成文法公佈之時，從時人言論中乃可見，「禮」與「法」已有清晰的分界。如昭六年晉叔向因鄭鑄刑書事而專門寫信給鄭執政大夫子產，謂：

> 昔先王議事以制，不為刑辟，懼民之有爭心也。猶不可禁禦，是故閑之以義，糾之以政，行之以禮，守之以信，奉之以仁；制為祿位，以勸其從；嚴斷刑罰，以威其淫。懼其未也，故誨之以忠，聳之以行，教之以務，使之以和，臨之以敬，蒞之以彊，斷之以剛；猶求聖哲之上、明察之官、忠信之長、慈惠之師，民於是乎可任使也，而不生禍亂。民知有辟，則不忌於上。並有爭心，以徵於書，而徼幸以成之，弗可為矣。……《詩》曰：「儀式刑文王之德，日靖四方。」又曰：「儀刑文王，萬邦作孚。」如是，何辟之有？民知爭端矣，將棄禮而徵於書，錐刀之末，將盡爭之。亂獄滋豐，賄賂并行。終子之世，鄭其敗乎？

《說文》謂：「辟，法也」〔註25〕，「刑辟」即刑法。晉大夫叔向所言之主旨，乃主張傳統禮治，而反對以法治來解決社會問題，在其言論中，先王之禮治乃以避免民之爭心為宗旨，對於不可禁禦之爭心，則「閑之以義，糾之以政，行之以禮，守之以信，奉之以仁；制為祿位，以勸其從；嚴斷刑罰，以威其淫」，可見先王之刑罰（刑法）本是包含在禮治內容中的，但至此時，成文法公之於眾則意味著「法」從「禮」的內容中剝離而走向獨立，即叔向所謂「棄禮而徵於書」。禮、法二者之所以相悖，究其本質原因，如叔向所云，刑法使「民知爭端」，必將破壞上下尊卑之禮制等級，即「民知有辟，則不忌於上」，故「並有爭心，以徵於書」，以此，成文法的公佈實與宗旨在於避免爭心的禮治精神相背離，在新的歷史情境下，「法治」乃成為了與「禮治」相對立的一種治政方式。

叔向反對棄禮用法，是希望能以傳統禮治來恢復社會秩序，然而隨著春秋中晚期社會變遷的日益加劇，傳統禮治已日漸失去其政治基礎，春秋中晚

〔註24〕 可參童書業：《春秋史》（北京：商務印書館，2010年12月第1版），頁240～241。

〔註25〕 〔漢〕許慎撰，〔清〕段玉裁注：《說文解字注》，頁437。

期，新的社會政治與管理制度諸如郡縣制、土地賦稅制、官制、軍制等皆獲得重要發展〔註26〕，傳統禮制的崩潰已成不可逆轉之趨勢，故在鄭人鑄刑書的短短二十三年後，晉國也鑄了刑鼎，法制從傳統禮制中分離亦已成必然，而由此種歷史現象亦可一窺「禮」的意涵日益向精神內義之形上層面拓展的某種歷史必然性。

參、「禮」與「德」的統一

「禮」與「德」的統一關係，實是「禮」觀念內義深化的一種體現，但二者被春秋時人詮釋出互為表裡、彼此相依的密切關係，乃具有極重要的思想史意義，對孔子學說中心概念體系的形成產生直接影響，是春秋時期「德」、「禮」觀念演變進程中特須注意的一個情況，故將其單列進行闡述。

回溯周文傳統中「德」與「禮」的關係，在西周文獻中並未見到詳細討論，學者以周代的「德」與「禮」關係密切，其論據多出自春秋文獻中的內容，如楊向奎先生、余英時先生之論周代德、禮關係，所引以論證者多為《左傳》相關內容〔註27〕，而《左傳》內容反映的實為春秋時人的詮釋，如余英時先生引《左傳・文十八年》魯季文子語而論二者關係：

> 先君周公制周禮曰：「則以觀德，德以處事，事以度功，功以食民。」

此條內容是論周公制禮目的在於「觀德」的代表性論據，然而余英時先生亦注意到，這畢竟是後人（季文子）追記之言，準確而言，實是春秋時人對於「周公制周禮」的理解。其中所謂「則以觀德」之「則」，一般採楊伯峻先生的意見釋為「禮則」〔註28〕，由此，余先生指出，「則以觀德」即意謂「禮」是判斷「德」的標準，合乎「禮」的才是「德」，而「德」是行為的原動力即「德以處事」，因此「開出一系列的人事活動」，從「事」到「功」，最後歸宿於「食民」，通過這一詮釋而可見「周禮是以『德』為核心而建構的整體人間秩序」〔註29〕。

實際上，「則以觀德」的表述在《左傳》中並非孤例，如前引僖二十年晉大夫趙衰謂：「《詩》、《書》，義之府也；禮、樂，德之則也」，所謂「禮樂，德

〔註26〕可參晁福林：《春秋戰國的社會變遷》（下冊），頁545～821。
〔註27〕參見楊向奎：《宗周社會與禮樂文明》，頁 330～335；及余英時：《論天人之際——中國古代思想起源試探》，頁31～32。
〔註28〕楊伯峻：《春秋左傳注》，頁633～634。
〔註29〕余英時：《論天人之際——中國古代思想起源試探》，頁32。

之則」，亦以禮為判斷「德」的標準之意。又如《國語・周語上》內史興謂「成禮義，德之則也」〔註 30〕，表述亦相類。要之，此類對「德」、「禮」間密切關係的概述，在春秋時期其實是普遍流行的。而如前引桓二年臧哀伯諫魯桓公之語，乃謂君人者「昭令德以示子孫」，其下所言昭其「儉」、「度」、「數」、「文」、「物」、「聲」、「明」者，皆是「德」的具體體現，而這些具體的「德」皆是相應的「禮」所承載的內義，而後臧哀伯亦總結道：

> 夫德，儉而有度，登降有數，文、物以紀之，聲、明以發之，以臨
>
> 照百官，百官於是乎戒懼，而不敢易紀律。

其中，「儉而有度」是為「德行」的直接體現，而「登降有數」則是「禮」的內義，然而在臧哀伯的言論中，則皆歸於「德」；此「德」統攝諸禮，貫徹在禮的形式之內，而最終實現禮制的約束力，以令百官戒懼而不敢易紀律。此中實可見「德」、「禮」之間密不可分、兩相統一的關係，且其在春秋早期即已得到集中的詮釋。

　　然而，追溯德、禮關係的形成，必自西周起。如時代約在西周晚期的《詩經・大雅》之〈抑〉篇中，乃可見此種思想之端倪，〈抑〉篇謂：「抑抑威儀，維德之隅」，「威儀」，指容止禮節〔註 31〕，是禮的一種外在呈現；「隅」，毛傳謂「廉也」，鄭箋釋為「嚴正」，謂「人密審於威儀，抑抑然，是其德必嚴正也」〔註 32〕，程俊英、蔣見元先生則釋「隅」為「偶」的假借，偶，匹配也。然則無論釋「隅」為何義，兩句主旨仍體現出「禮」與「德」的密切關係，此如于省吾先生所言，「德為內容，威儀為德之表現形式，言其表裏相稱。」〔註 33〕

　　進而追索，〈抑〉篇中「抑抑威儀，維德之隅」所體現的「德」、「禮」統一的思想，實在春秋晚期衛大夫北宮文子對「威儀」的詮釋中，得到了進一步、系統性的闡發，《左傳・襄三十一年》載：

> 公曰：「善哉！何謂威儀？」對曰：「有威而可畏謂之威，有儀而可
>
> 象謂之儀。君有君之威儀，其臣畏而愛之，則而象之，故能有其國
>
> 家，令聞長世。臣有臣之威儀，其下畏而愛之，故能守其官職，保

〔註 30〕徐元誥：《國語集解》，頁 36。

〔註 31〕程俊英、蔣見元：《詩經註析》（下），頁 856。

〔註 32〕〔清〕阮元校刻：《十三經註疏・毛詩正義》（台北：藝文印書館，民國 102 年 3 月初版），頁 644。

〔註 33〕程俊英、蔣見元：《詩經註析》（下），頁 856。

族宜家。順是以下皆如是，是以上下能相固也。衛詩曰：『威儀棣棣，不可選也』，言君臣、上下、父子、兄弟、內外、大小皆有威儀也。」

「《周書》數文王之德曰：『大國畏其力，小國懷其德』，言畏而愛之也。《詩》云：『不識不知，順帝之則』，言則而象之也。紂囚文王七年，諸侯皆從之囚，紂於是乎懼而歸之，可謂愛之。文王伐崇，再駕而降為臣，蠻夷帥服，可謂畏之。文王之功，天下誦而歌舞之，可謂則之。文王之行，至今為法，可謂象之，有威儀也。故君子在位可畏，施舍可愛，進退可度，周旋可則，容止可觀，作事可法，德行可象，聲氣可樂；動作有文，言語有章，以臨其下，謂之有威儀也。」

以上北宮文子對「威儀」的兩段解釋，第一段重點揭示了「威儀」是與禮制相對應的外在呈現形式，所謂「君有君之威儀」、「臣有臣之威儀」，「君臣、上下、父子、兄弟、內外、大小皆有威儀也」，而「威儀」本身亦是內在可畏之「威」與外在可象之「儀」的統一，此亦春秋晚期「禮」本身已具有「禮意」與「禮儀」之內外統一的思想體現。而北宮文子的第二段論述，實闡釋了君子之「威儀」乃是「有德」與「有禮」的統一，其則舉文王為例，以文王之有「德」令人「愛之」、「畏之」，以「文王之功」為人「則之」，「文王之行」為人所「象之」，由此釋文王之「威儀」的內義所在，即文王之有「威儀」，乃在於其有「德」——其「功」與「行」亦是其「德」的必然呈現。換言之，作為「禮」的一種呈現方式的「威儀」，是內在德行的外在體現，即具有「威儀」乃是「德」與「禮」二者統一的結果，故北宮文子最後對君子之有威儀的總結中，將「有德」與「有禮」作了混然為一體的敘述：諸如「在位可畏，施舍可愛」，「作事可法，德行可象」是君子「有德」的體現；而「進退可度，周旋可則，容止可觀」，「動作有文，言語有章，以臨其下」則為君子「有禮」的體現。

籠統而言，在春秋時人的思想中，「禮」與「德」是一種彼此相依、相互統一的關係，但分而言之，兩者的關係實有其複雜性：有時是一種並列關係，有時是表裏關係，有時則混然不可分。「德」、「禮」的並列關係突出體現在其政教理念意義上，如本文第二章所論，春秋時期「德」與「禮」常作為並列的最高政教理念而為時人所談論，如齊桓稱霸而管仲強調的「德－禮」政教理

念框架，所謂「招攜以禮，懷遠以德」，「德」與「禮」即是適用於不同對象而採取的不同政治方針，此中二者即並列關係；又如襄十一年晉悼公賜魏絳以樂而魏絳論樂曰：

> 夫樂以安德，義以處之，禮以行之，信以守之，仁以屬之，而後可以殿邦國、同福祿、來遠人，所謂樂也。

乃從德、義、禮、信、仁等不同理念的角度為「樂」賦予內在的政教意義，雖則「德」作為傳統最高政教理念仍具有特別地位而置於其首，但仍可見其與「禮」等政教理念主要是一種並列關係，後者具有其各自特別的政教功用。

「德」與「禮」的表裏關係，則主要體現在「禮」日益被注入「德」的內義。雖然春秋時期「禮」觀念的內義得到不斷深化，日益突破其本身的外在形式規範而被詮釋出抽象的、形上的「禮意」，但與「德」觀念體系相參照，「禮」從本質上作為規定等級差別的秩序體系，以及常見意義中的儀文制度而言，總體上仍是一種外在的約束體系，如陳來先生所論，「當禮治秩序危機四伏的時候，德性體系必然應運而發展起來，倫理精神從自在（習慣）上升到自覺（內在）的過程中，從相對消極的『禮』到比較積極的『德』」，這種外在約束體系「必然要引入德性體系並最終將主導地位讓位於德性體系」[註34]。具言之，「德」、「禮」間的表裏關係在春秋時人的言論中多處可見，如僖三十年周公閱所言：

> 冬，王使周公閱來聘，饗有昌歜、白黑、形鹽。辭曰：「國君，文足昭也，武可畏也，則有備物之饗，以象其德；薦五味，羞嘉穀，鹽虎形，以獻其功。吾何以堪之？」

此為魯人饗周公閱而備昌歜、白黑、形鹽之物，昌歜為菖蒲菹（醃菜），即後文所謂「五味」之屬；白黑為干熬之稻、黍，即「嘉穀」之屬；形鹽即鹽形似虎者，即後文之「鹽虎形」[註35]，魯人備用諸物，意在以高規格禮儀接待王臣，然而周公閱卻辭謝了，並闡釋此種禮儀所承載的特定內義，即此「備物之饗」乃象徵人君文、武之德而用作獻功，即指出「禮」為形式，其根本內義卻在於「德」。又如成十二年晉郤至論享宴之禮的內義：

> 世之治也，諸侯間於天子之事，則相朝也，於是乎有享宴之禮。享

[註34] 陳來：《古代思想文化的世界——春秋時代的宗教、倫理與社會思想》，頁380。

[註35] 參見〔清〕阮元校刻：《十三經註疏·春秋左傳正義》之杜註、孔疏，頁285。

> 以訓共儉，宴以示慈惠。共儉以行禮，而慈惠以布政。

「共」、「儉」、「慈」、「惠」實為德目，「享以訓共儉」、「宴以示慈惠」等皆闡明禮儀背後的德義。此皆可見在「德」、「禮」關係中，禮儀為表，而「德」義為裡的關係。

「德」、「禮」之間混然為一體的統一關係，則在昭二十六年晏子的言論中得以系統呈現，晏子為齊景公言禮謂：

> 君令臣共，父慈子孝，兄愛弟敬，夫和妻柔，姑慈婦聽，禮也。君令而不違，臣共而不貳；父慈而教，子孝而箴；兄愛而友，弟敬而順；夫和而義，妻柔而正；姑慈而從，婦聽而婉：禮之善物也。

其所論「禮」，實將「德」、「禮」二者融合為一，此不僅如徐復觀先生所言，「這是把所有的人倫道德，皆歸納於禮的範圍之中」〔註36〕，同時亦是將君臣、父子、兄弟、夫妻、姑婦之禮制秩序納入相應的道德規範內，從而達到和諧秩序的理想。在這樣一種理想秩序中，「德」、「禮」二者已然不可分割，互為表裡。同時，晏子此段言論亦揭示出，不同的禮制倫常所要求的道德原則是不同的，如若「德不配位」，則「德」、「禮」難以統一，如晏子在此段論禮的言論之前，乃與齊景公談及陳氏之德：

> （晏子）曰：「陳氏雖無大德，而有施於民。豆、區、釜、鍾之數，其取之公也薄，其施之民也厚。公厚斂焉，陳氏厚施焉，民歸之矣。《詩》曰：『雖無德與女，式歌且舞。』陳氏之施，民歌舞之矣。後世若少惰，陳氏而不亡，則國其國也已。」公曰：「善哉！是可若何？」對曰：「唯禮可以已之。在禮，家施不及國，民不遷，農不移，工賈不變，士不濫，官不滔，大夫不收公利。」

晏子謂陳氏雖無有國之「大德」，然而其厚施於民卻能收攬民心，以致姜齊政權受到威脅，而齊景公詢問如何遏制這一危機，晏子乃謂「唯禮可以已之」，晏子實指出，私德不能幹犯國禮，所謂「在禮，家施不及國……大夫不收公利」，故陳氏雖有「家施」之政德，卻是越出了大夫之位即違反了禮制的行為。此中則可見具體的「德」義亦須在禮制的限定中而與其「禮」相適應，二者關係有其複雜性。

又，以上所論皆為國家政教層面的「德」、「禮」關係，而隨著春秋時期人文思潮的進展，個體的價值實現問題日益受到重視，「德」、「禮」關係亦逐

〔註36〕徐復觀：《中國人性論史》（先秦篇），頁49。

漸在個體修身層面形成重要的統一關係,「有德」與「有禮」成為君子理想人格的兩大重要構成,且二者不可分割。如昭五年晉韓宣子、叔向如楚送女,鄭子大叔提醒叔向,謂楚靈王汰侈已甚而當戒備之,叔向乃答曰:

> 汰侈已甚,身之災也,焉能及人?若奉吾幣帛,慎吾威儀;守之以信,行之以禮;敬始而思終,終無不復。從而不失儀,敬而不失威;道之以訓辭,奉之以舊法,考之以先王,度之以二國,雖汰侈,若我何?

叔向之言,實言君子以信、禮、敬等原則以守身之道,從其「奉吾幣帛,慎吾威儀;守之以信,行之以禮;敬始而思終」的言論中可見,「慎」、「信」之德行與有「禮」的行為、禮「敬」之精神共同成為君子守身的原則。

「德」、「禮」在個體修身層面達到的統一關係,從春秋時人以個人無禮即無德、有禮者有德、有德者有禮等思想中,亦得以充分體現。如莊二十三年、二十四年魯莊公為迎娶夫人而「丹桓宮之楹」、「刻其桷」,《左傳》乃評其行為「皆非禮」,魯大夫御孫則以其為無「德」:

> 二十四年春,刻其桷,皆非禮也。御孫諫曰:「臣聞之:『儉,德之共也;侈,惡之大也。』先君有共德,而君納諸大惡,無乃不可乎?」

可見「非禮」體現的便是「無德」。又如成十二年楚子享晉使郤至而非禮,晉大夫范文子評論道:

> 無禮,必食言,吾死無日矣夫!

范文子從楚人之「無禮」而預言其不守信,亦可見無禮則無德。而如昭二年魯大夫叔弓聘于晉而有禮,晉叔向於是評價道:

> 子叔子知禮哉!吾聞之曰:「忠信,禮之器也;卑讓,禮之宗也。」辭不忘國,忠信也;先國後己,卑讓也。《詩》曰:「敬慎威儀,以近有德。」夫子近德矣。

則以「有禮」為「近德」,叔弓有禮之言辭可見其忠信、卑讓之德行,而「忠信」、「卑讓」則是「禮之器」、「禮之宗」,正可見個體修身層面的「德」、「禮」統一關係,有禮的行為即是其個人德行的體現。

綜而言之,從政教層面與個人修身層面,皆可見在春秋時人的思想中,「德」、「禮」二者之間有著互為表裡、密不可分的統一關係:在時人理想的社會建構中,德政與禮治是統一的;在君子理想的人格中,德行與有禮是統一的。

肆、「禮」的倫理價值向個體層面的拓展

上述論「德」、「禮」在個人身上的統一,亦體現了「禮」觀念中的倫理價值日益向個體層面拓展的情形,此與前文所論春秋中晚期「德」觀念走向個體內化的趨勢是同樣的進程,由此亦可見,隨著春秋時期天人關係的演變與人文思潮的勃興,思想史上的諸多觀念已發生一種從集體本位到個人本位的性質演變。這一演變趨勢在余英時先生論先秦天人關係、「天命」概念時已被注意到,余氏謂:「『天』『人』關係的個人化是一項顛撲不破的歷史事實」,但余氏認為此種趨勢是發生在自孔、老開始的「軸心突破」之後﹝註37﹞,然而,透過對孔子之前的春秋思想史的觀照,這一演變趨勢實在春秋中晚期已明顯可見,而諸子學的「軸心突破」正是沿著這一趨勢演進而最終發生思想上的飛躍。

春秋中晚期,「德」、「禮」觀念之意涵向個體層面拓展,從而形成為個體修身的重要價值原則,這種演變正是思想史觀念從集體本位到個人本位之演變趨勢的重要例證,前已論「德」觀念的相關演變情形,此則再論「禮」觀念向個體層面的意義拓展。

前已談到,由於時代的特定要求,春秋早中期,「禮」的政治意義得到了極大強化,「禮,國之幹也」的論定一再出現,但到了春秋中晚期,以「禮,身之幹也」、「禮,人之幹也」為代表的意義論定,即禮作為個人立身原則的意義則得到越來越多地強調。如成十三年魯大夫孟獻子論郤錡行禮不敬,實為失去立身之基,乃謂:

> 郤氏其亡乎!禮,身之幹也;敬,身之基也。郤子無基。

又,成十五年楚大夫申叔時評楚司馬子反之背盟於晉,乃謂:

> 子反必不免。信以守禮,禮以庇身,信、禮之亡,欲免,得乎?

又,昭七年載孟僖子病不能相禮而講學之,將死時乃召其大夫謂:

> 禮,人之幹也。無禮,無以立。……我若獲沒,必屬說與何忌於夫
> 子,使事之而學禮焉,以定其位。

與春秋早中期「禮,國之幹也」之論相對,以上「禮,身之幹也」,「禮以庇身」,「禮,人之幹也」則鮮明體現出,在春秋中晚期,禮於個人立身的意義得到了強調。當然,此種意義論定上的變化,並非意味著禮的政治意義在春秋中晚期已不受重視,而是指禮的倫理價值意義在春秋中晚期得到了新的拓展,

﹝註37﹞余英時:《論天人之際——中國古代思想起源試探》,頁42～44。

其意義重心開始出現轉移的趨勢。

「禮，身之幹也」，乃指「禮」是個人立身、守身的基本原則，故上述引文中，孟獻子從郤錡（晉郤氏宗主）無禮即失去立身之根本原則，而預言郤氏將亡；申叔時從子反無禮而謂其不能庇身；孟僖子則從「禮，人之幹也」而進一步闡釋「無禮，無以立」。以上皆見時人對「禮以立身」的論述，而從禮為立身原則作外向引申，又有「禮以定位」之論，如上述孟僖子所謂「學禮」以「定其位」，又如昭十六年鄭子產所謂：

> 僑聞為國非不能事大字小之難，無禮以定其位之患。

可見對於有位者而言，定身即定位，「禮以立身」即意味著「禮以定位」，故子產謂主政者「無禮以定其位」乃是莫大憂患。不僅如此，從「禮以立身」作進一步的內向引申，則又有「禮以定命」之論，此如成十三年劉康公所云：

> 吾聞之：民受天地之中以生，所謂命也。是以有動作禮義威儀之則，以定命也。能者養以之福，不能者敗以取禍。是故君子勤禮，小人盡力。

劉康公所謂「命」，是一個較為複雜的概念，從其「民受天地之中以生」的定義而言，其與後來《中庸》「天命謂之性」的「性」義相類，亦可理解為天命之個人化；但從劉子其後所言「能者養以之福，不能者敗以取禍」，即「命」有福禍而言，此「命」概念又有「運命」義。但無疑的是，此概念皆指涉比個人之「身」更內在的存在，而劉子所謂「有動作禮義威儀之則，以定命也」，即指「禮」乃個人「定命」的基本原則。

正由於「禮」的倫理價值在個體立身層面被反省出如此重要、根本的意義，使得春秋時期雖然禮制的外在形式崩壞日劇，其精神內義卻在個體身上得以不斷傳承，此從春秋中晚期所湧現的諸多個人踐禮的言行亦可見。如文十五年載魯公孫敖在莒私生之二子回魯，為孟獻子所愛，卻被人所譖而有其欲殺獻子的謠言，於是二子謂：

> 夫子以愛我聞，我以將殺子聞，不亦遠於禮乎？遠禮不如死。

「遠離不如死」，可見其人將「禮」置於個人價值觀的最高地位，而後二子果然踐行此義，在後來魯國對外戰爭中，「一人門于句鼆，一人門于戾丘」，雙雙戰死，以生命證實了守禮之清名。又如昭三年晏子如晉而齊景公更其舊宅，代以明亮乾燥之新宅，晏子回齊後卻恢復如舊，不侵鄰里，而謂：

> 君子不犯非禮，小人不犯不祥，古之制也。

則以「不犯非禮」為君子修身之重要原則。又如昭四年鄭子產作丘賦而國人謗之,人告子產,子產卻謂:

> 苟利社稷,死生以之。且吾聞為善者不改其度,故能有濟也。民不
> 可逞,度不可改。詩曰:「禮義不愆,何恤於人言?」吾不遷矣。

子產推行了改革,卻自謂未改度,不愆禮義,可見舊制雖改,子產卻認為其實並未違背禮義之精神,以此而有不畏人言的堅定自信。又如昭二十五年宋右師卑宋大夫而賤其宗族司城氏,魯大夫叔孫婼評價道:

> 右師其亡乎!君子貴其身,而後能及人,是以有禮。今夫子卑其大
> 夫而賤其宗,是賤其身也,能有禮乎?無禮,必亡。

則從「貴其身,而後能及人」而具體闡釋了何謂君子之「有禮」。同時,此中亦體現了時人一種個體「無禮必敗亡」的思想,實際上,此種思想在春秋時期是普遍流行的,是人們對現實中不斷失序的禮制所作出的直接反饋,《左傳》中其例證頗多,前述諸賢者對郤氏、子反等所作預言即是,又如,襄七年衛大夫孫林父聘魯而不知禮,叔孫穆叔謂:

> 孫子必亡。為臣而君,過而不悛,亡之本也。

為臣者而行國君之禮,是為無禮;過而不改,是為無德,皆為「亡之本」,故穆叔謂孫氏必亡。又,昭元年鄭行人揮評論大夫子皙,謂:

> 無禮而好陵人,怙富而卑其上,弗能久矣。

亦以無禮而必敗。諸如此類,不勝枚舉,而正由於《左傳》多記載此種由禮以推定個人吉凶禍福的預言,且常見其應如響之效,故後人或以《左傳》作者「好巫」為說,或以此類內容為作者追加,實際則不然,從思想史意義而言,此種預言反映的正是春秋時人一種普遍的價值判斷標準,如徐復觀先生所言,「禮既是當時的時代精神,是一般人所共同承認的軌範,有如今日所謂法治的法;則行為因出軌而受禍,亦如今日毀法犯紀的必無好結果,並不是不合理的推測。」〔註38〕

又,以此種「無禮必敗亡」思想與本文第二章所論時人「無德必敗亡」思想相比照,亦可見:與傳統思想中以「主宰天」決定人的吉凶禍福相比,春秋時期「德」、「禮」觀念已取代天命標準,而成為了決定、衡量個人禍福的價值標準,它們是人文性的標準,不僅標示著春秋人文思想的進展,亦標示著人文意義之觀念在個體價值追求層面的進展。

〔註38〕徐復觀:《中國人性論史》(先秦篇),頁50。

第四節　小結

　　本章通過對《左傳》中關於「禮」的內容的剖析，從社會背景、內涵意義及演變情形等三個方面，對春秋時期的「禮」觀念進行了集中討論。

　　天人關係的演變和社會政治的失序，是為春秋時期思想史觀念演變的兩大背景，而後者帶給「禮」觀念的影響更為直接。然春秋時期的「禮壞樂崩」中尚有兩個特須注意的特點：其一，雖則禮制崩壞，但社會上尚禮思想仍與之並存，呈現出複雜的面貌；其二，傳統禮制的崩壞是一個漸變的過程，並非突而全盤瓦解，大體上早期守禮現象較多，而自中期以後崩壞加劇。此種歷史背景給「禮」觀念的發展帶來的影響如，前者之影響主要體現在促發時人尤其崇尚禮治者對「禮」的深刻反省，從而使得時人對「禮」的認識逐漸穿透制度設施的外在形式，而日益深入到對其內義及落到個體立身的層面進行討論；後者的影響則體現在諸多階段性演變特點上：如春秋早中期多見禮的政治意義之強化，春秋晚期則可見禮的價值倫理更多地在個人立身層面得到進展；又如春秋中晚期禮制崩壞的加劇實大大促進禮的精神內義的深化，故禮儀之辨、禮與法的分離等皆是晚期出現的現象。

　　《左傳》中「禮」概念的內涵，主要有三個層面的涵義：一是指儀節形式層面的「禮儀」、「儀制」；二是指制度、規範層面的「禮制」；三是指精神內義層面的「禮意」。其中「禮儀」義是《左傳》中最常見的「禮」的所指，但「禮意」之「禮」實為「禮」觀念在春秋時期得以最大拓展的一個涵義。本節亦分析了「禮」的本質意義乃在於規定等級差別，以建立秩序，以及「禮」具有人文性、倫理性、政教性等性質。

　　縱觀春秋時期「禮」觀念的意義演變趨勢，則可見：其一，「禮」的政治意義得到了強化；其二，「禮」的精神內義不斷走向深化，其三，「禮」與「德」觀念形成彼此相依的統一關係；其四，「禮」的倫理價值走向個體內化。其中最主流的趨勢，實在於「禮」的精神內義的不斷深化。春秋時期，「禮」的意義日漸突破其外在的禮儀形式，而被時人詮釋出極為豐富的內義，且這種內義成為「禮」觀念最重要的價值意義而得以傳承，以致春秋晚期出現「禮」、「儀」之辨，將外在的儀文形式從「禮」的意義中區分了出去。而約與「天道」思想的興起同時，自春秋中期起，時人乃有「禮出自天」的討論，即以禮的終極來源歸為「天」，同時，以「敬，禮之輿也」的論述為代表，春秋時人對禮的核心精神進行了深入探討。此外，刑法原本作為傳統禮制的一部分內

容，因與禮的精神內義漸相違背，至春秋晚期成文法公佈，亦從禮制中分離了出來。

在「禮」觀念內義走向深化的過程中，「禮」與「德」之間被詮釋出互為表裡、彼此相依的密切關係，實具有特別重要的思想史意義。籠統而言，在春秋時人的思想中，「禮」與「德」是為統一關係，分而言之，二者的關係有其複雜性：有時是並列關係，有時是表裏關係，有時則混然不可分。要之，無論政教層面或個人修身層面，「德」、「禮」之間皆可見互為表裡、密不可分的關係，在時人理想的社會建構中，德政與禮治是統一的；在君子理想的人格中，德行與有禮是統一的。在春秋思想史進程中，「德」、「禮」觀念各自走向意義深化與內化，以及二者形成統一關係，當對孔子學說中心概念體系的形成產生了直接的影響。

第五章　春秋時代「德」、「禮」觀[註1]與孔子思想的關係

　　孔子學說的中心概念為何，前輩學者見仁見智，如陳大齊先生認為在於「道」、「德」、「仁」、「義」、「禮」[註2]，勞思光先生認為在於「仁」、「義」、「禮」[註3]，韋政通先生則認為在於「禮」、「仁」、「孝」[註4]等，但綜合可見，「仁」、「禮」二者必為孔子學說之中心概念、且為最重要的兩個中心概念，則是大家的共識。中心概念對於其學說的重要性，正如陳大齊先生謂，乃「佔據該一學說的中樞，依其發動轉化，以形成其他的概念」。[註5]本章探討的重點，即從孔子「仁」、「禮」之中心概念入手，揭示二者與時代「德」、「禮」觀念之間的密切關係。

　　孔子之世約當春秋晚期，據《公羊》、《穀梁》，孔子生於魯襄二十一年[註6]，據《左傳》，卒於魯哀十六年。孔子思想的形成必然受到時代思潮的影響，此亦學人共識，如徐復觀先生謂，「《論語》中許多觀念，幾無不與春秋

〔註1〕本文所謂「時代『德』、『禮』觀」、「時代思潮」，是指孔子之前與孔子之外的春秋思想史相關面貌，以此作為時代大背景而與孔子思想相對照。

〔註2〕陳大齊：《孔子學說論集·自序》（台北：正中書局，民國47年6月臺初版），頁5。

〔註3〕勞思光：《新編中國哲學史》（一），頁81。

〔註4〕韋政通：《中國思想史》（上），頁73。

〔註5〕陳大齊：《孔子學說論集·自序》，頁4。

〔註6〕《史記·孔子世家》記載孔子生於魯襄公二十二年，與《公》、《穀》所載相差一年。參見〔漢〕司馬遷：《史記》，頁1905。

時代一般賢士大夫間所流行的觀念有關」〔註7〕，又如本文〈緒論〉引錢穆先生云，春秋晚期鄭子產、魯叔孫豹的思想當對孔子思想產生影響。然而，這種影響究竟如何發生？具體體現在哪些方面？則尚未見系統論述。本文在集中討論春秋「德」、「禮」觀念的總體演變進程後，試提出：孔子思想中的「仁」、「禮」等中心觀念的意義正是基於時代「德」、「禮」觀的基礎，並作出重要的創新與轉化而成。進而言之，經孔子思想之集大成，春秋時期「德」、「禮」觀念的意義演變進程乃得以階段性的總結與升華，從而形成儒學傳統的道德人文主義的精神方向。

第一節　春秋時代思潮對孔子「德」、「禮」觀的影響

本節討論孔子之思想，以《論語》為本，在討論孔子學說中的「仁」之前，本節先從《論語》中的「德」、「禮」概念出發，將其與春秋時代觀念史中的「德」與「禮」建立直接聯繫，以揭示二者之間的意義關係。基於文本分析，本文認為，春秋時代思潮中的「德」、「禮」觀乃對孔子學說實有直接的影響，成為其中心概念的形成的重要思想基礎，構成孔子思想的一種歷史視域。

壹、《論語》中「德」、「禮」概念的範疇

《論語》中有 31 章談到「德」，共計出現 40 個「德」字；有 43 章談到「禮」，共計出現 75 個「禮」字〔註8〕，而綜觀這些概念的意涵，其範疇皆與春秋時代思潮中的「德」、「禮」觀念的涵義範疇若合符契。

如本文第二章所論，總體而言，自春秋早期至晚期，「德」觀念的意涵主要包括：作為政教理念的「德」義，及泛指美善性質、行為的「美德」義，及自《尚書》即可見的「德性」義等，而從政教層面的「德」義中，又發展有「德命」義，從「美德」義中則逐漸發展出倫理性的「道德」義。徵諸《論語》，此皆赫然在焉，如〈為政〉中的兩處「德」：

> 子曰：「為政以德，譬如北辰，居其所而眾星共之。」

〔註7〕 徐復觀：《中國人性論史》（先秦篇），頁63。
〔註8〕 楊伯峻先生曾統計：「《論語》中講『禮』75 次，包括『禮樂』並言的」，又統計《論語》中講「仁」為 109 次。參見楊伯峻：《論語譯註‧試論孔子》（北京：中華書局，2009 年 10 月第 3 版），頁 16。

> 子曰：「道之以政，齊之以刑，民免而無恥；道之以德，齊之以禮，
> 有恥且格。」

「為政以德」、「道之以德」皆是從政教層面談論德治，其中的「德」義，皆屬承自周代的最高政教理念之「德」；且如第二則引文中「德」、「禮」二者並列，正可見春秋時代政教思想中常見的「德－禮」之理念結構；從其內容亦可見，孔子乃堅定秉持崇德尚禮之政教傳統。又如〈季氏〉篇孔子謂：

> 故遠人不服，則修文德以來之。

此「德」亦政教之「德」。而如與「天命」相關的「德命」義，則見於〈述而〉：

> 子曰：「天生德於予，桓魋其如予何？」

此中「天生德於予」之「德」，帶有強烈的天賦使命的意味，與傳統訓詁將其從「德性」義解為「聖性」[註9]，或解為「品德」義相比[註10]，本文以為，從春秋觀念史中「德」的意涵範疇來看，此「德」解為「德命」義當更為確切。但在孔子之前，春秋時人所言「德命」多屬國家政教意義的層面，而孔子「天生德於予」中的「德」則是落到個體身上而言的「德命」，此又正體現了春秋時期「德」觀念從集體本位到個體內化的意義演變趨向。可見，孔子此言中的「德」，不僅合於時代思潮中「德」觀念的意涵範疇，且體現時代「德」觀念的演進趨勢。另如〈微子〉篇楚狂接輿歌曰「鳳兮鳳兮，何德之衰」中的「德」，亦以解為「德命」為當，其以「鳳」比孔子[註11]，則「德命」之衰乃比孔子之周行列國而每不合的境遇。

另，《論語》中指涉「德性」義的「德」，則如〈顏淵〉篇孔子曰：

> 君子之德風，小人之德草。

及〈學而〉篇曾子曰：

> 慎終追遠，民德歸厚矣。

其「德」則皆為表中性的「德性」義。又，《論語》中亦有「德」用於泛指美善之性質的「美德」義，如：

> 子曰：「中庸之為德也，其至矣乎！民鮮久矣。」（〈雍也〉）

〔註9〕參見〔清〕阮元校刻：《十三經註疏·論語註疏》，頁63。
〔註10〕楊伯峻：《論語譯註》（中華書局，2009年10月第3版），頁71。
〔註11〕傳統訓詁皆以「鳳」比孔子。參見〔清〕阮元校刻：《十三經註疏·論語註疏》，頁165。

子曰:「驥不稱其力,稱其德也。」(〈憲問〉)

以上二處「德」作泛指意義上的「美德」解,乃較倫理性的「道德」義為更當。因「中庸」之為「美善德性」,不僅適用於個體修身上,亦適用於國家政教舉措上,後儒於《禮記·中庸》篇推發「中庸」之為普遍性的「美德」,既以中庸為君子道德修身之追求,亦以虞舜「執其兩端,用其中於民」〔註12〕的政教舉措為能行中庸之道。第二條引文中的「德」則用於指稱「驥」,亦以釋為「美善之德性(品質)」為當,鄭玄注謂:「德者,調良之謂」〔註13〕,所謂「調良」,聞之蔡信發教授,解為「稟賦」,故此即謂善馬非以力見稱,而是以其美善之稟賦見稱,要之,此「德」非僅為人所具有,亦為萬物所具有,不似「道德」為人所特有之人文倫理概念,故此處「德」是一泛指意義;即算此處實以驥比人,然從「力」、「德」對舉可見,此「德」重在表述個體原本具有的精神品性,與「道德」之「德」所強調的是人於後天的精神修為,仍有著細微的意義差別。

當然,《論語》中最重要也是使用最多的「德」義,仍在於「道德」義,如以下諸例:

子曰:「德之不修,學之不講,聞義不能徙,不善不能改,是吾憂也。」(〈述而〉)

子曰:「泰伯,其可謂至德也已矣!」(〈泰伯〉)

子曰:「吾未見好德如好色者也。」(〈子罕〉、〈衛靈公〉)

德行:顏淵,閔子騫,冉伯牛,仲弓。(〈先進〉)

子張問崇德、辨惑。子曰:「主忠信,徙義,崇德也……」(〈顏淵〉)

樊遲從遊於舞雩之下,曰:「敢問崇德、修慝、辨惑。」子曰:「善哉問!先事後得,非崇德與……」(〈顏淵〉)

子曰:「有德者,必有言。有言者,不必有德。」(〈憲問〉)

子張曰:「執德不弘,信道不篤,焉能為有?焉能為亡?」(〈子張〉)

其中的「德」,皆指個體修身層面的倫理道德,此義正是孔子論「德」中最主要的意義面向。如前所述,「道德」義乃是春秋時期「德」觀念意涵體系中獲得重要拓展的意義面向,故可見《論語》中的「德」義既基於時代「德」觀念

〔註12〕〔清〕阮元校刻:《十三經註疏·禮記註疏》,頁880。
〔註13〕〔清〕阮元校刻:《十三經註疏·論語註疏》,頁129。

的涵義範疇，又沿著時代「德」觀念的涵義拓展方向而進一步前進，以此與孔子學說中的其他核心概念一起，最終實現一種創造性的轉化。

　　《論語》中「禮」的意涵，同樣在時代「禮」觀念的意義範疇之內。如本文第三章所論，春秋時期「禮」觀念主要包含「禮儀」、「禮制」、「禮意」等三個層面的意涵，以此觀照，《論語》中指涉「禮儀」義的「禮」如：

> 子入大廟，每事問。或曰：「孰謂鄹人之子知禮乎？入大廟，每事問。」子聞之曰：「是禮也。」（〈八佾〉）

> 子所雅言，詩、書、執禮，皆雅言也。（〈述而〉）

> 執圭，鞠躬如也，如不勝……享禮，有容色。私覿，愉愉如也。（〈鄉黨〉）

其中的「禮」皆指「禮儀」義。而指涉「禮制」義的「禮」則有：

> 子曰：「殷因於夏禮，所損益可知也；周因於殷禮，所損益可知也；其或繼周者，雖百世可知也。」（〈為政〉）

> 子曰：「夏禮，吾能言之，杞不足徵也；殷禮，吾能言之，宋不足徵也。文獻不足故也，足則吾能徵之矣。」（〈八佾〉）

以上「夏禮」、「殷禮」，皆當指二代之禮制，是包含了內容複雜的各種禮儀與社會制度、系統性制度層面之「禮」。而如〈八佾〉篇：

> 子曰：「事君盡禮，人以為諂也。」

> 定公問：「君使臣，臣事君，如之何？」孔子對曰：「君使臣以禮，臣事君以忠。」

其中「事君」之「禮」、「君使臣」之「禮」，則皆是在宗法政治制度下所形成的君、臣的系列行為規範，亦在廣義的「禮制」義範疇內。

　　但總體而言，從「禮意」義言「禮」乃是《論語》論「禮」的主流，其例甚多，如：

> 有子曰：「禮之用，和為貴。」（〈學而〉）

> 子曰：「人而不仁，如禮何？人而不仁，如樂何？」（〈八佾〉）

> 子曰：「君子義以為質，禮以行之，孫以出之，信以成之。」（〈衛靈公〉）

> 子曰：「禮云禮云，玉帛云乎哉？樂云樂云，鐘鼓云乎哉？」（〈陽貨〉）

　　　子曰：「不知禮，無以立也。」（〈堯曰〉）
其中所言「禮」，皆為精神內義層面的「禮」。

　　此外，與「德」觀念密切相關的諸德目，在《論語》中的概念內涵亦合於春秋時代思潮中的德目之意涵範疇。如《論語》中的「孝」，意義典型者如「三年無改於父之道，可謂孝矣」（〈學而〉、〈里仁〉），「孟武伯問孝，子曰『父母唯其疾之憂』」（〈為政〉）等，皆指為人子者所以事父母的道德原則，而如前所述，「孝」的這一涵義自春秋早期即已定型並得以普遍性的使用。又如《論語》中的「信」，意義典型者如「與朋友交言而有信」（〈學而〉），「人而無信，不知其可也」（〈為政〉）、「言必信，行必果」（〈子路〉）等，皆指倫理意義上的「信用」而言，另如「敬事而信」（〈學而〉）、「上好信，則民莫敢不用情」（〈子路〉）等，則又可見「信」亦作為重要的政教理念而具有政教意義，這兩種涵義皆為春秋時代思潮中「信」觀念普遍流行的意義。又如《論語》中的「忠」，從「臣事君以忠」（〈八佾〉）、「子張問政，子曰『居之無倦，行之以忠』」（〈顏淵〉），及孔子以令尹子文「舊令尹之政，必以告新令尹」等事跡而評價其「忠矣」可見，此種「忠」的意涵乃指事上、為公方面的「忠心不二」；而從「為人謀而不忠乎」（〈學而〉）、「居處恭，執事敬，與人忠」（〈子路〉）等則可見，「忠」亦有「盡心盡力」之意，這兩種涵義亦是時代思潮中「忠」觀念的核心涵義。另如《論語》中的「義」，如勞思光先生所論：「所謂『義』，在《論語》中皆指『正當』或『道理』」〔註14〕，亦與時代思潮中「義」觀念的意涵無異。

　　要之，《論語》中「德」、「禮」以及諸德目的概念內涵，皆合於春秋時代思潮中「德」、「禮」觀的意涵範疇。前文已論，「德」、「禮」觀念的各種意義在孔子之前及同時代的春秋思想史進程中，經由發展已漸而定型且廣泛流行，由此，其成為孔子「德」、「禮」觀的基本意義範疇所在乃是必然。

貳、合於思想史進程的孔子「德」、「禮」觀

　　孔子「德」、「禮」概念不僅基於時代「德」、「禮」觀的意涵範疇，且其意義亦合於其在春秋思想史上的意義演變進程，是從時代思想視域中生出。

一、孔子的「德」合於時代「德」觀念演變趨向

　　前論自春秋早期至晚期，「德」觀念的意義演變的主要趨勢有：其一，在

―――――――――――

〔註14〕勞思光：《新編中國哲學史》（一），頁83。

天人關係的演變中，「德」觀念的宗教性逐漸減弱，而人文性日益強化並逐漸壓過前者；其二，「德」觀念的人文意涵亦產生內在的變化，一方面「德」的政教性意義得以延續，另一方面其倫理性意義得到了重要拓展；其三，「德」的倫理性意義日益走向個體之內化，日益落到個體修身層面而用以指涉道德自覺。比照《論語》中「德」的意義趨向，亦皆合於此種演變進程。

其一，分析《論語》中「德」的意涵可知，從政教意義和道德意義上談論「德」，是孔子「德」概念的兩個主要意義面向，而這兩種意義面向皆屬人文性意義範疇，可以說，孔子的「德」完全是一人文概念，體現了春秋時期「德」觀念在天人關係背景下演變的最終趨向所在。具而言之，春秋時期「德」觀念的宗教性主要體現在兩個方面：一是與鬼神的關係上，二是遺存傳統敬德觀中「德」的天命面向。對於前者，自春秋早期「鬼神非人實親，惟德是依」等觀點的提出，標示著時代「德」觀念已日益脫離鬼神的主宰力量，其人文性意義的進展產生了第一次質的飛躍；而至春秋晚期，以鄭子產、楚昭王等為代表，其不迷信鬼神的態度，則凸顯了人文理性精神的再次突破；到了孔子，對當時仍存有的鬼神信仰又體現出進一步的超越，如《論語》所載孔子對鬼神的態度：

> 樊遲問知。子曰：「務民之義，敬鬼神而遠之，可謂知矣。」（〈雍也〉）

> 季路問事鬼神。子曰：「未能事人，焉能事鬼？」敢問死。曰：「未知生，焉知死？」（〈先進〉）

從第一則引文可見，孔子並不反對敬鬼神之行為，但他主張遠離鬼神本身，注重現世層面的問題，認為這才是君子的明智態度；從第二則引文可見，當被直接問及鬼神時，孔子避而不談，而重點強調對現世問題的關注，以「事人」先於「事鬼」，「知生」重於「知死」。此正徐復觀先生所指出，孔子雖未公開反對鬼神，「卻很明顯地把鬼神問題，貶斥於他的學問教化範圍之外」〔註15〕，故〈述而〉篇亦謂「子不語怪、力、亂、神」。而當孔子必得面對鬼神之事時——實際上，孔子不僅未公開反對鬼神，且對於祭祀尤其祭祖是持讚成態度的，但孔子所在意的是其背後的人文意義，更確切地說，是強調其中的道德精神，如〈為政〉篇：

〔註15〕徐復觀：《中國人性論史》（先秦篇），頁81。

> 孟懿子問孝。子曰：「無違。」樊遲御，子告之曰：「孟孫問孝於我，
> 我對曰『無違』。」樊遲曰：「何謂也？」子曰：「生事之以禮；死葬
> 之以禮，祭之以禮。」

孔子之主張「祭之以禮」的宗教行為，為的是強調為人子對先人的報恩、致孝，是基於道德的要求，以此作為「孝道」的內容而答孟懿子之問，此亦〈泰伯〉篇孔子稱讚大禹而謂其「致孝乎鬼神」所強調的道德意義，不過大禹所「致孝」的對象不僅限於父母，亦當泛指祖先。又如〈八佾〉篇：

> 祭如在，祭神如神在。子曰：「吾不與祭，如不祭。」

則孔子亦參與祭祀，但他關注的亦非祭祀形式，而是強調祭祀時內心的誠敬，此正〈子張〉篇所謂「祭思敬，喪思哀」的內義：而誠敬，則可謂是一種道德的態度；哀戚，乃是一種道德情感。綜而可見，孔子在思想形上層面乃將鬼神問題斥於其學說之外，同時在現實層面則將祭祀鬼神之事化入道德問題之中，故其學說的中心概念是去宗教性的。

另一方面，在周文傳統的「敬德」觀中，「德」有著天命面向，而彼時所謂天命，乃是至上神的意志，到了春秋時期，「德」觀念在政教上的「配天」面向亦逐漸走向「重民」面向，發生人文轉化，這種觀念史演進趨勢在春秋晚期的孔子思想中亦得以體現，如〈為政〉篇孔子所謂：

> 道之以政，齊之以刑，民免而無恥；道之以德，齊之以禮，有恥且
> 格。

其「政」、「刑」、「德」、「禮」等政教理念之實施，目的皆落在治民上：以「政」、「刑」治民則使得「民免而無恥」，以「德」、「禮」治民則能使得民人「有恥且格」，從而表達孔子對於治國的最高理想，可見，其中「德」概念在政教意義上已全無傳統「天命」的影子，而著眼於民人。當然，在孔子思想中，並非沒有「天」的概念，孔子亦在一則語錄中直接談到「天」與「德」的直接關係，此即〈述而〉篇子曰：

> 天生德於予，桓魋其如予何？

不管如何理解此處「天」的確切意涵，此言的確表達出一種類似宗教情感的堅定自信，然而，人之有宗教鬼神崇拜與人之有宗教情感卻是兩回事，宗教鬼神崇拜體現的是人在精神上的一種外在依賴，而宗教情感則是人之內在的具有普世意義的生命表達，故孔子此處的「德」並未有外在的宗教鬼神信仰的色彩，而實為一種道德生命上的內在自信。如韋政通先生所指出，在孔子

之前，天與人是處在對立對戲的地位，而到了孔子，傳統的宗教信仰乃投入到其道德生命中，從此天人的對立逐漸消失，由人創造的道德宇宙逐漸形成，此實當為孔子所謂「天生德於予」的詮釋起點。故，亦如韋先生所云：「孔子的理想是希望把傳統宗教信仰的事務，統化為道德宇宙中的事務；在道德宇宙裏，也有宗教情緒和超越經驗，但是出於道德的要求，天命、天道不過是道德的超越表現。」〔註16〕

　　總而言之，在春秋時期天人關係演變的大背景中，孔子的「德」亦合於時代「德」觀念人文化的整體演進趨勢，孔子乃將宗教性的「天」，轉化為心中道德使命與責任之所自來，徹底成為人文精神核心價值的「德」。

　　其二，《論語》中的「德」用作「道德」義者，不僅佔最大比例，而且是孔子論「德」的重點所在，從這一情形及《論語》中大量對德目的論述皆可見，孔子的「德」既體現了時代「德」觀念在倫理性意義面向上的拓展趨勢，且正是沿著時代「德」觀念的個體內化——最終形成個體自覺的道德理性——的演變趨勢而前進著。孔子的「德」，已無半點周代「德」觀念那樣出於畏天威、求福報及政治功利等外在驅動的性質，孔子針對個人修身層面所談論的「德」，所強調者皆是個體內在的道德自覺，是純然出自個體自我完善之追求的精神價值，如〈述而〉篇：

　　　　子曰：「德之不修，學之不講，聞義不能徙，不善不能改，是吾憂也。」

　　　　子曰：「志於道，據於德，依於仁，游於藝。」

其中孔子所謂「修德」、「據於德」的「德」，皆指個體內在自覺的道德理性，亦為個體安身立命之價值。由於對個體道德修行的強調，故孔子在弟子的教育上特列「德行」一科，而以顏淵、閔子騫、冉伯牛、仲弓為優（〈先進〉），弟子亦常以道德主體如何「崇德」相問，如〈顏淵〉篇：

　　　　子張問崇德、辨惑。子曰：「主忠信，徙義，崇德也……」

　　　　樊遲從遊於舞雩之下，曰：「敢問崇德、修慝、辨惑。」子曰：「善哉問。先事後得，非崇德與……」

而孔子所答，亦根據弟子個性特點，從具體的德行修為方法上加以引導。又如〈里仁〉篇孔子曰「君子懷德，小人懷土」，〈泰伯〉篇孔子盛讚「泰伯，其可謂至德也已矣」，〈子罕〉、〈衛靈公〉篇孔子感歎「吾未見好德如好色者

───────────────

〔註16〕韋政通：《中國思想史》（上），頁69～70。

也」，〈憲問〉篇孔子論「有德者，必有言；有言者，不必有德」等，其中所謂「德」，皆是指個體之「道德」修為。

從這些對道德的大量論述可見，孔子的「德」亦合於時代「德」觀念之倫理性意義拓展、且走向個體內化的演變趨勢。實際上，孔子所強調的個體道德自覺，乃是其學說體系的一個重要基礎，孔子學說不僅合於時代觀念史發展進程，且正是在此基礎上進行創新與升華，而為這一進程做出了系統性的思想總結的，本章第二節將詳論之。

二、孔子的「禮」合於時代「禮」觀念演變趨向

前論春秋時期「禮」觀念的意義演變趨勢主要體現在：「禮」的政治意義的強化；「禮」的精神內義的深化，「禮」與「德」形成彼此統一的關係；「禮」的倫理價值意義的個體內化等，以《論語》、《左傳》中孔子所論「禮」的意義與之相較，同樣可見，孔子的「禮」亦合於時代「禮」觀念的意義演變進程。

其一，從《論語》中孔子論「禮」的內容，可知孔子對禮的政治功用是推崇備至的，如前引〈為政〉篇子曰「道之以德，齊之以禮，有恥且格」，即可見在孔子心目中，禮治與德治並行，方是治國的理想方針。孔子又有單獨討論禮治之重要性的語錄，如〈里仁〉篇：

> 子曰：「能以禮讓為國乎？何有？不能以禮讓為國，如禮何？」

即重點強調了禮於治國的政治意義，如《論語正義》邢昺疏〔註17〕：此章言治國者必須禮讓也，「禮節民心，讓則不爭」，人君如有禮而不能用，則如此禮何？〔註18〕孔子這一崇禮態度，正如馮友蘭先生所指出：「在一社會之舊制度日即崩壞之過程中，自然有傾向於守舊之人，目覩世風不古，人心日下，遂起而為舊制度之擁護者，孔子即此等人也」〔註19〕，惟孔子之擁護周禮，非一味「守舊」，而是沿著觀念史進程，對傳統提出新的詮釋。如推崇禮治的

〔註17〕〔清〕阮元校刻：《十三經註疏‧論語註疏》，頁37。
〔註18〕「禮」的本質雖在於規定秩序，然建立等級秩序並非「禮」的終極目的，「禮」的終極目的在於通過建立秩序而達到社會、人倫的和諧，故「讓」亦為「禮」的精神內義，或說「讓」必與「禮」有機統一，因謙讓之德而能協調等級秩序中的矛盾。此如《左傳》襄十三年范宣子讓位荀偃，而君子評價曰：「讓，禮之主也」，「世之治也，君子尚能而讓其下，小人農力以事其上，是以上下有禮，而讒慝黜遠，由不爭也」，即闡述了「讓」與「禮」的內在關係。此處孔子則以「禮讓」連用，而論其於治國的意義。
〔註19〕馮友蘭：《中國哲學史》（上），頁36。

同時，孔子在與弟子論政時亦多次闡釋何以要實行禮治的本質原因，如：

> 名不正，則言不順；言不順，則事不成；事不成，則禮樂不興；禮樂不興，則刑罰不中；刑罰不中，則民無所措手足。（〈子路〉）

> 上好禮，則民莫敢不敬。（〈子路〉）

> 上好禮，則民易使也。（〈憲問〉）

此皆為孔子推崇政教之禮的言論，且其落腳點皆在於民人，亦可見其禮治思想的人文性。另如《左傳・哀十一年》載季氏欲用田賦，使冉有訪諸孔子，孔子以此種改革為不合於禮，故不作正面回復而私於冉有曰：

> 君子之行也，度於禮：施取其厚，事舉其中，斂從其薄。如是，則以丘亦足矣。若不度於禮，而貪冒無厭，則雖以田賦，將又不足。

> 且子季孫若欲行而法，則周公之典在；若欲苟而行，又何訪焉？

可見孔子乃主張用周公之典而推行禮治，並闡釋了其核心精神實在於「施取其厚，事舉其中，斂從其薄」，而在上位者若不度於禮，則必將慾壑難填，是為貪冒無厭，苟行其政。此皆顯見孔子對「禮」的政治意義的強調與深入探討。

其二，如前所論，自春秋中期至晚期，又出現「禮」的倫理價值在個人立身層面上拓展的新趨勢，且「禮」作為個人立身原則的意義逐漸成為時人討論「禮」的意義重心所在。孔子的「禮」亦合於此種觀念史進程，如韋政通先生指出，孔子所說的禮，雖仍提到政治社會方面的意義，但「重點已轉移，轉向立身方面」〔註20〕，如《論語》以下諸條：

> 子曰：「興於詩，立於禮。成於樂。」（〈泰伯〉）

> （子謂伯魚曰：）「不學詩，無以言。」「不學禮，無以立。」（〈季氏〉）

> 子曰：「不知命，無以為君子也。不知禮，無以立也。不知言，無以知人也。」（〈堯曰〉）

此皆可見，從「禮」與「詩」、「樂」之不同功用的比照，「知禮」與「知命」、「知言」的不同意義的比照中，孔子對於禮的「立身」功用，其推崇又如此。所謂「不知禮，無以立」，正與《左傳・昭七年》所載孟僖子謂「禮，人之幹也。無禮，無以立」之語相類。然而，孔子不僅承繼了時代思潮中以禮「立

〔註20〕韋政通：《中國思想史》（上），頁74。

身」的觀點，且將「禮」的意義納入更為廣泛的個體「修身」層面，融入其道德修身學說的整個體系中，使之成為君子理想人格不可或缺的部分，從這個意義上談論的「禮」，實為孔子的「禮」的重心所在，如《論語》載：

> 子曰：「君子博學於文，約之以禮，亦可以弗畔矣夫！」（〈雍也〉、〈顏淵〉）

> 子曰：「恭而無禮則勞，慎而無禮則葸，勇而無禮則亂，直而無禮則絞。」（〈泰伯〉）

> 子曰：「君子義以為質，禮以行之，孫以出之，信以成之。君子哉！」（〈衛靈公〉）

可見在孔子道德修身學說體系中，以「文」與「禮」，以「恭」、「慎」、「勇」、「直」與「禮」，以「義」、「遜」、「信」與「禮」相配，乃共成君子修身之追求。又如〈憲問〉篇亦有「君子」的概念用「成人」表達者：

> 子路問成人。子曰：「若臧武仲之知，公綽之不欲，卞莊子之勇，冉求之藝，文之以禮樂，亦可以為成人矣。」（〈憲問〉）

亦可見孔子以「禮」與「智」、「不欲」、「勇」、「藝」等品德或才能相結合，而對道德主體的理想人格進行描述性刻畫，在這一道德人格中，「有禮」是與其他品行緊相結合而必不可少的。再如〈學而〉篇：

> 子貢曰：「貧而無諂，富而無驕，何如？」子曰：「可也。未若貧而樂，富而好禮者也。」子貢曰：「《詩》云：『如切如磋，如琢如磨。』其斯之謂與？」子曰：「賜也，始可與言詩已矣！告諸往而知來者。」（〈學而〉）

此又可見孔門所論君子修身的進階中，「好禮」是其中最重要的評價標準之一。須指出的是，從以上引文亦可見，孔子於個人修身層面所論之「禮」，有時是一種約束性的行為規範，如言「約之以禮」等，有時則是一種修飾性的文化修養，如言「文之以禮樂」，此則與「禮」本身的性質和內容相關：「禮」從本質而言是一種秩序，形成系統性的制度、規則、行為規範，同時，「禮」又有著豐富的儀文儀飾之禮儀文化內容，此亦正可見孔子的「禮」所基於的歷史視域。

其三，在整個春秋思想史上，「禮」觀念的精神內義是走向不斷深化的，至春秋晚期，更是出現強調內在意義之「禮」與外在形式之「儀」的明確分化，此種演進亦在孔子「禮」觀念中得到鮮明體現，如〈陽貨〉篇：

子曰：「禮云禮云，玉帛云乎哉？樂云樂云，鐘鼓云乎哉？」

從前述《論語》中的「禮」的意涵來看，「禮儀」義仍是孔子的「禮」的常用涵義，則知孔子並非全廢儀文，然而孔子亦不以儀文即足以代表「禮」，從此條引文可見，孔子在對「玉帛」所代表的「禮」的外在儀文進行明確分判後，強調了對「禮」的內義的重視，此亦對時代思潮中「禮儀之辨」的一種發展。如勞思光先生所指出，「禮」之末節固是儀文，但「禮」之本義不在此末節中，故孔子尤為重視「禮之本」〔註21〕：

林放問禮之本。子曰：「大哉問！禮，與其奢也，寧儉；喪，與其易也，寧戚。」（〈八佾〉）

孔子對林放之問「禮之本」表示了極大的肯定，乃謂「大哉問」，可見林放問到了關於「禮」的根本問題、核心問題，孔子繼而指出，與其講求奢華的禮儀排場，寧可遵循節儉的原則，因為節儉是為美德，才是禮之所本。同樣，喪禮的根本乃在於體現服喪者內心的哀戚，故孔子又謂：

子曰：「麻冕，禮也；今也純，儉。吾從眾。拜下，禮也；今拜乎上，泰也。雖違眾，吾從下。」（〈子罕〉）

則同樣強調了禮儀背後的道德精神：孔子既不注重固有的儀文，故對於儀文的細節，自然認為是可以改變的，而此種儀文上的改變所遵循的原則，則應是道德的要求，用純儉於用麻，故孔子以為不必拘守傳統；拜上泰於拜下，故即便今之眾人皆拜乎上，而孔子仍堅持傳統。可見，孔子對傳統「禮」的態度，乃是一種批判性地繼承，其思想原則實在於對「禮之本」即「禮」所承載的道德精神、道德意義的秉持與發揚。又如〈八佾〉篇：

子曰：「居上不寬，為禮不敬，臨喪不哀，吾何以觀之哉？」

亦明確表達此種思想。而如：

宰我問：「三年之喪，期已久矣。君子三年不為禮，禮必壞；三年不為樂，樂必崩。舊穀既沒，新穀既升，鑽燧改火，期可已矣。」子曰：「食夫稻，衣夫錦，於女安乎？」曰：「安。」「女安則為之！夫君子之居喪，食旨不甘，聞樂不樂，居處不安，故不為也。今女安，則為之！」宰我出。子曰：「予之不仁也！子生三年，然後免於父母之懷。夫三年之喪，天下之通喪也。予也，有三年之愛於其父母乎？」（〈陽貨〉）

〔註21〕勞思光：《新編中國哲學史》（一），頁86。

宰我對「三年之喪」的禮儀制度提出質疑，謂服喪一年即已太久，孔子則叩問其本心，答曰若如此而「食夫稻，衣夫錦」，是否心安？以期宰我領悟禮之本義，然宰我冥頑不靈而曰心安，故孔子批評其不仁，以「三年之喪」乃出於「三年之愛」，可見其人內心無愛，由此，孔子亦明確闡釋出喪禮背後的孝道內義。

又，孔子思想中關於「德」、「禮」的統一關係亦有體現，如《左傳·定十年》載齊、魯夾谷之會而孔子相禮，會後齊侯將享公，孔子乃據禮相拒：

> 孔丘謂梁丘據曰：「齊、魯之故，吾子何不聞焉？事既成矣，而又享之，是勤執事也。且犧、象不出門，嘉樂不野合。饗而既具，是棄禮也；若其不具，用秕稗也。用秕稗，君辱；棄禮，名惡。子盍圖之！夫享，所以昭德也。不昭，不如其已也。」乃不果享。

其中即明確論及政教層面上的「德」、「禮」之內外統一的關係，即所謂「夫享，所以昭德也」，若不能昭德，則不如不用禮。但除了此種從政教意義上對二者統一關係的闡述，實際上，孔子對「德」、「禮」統一關係做出的最重要的推進，乃在於將二者在個人修身層面進行統一，此從前引孔子對君子理想人格的描述中已可見，如以「禮」與「義」、「信」、「勇」等德目並舉而共成君子修身之追求。不過，因孔子的學說乃是以「仁」的概念代替「德」概念而用以描述個體道德修為的理想境界，故孔子對德、禮統一關係在個體修身層面的推進，實主要體現在「禮」與「仁」的統一關係上，本文第二節將對此另行詳述。

參、傳統與現實的其他若干影響

以《論語》與《左傳》所載相關內容對照，又可追索到傳統與現實對孔子德、禮思想所產生的其他若干影響[註22]。具體而言，其一，孔子對其中心概念的一些論述乃是直接吸收傳統思想而來，如《論語·顏淵》篇云：

> 仲弓問仁。子曰：「出門如見大賓，使民如承大祭。己所不欲，勿施於人。在邦無怨，在家無怨。」

其中以「出門如見大賓，使民如承大祭」來描述何謂「仁」，而此言論又見於《左傳·僖三十三年》所載晉大夫臼季之語：

> 初，臼季使過冀，見冀缺耨，其妻饁之，敬，相待如賓。與之歸，

[註22] 此部分亦將一些有關「仁」的論述納入，「仁」與「德」有著極為密切的關係，詳見後文。

言諸文公曰：「敬，德之聚也。能敬必有德，德以治民，君請用之。
　　臣聞之，出門如賓，承事如祭，仁之則也。」
臼季向晉文公舉薦冀缺，以其能敬有德，所謂「出門如賓，承事如祭，仁之則
也」，即言「敬」為「仁之則」之意，此語與孔子「出門如見大賓，使民如承
大祭」基本相同，而臼季之言在春秋早期，且從其謂「臣聞之」可見，此語或
為先哲或為其時賢者所云，而在春秋早期即已流傳。徐復觀先生亦注意到
《左傳》這一內容，而謂孔子之語當係臼季所聞者而來，且將其詮釋為「以
禮為行仁的工夫」，故臼季所言即孔子此種「禮」、「仁」思想之所本〔註23〕。
又如《論語・顏淵》篇孔子謂：

　　克己復禮為仁。

此語亦見於《左傳・昭十二年》孔子對楚靈王的評價中：

　　仲尼曰：「古也有志：『克己復禮，仁也。』信善哉！楚靈王若能如
　　是，豈其辱於乾谿？」

而如孔子所自謂，「克己復禮為仁」之論述是出自「古志」，是傳統思想所固
有。又如孔子關於「禮」與「義」關係的論述，《論語・衛靈公》云：

　　子曰：「君子義以為質，禮以行之，孫以出之，信以成之。」

勞思光先生即指出，「義以為質，禮以行之」二語，乃「攝禮歸義」之理論：
「義」是「禮」之實質，「禮」是「義」之表現〔註24〕。實際上，在《左傳》
所載孔子相關言論中，此關係又被簡言為「禮以行義」，語在《左傳・成二年》：
其時衛人仲叔于奚因功獲賞邑，卻辭邑而請曲縣繁纓以朝，衛君許之，於是
孔子評價曰：

　　惜也，不如多與之邑。唯器與名，不可以假人，君之所司也。名以
　　出信，信以守器，器以藏禮，禮以行義，義以生利，利以平民，政
　　之大節也。

即明確論述「禮以行義」，且孔子所言「信以守器，器以藏禮」，又可見「信以
守禮」的思想，而此種思想亦見於《左傳・僖二十八年》晉筮史諫晉文公赦曹
伯之語：

　　且合諸侯而滅兄弟，非禮也；與衛偕命，而不與偕復，非信也……
　　禮以行義，信以守禮，刑以正邪，舍此三者，君將若之何？

〔註23〕徐復觀：《中國人性論史》（先秦篇），頁 48～48、52、63。
〔註24〕勞思光：《新編中國哲學史》（一），頁 85～86。

晉筮史之「禮以行義，信以守禮」的言論乃在春秋早期，結合春秋時人對「德」、「禮」及諸德目廣泛討論的情形可知，此類對「禮」、「義」、「信」之間關係的論述當在孔子之前即已普遍流行。

其二，同時代賢者的思想對孔子德、禮觀的形成亦曾產生直接影響。如《論語》所載，孔子是一位好學之人：「十室之邑，必有忠信如丘者焉，不如丘之好學也」(〈公冶長〉)，且如弟子子貢謂：「夫子焉不學？而亦何常師之有？」(〈子張〉)，孔子亦謂「三人行，必有我師焉，擇其善者而從之，其不善者而改之」(〈述而〉)，可見孔子學無常師，唯處處虛心好學，故曾向同時代多位賢者請教學問。《左傳》昭十七年即載，其年秋，郯子朝魯，叔孫昭子問其上古少皞氏以鳥名官之故，郯子熟知掌故，如數家珍，於是孔子乃問官學於郯子：

> 仲尼聞之，見於郯子而學之。既而告人曰：「吾聞之：『天子失官，官學在四夷』，猶信。」

官學即政治、官職制度之學，是禮學的重要內容，可見孔子是向郯子學過禮學的，且不因郯為夷而輕視之。又如，據前引《左傳・昭五年》魯昭公如晉「不失禮」，至晉侯謂其「善於禮」可知，魯昭公是熟知禮儀的，然而當時賢者多評論他並不真正知禮，不過「屑屑焉習儀以亟」〔註25〕，《論語・述而》篇亦有載與此相關者：

> 陳司敗問昭公知禮乎？孔子曰：「知禮。」孔子退，揖巫馬期而進之，曰：「吾聞君子不黨，君子亦黨乎？君取於吳為同姓，謂之吳孟子。君而知禮，孰不知禮？」巫馬期以告。子曰：「丘也幸，苟有過，人必知之。」

孔子答陳司敗之問而謂魯昭公知禮，然而陳司敗亦指出，昭公娶同姓為夫人實為不知禮，孔子得聞後，虛心接受了批評，且謂自己有幸而能改過，此既可見孔子對學問所始終秉持的批判精神，無論對待傳統、現實還是自己本身，皆始終具批判精神，又可見孔子正是在與同時代人的思想互動中，不斷發展著自己的學說。

〔註25〕此《左傳》魯昭五年晉大夫女叔齊語。又如《公羊傳》昭公二十五年「齊侯唁公于野井」下，載魯昭公應對之辭及孔子曰「其禮與？其辭足觀矣」，既可見魯昭公熟知禮辭儀文，亦如孔廣森釋義謂，此「譏昭公不知禮之本而盛儀文辭是亟。」參見〔清〕孔廣森：《公羊春秋經傳通義》（上海：上海古籍出版社，2002年《續修四庫全書》影印清嘉靖雙軒孔氏刻本），頁159。

　　另如與孔子同時代的鄭大夫子產，是孔子所特別敬愛的一位賢者，他的言行、思想亦對孔子德、禮觀的形成產生影響，如《論語・公冶長》載：

> 子謂子產，「有君子之道四焉：其行己也恭，其事上也敬，其養民也惠，其使民也義。」

此不僅是孔子對子產的德行評價，亦可謂孔子乃以子產的品行為實例，對「君子之道」進行了具體論述；其中充滿對子產的稱讚，亦可見子產其人實成為孔子心目中的道德典範之一。又如《左傳・襄三十一年》載子產不毀鄉校而孔子作出評論：

> 鄭人遊于鄉校，以論執政。然明謂子產曰：「毀鄉校何如？」子產曰：「何為？夫人朝夕退而游焉，以議執政之善否。其所善者，吾則行之；其所惡者，吾則改之，是吾師也。若之何毀之？我聞忠善以損怨，不聞作威以防怨。豈不遽止？然猶防川。大決所犯，傷人必多，吾不克救也。不如小決使道，不如吾聞而藥之也。」……仲尼聞是語也，曰：「以是觀之，人謂子產不仁，吾不信也。」

可見子產之秉持忠善而非作威以防民怨，得到了孔子極大的肯定，乃上升到「仁」的層面進行評論，在這種評價中，實豐富了孔子「仁」概念的意義。另如《左傳・昭十三年》載平丘之盟中子產據周禮爭承，「自日中以爭，至于昏」，而孔子評價謂「合諸侯，藝貢事，禮也」，亦藉此闡釋了孔子對「禮」的理解。因著對子產的敬愛，故及子產卒，仲尼聞之，乃出涕曰：「古之遺愛也」（《左傳・昭二十年》），實可見子產的道德人格對孔子的一種深刻影響。

　　此外，諸如現實政治亦對孔子思想產生重要影響，從《左傳》、《論語》中可見，其對孔子禮學思想的影響尤為明顯，如《左傳・襄二十七年》載宋之會上宋人享趙文子，「司馬置折俎，禮也」，而「仲尼使舉是禮也，以為多文辭」，可見孔子對於現實政治中有禮的情形，能及時在其教育中加以發揚與繼承；又如《左傳・定十二年》載「墮三都」事件，哀十四年齊陳恒弒君而孔子「三日齊，而請伐齊三」〔註26〕（亦見於《論語・憲問》），則皆可見對於現實政治中無禮的情形，孔子則能以身踐行禮義，力圖挽救，雖則屢遭失敗，然正是在此種與現實之互動中，成就了孔子對於禮義的堅定信仰與其禮學思想的深刻性。

〔註26〕陳恆弒君為魯哀十四年「獲麟」之後的史事，為《左傳》「續經」部分的內容，因能鮮明體現孔子思想與現實政治的互動，故特加引用。

要之,孔子的「德」、「禮」思想根植於時代思想觀念之中。時代「德」、「禮」概念的範疇,「德」、「禮」觀的意義演變趨勢,傳統和同時代賢者的思想等因素,皆成為孔子「德」、「禮」觀形成的諸多「前理解」,加之與現實的互動,共同構成孔子「德」、「禮」思想視域的重要方面。孔子正是在時代造就的「前理解」的基礎上,沿著「德」、「禮」觀念史的發展趨向而進一步推動其歷史進程,從而做出階段性的總結,以形成其學說的中心概念體系,為其學說奠定了最重要的理論基礎。

第二節　孔子對時代「德」、「禮」觀的創新與轉化

孔子是周文傳統的擁護者、繼承者,此點為學人所公認,他對待傳統信仰的態度,曾自述為「述而不作,信而好古」(〈述而〉),故常有人認為孔子是守舊的,不創作的,然而,孔子之所以偉大,實在於他不僅擔當了繼承傳統之大任,且在繼承的基礎上予以重大的創新,故可謂孔子正是以創新來繼承傳統的。如馮友蘭先生指出,孔子之「述而不作」,實為「以述為作」〔註27〕,此從《論語》中處處可見,如〈為政〉篇:

> 或謂孔子曰:「子奚不為政?」子曰:「《書》云:『孝乎惟孝,友于
> 兄弟,施於有政。』是亦為政,奚其為為政?」

孔子以六藝教,此處孔子講《尚書》,不只是述其文句,而注重從其中有關道德的教訓引申,融入自己的學說,從而為經典賦予了新的意義。又如講詩,春秋時期貴族有賦詩之風尚,尤其外交、禮儀場合等正式場合,常賦詩寓意以為往來應對之辭,孔子亦承繼此種傳統,故教伯魚而謂「不學詩,無以言」,然而孔子亦更多地將《詩》的內容引入自己的學說解釋中,如〈八佾〉篇:

> 子夏問曰:「『巧笑倩兮,美目盼兮,素以為絢兮。』何謂也?」子
> 曰:「繪事後素。」曰:「禮後乎?」子曰:「起予者商也!始可與言
> 詩已矣。」

即與子夏以《詩》言禮意,又如前引子貢以《詩》「如切如磋,如琢如磨」句與孔子論「富而好禮者」,亦皆落在道德修身之意義上,故孔子嘗謂:

> 小子!何莫學夫詩?詩,可以興,可以觀,可以群,可以怨。邇之
> 事父,遠之事君。多識於鳥獸草木之名。(〈陽貨〉)

〔註27〕馮友蘭:《中國哲學史》(上),頁89〜93。

正可見孔子詩教的意義是多重的，既注重《詩》本身的文學價值、知識價值等，亦注重發揮其中的道德倫理價值。要之，從孔子引述六藝的情形即可見，孔子乃將傳統文化賦予自己學說的意義詮釋，從而對傳統做出了創新發展。這樣的創新實是系統性的，乃以孔子學說的基本主張為貫穿，正夫子所謂「吾道一以貫之」(〈里仁〉)，而其中心概念作為基本主張的基點，亦是孔子在「前理解」的基礎上作出重大創新而成。

　　因此，在論述了時代「德」、「禮」觀對孔子思想產生的具體影響後，本節的側重點則在於探討，孔子是如何對時代「德」、「禮」觀作出意義轉化與創新升華的，本文以為，孔子思想進一步推動了時代「德」、「禮」觀念史的進程，對這兩個觀念作出了里程碑式的總結、突破性的轉化與升華，從而形成其學說中「仁」、「禮」之中心概念的意義。簡而言之，如韋政通先生所論，孔子的「仁」、「禮」觀念的意義創新，是將「原先只代表一種美德的『仁』，經由創變而成為道德的最高原理」，並以「仁」為「禮」賦予了「內在而具體的理性根據」，「禮」則為內在理性外在的形式〔註28〕。此種意義創新實與時代「德」「禮」觀的發展進程緊密相連，故本文基於觀念史的演進背景，將孔子「仁」、「禮」二者的意義創新歸為兩點：其一，以「仁」代「德」；其二，攝「禮」歸「仁」〔註29〕。以下具論之。

壹、以「仁」代「德」

　　「仁」觀念是孔子學說之中心，故孔學又稱作「仁學」，《論語》中談到「仁」的有59章，「仁」字出現達105次。孔子的「仁」，乃是一純粹的倫理道德概念，它顯著地標示著孔子學說以道德為中心的特質，而此種道德義的發展，正與春秋中晚期「德」觀念的意義演進直接相關。本文以為，要了解孔子「仁」概念的創新所在，須先了解孔子的道德學說是如何對時代「德」觀念的個體內化進程做出進一步推動的。

一、孔子對「德」之「道德」義的發展

　　如前所述，隨著「德」觀念倫理性意義的拓展，至春秋中晚期，「德」的倫理價值越來越多地落到個體道德修身層面被加以討論，「德」觀念日益去除

〔註28〕韋政通：《中國思想史》(上)，頁43。
〔註29〕「攝禮歸仁」為勞思光先生所總結，參見勞思光：《新編中國哲學史》(一)，頁90。

其外在的天命約束（宗教性）與功利性驅動，其意義從「他律」日益走向個體道德自覺之「自律」。孔子思想則將此種「道德」義的進展推進得更遠更為徹底，此從孔子學說之特重個體道德自覺精神的特色可見。孔子學說對道德自覺的強調，突出體現在孔子道德學說的去功利性，以及將「反求諸己」立為道德實踐理論之基點等方面，其中，「去功利性」是從反面指涉的「去他律性」，而「反求諸己」則是從正面體現道德主體的自主性。

在孔子之前，雖則「德」觀念的倫理價值日漸走向個體之內化，但個體之修「德」，並非已完全是「道德自覺」，時至春秋晚期，時人的「德」觀念中亦仍常見「他律」的性質，如《左傳・昭十年》齊國內亂，欒、高氏敗，陳、鮑分其室，晏子乃諫陳桓子致邑於公，而曰：

> 讓，德之主也。讓之謂懿德。凡有血氣，皆有爭心，故利不可強，
>
> 思義為愈。義，利之本也。蘊利生孽。姑使無蘊乎！可以滋長。

晏子勸陳桓子秉持謙讓之德，在義、利二者間選擇德義，然而其「思義為愈」的主張，乃是建立在「義」為「利之本」的基礎上，即以講求德義來獲取「滋長」之利，顯見此種德義思想的功利性質。又如魯昭二十八年叔向之母勸叔向毋娶申公巫臣之女，乃謂「苟非德義，則必有禍」，則以無德而將受禍，亦可反觀其持「德」的他律性質，亦是一種功利性質。

然而，孔子的道德學說則是完全去功利性的，〈子罕〉篇謂：「子罕言利」，即見孔子必不從「利」設說，且孔子明確指出功利主義的害處：「放於利而行，多怨」（〈里仁〉）。孔子道德學說去功利性最突出的體現，則是對「義」、「利」概念作出明確界分，並主張君子之道德修身當摒棄利益驅動，此如：

> 子曰：「君子喻於義，小人喻於利。」（〈里仁〉）

> 子曰：「⋯⋯見利思義。」（〈憲問〉）

> 孔子曰：「君子有九思⋯⋯見得思義。」（〈季氏〉）

「義」，是德目之一，且是一種是非標準；「利」（「得」）則如勞思光先生所論，是一個「收穫問題或效果問題」〔註30〕，人當以做正確的、正當的事為導向，即當以道德追求來決定行為，還是以利益目標來決定行為，是涉及人生價值的問題，而孔子乃專注於道德價值導向，而摒棄利益導向。故〈微子〉篇子路以隱者不仕為「無義」，而謂：

〔註30〕勞思光：《新編中國哲學史》（一），頁85。

> 君子之仕也，行其義也。道之不行，已知之矣。

此實為孔子本人踐道之真實寫照，孔子以君子之仕為行其「義」，「道之不行，已知之矣」，則可見孔子在盡力踐行德義時，並非就成敗著眼，明知「道之不行」，仍須行其「義」，此正石門晨門謂孔子「知其不可而為之者」（〈憲問〉）之由。此種價值取向亦董仲舒所謂「正其道不謀其利，修其理不急其功」〔註31〕，在孔子而言，道之果行與否，是「利」也，「功」也，不是行為的出發點。換言之，道之「行」或「不行」，是利益結果的問題；道之「應行」，則是價值是非的問題，孔子的道德學說首要強調的是價值問題，是去功利的。

又，孔子不僅去除修德的功利驅動，主張履行純粹的道德，且對於道德的實踐提出了系統的方法論，而此道德實踐理論乃特重「反求諸己」的道德自覺精神。實際上，如前所論，在孔子之前，吾國文化中本已有反躬自省的道德精神傳統，但至孔子，乃將「反求諸己」融入其系統性的道德學說中，而樹立為其道德實踐理論的基點，此學者亦將孔學稱作「為己之學」〔註32〕之故。如徐復觀先生謂，孔子主張立德，「立德則須追向一個人的行為的動機，所以立德特重內省，亦即是自己認識自己的反省」〔註33〕，「反求諸己」，即是在道德修為上要求自己，提昇自己，而非要求他人，尋求他助，故對「反求諸己」的強調，凸顯了孔子學說對道德之「自覺」、「自律」精神的特別重視。如〈衛靈公〉篇謂：

> 君子求諸己，小人求諸人。

又如〈顏淵〉篇：

> 司馬牛問君子。子曰：「君子不憂不懼。」曰：「不憂不懼，斯謂之
> 君子已乎？」子曰：「內省不疚，夫何憂何懼？」

「內省不疚」即求諸自身，從道德修為上不斷要求與提昇自己，以此而達不憂不懼之精神境界。又如〈憲問〉篇：

> 子路問君子。子曰：「修己以敬。」曰：「如斯而已乎？」曰：「修己
> 以安人。」曰：「如斯而已乎？」曰：「修己以安百姓。修己以安百
> 姓，堯舜其猶病諸！」

〔註31〕〔清〕蘇輿：《春秋繁露義證》（北京：中華書局，1992 年 12 月第 1 版），頁
　　　　268。
〔註32〕趙師中偉：〈孔門「為己之學」的闡釋──以《論語》為例〉，未刊稿。
〔註33〕徐復觀：《中國人性論史》（先秦篇），頁 75。

孔子答子路之問君子，三以「修己」為前提，可見無論道德修為如何步步提升，其基點仍在於反躬自律。

孔子之學乃以「仁」為最高道德追求，而「仁」的具體涵義，孔子亦常從「修己」立論，如《顏淵》篇孔子答仲弓問仁而謂「己所不欲，勿施於人」，孔子與子貢論仁而謂「己欲立而立人，己欲達而達人」；又如孔子論為仁的方法，亦是從「自我」出發：

  子曰：「仁遠乎哉？我欲仁，斯仁至矣。」（〈述而〉）

  子曰：「……為仁由己，而由人乎哉？」（〈顏淵〉）

此即見「仁」的實現，乃出自「己」，即出自個體之自我，而非自外，是個體的一種純粹自覺的道德活動。

要之，春秋時期「德」觀念倫理價值的個體內化進程發展至孔子，其倫理道德義得到了徹底的提昇與發揚，個體的踐「德」完全演進為道德自覺，在孔子道德學說中，君子之修德，非出自天命，非出自功利，非出自他人，乃是完全出自個體內在的精神追求，是從個體自身出發、高度自覺的道德行為。此正可見，孔子思想沿著時代「德」觀念之「道德」義的發展進程，在個體修身層面落實得更為徹底，實對此種觀念史進程做出了階段性的總結與升華。

二、以「仁」代「德」為學說最高本體

綜觀周初至孔子之間「德」觀念的意義演變史，在天人關係演變的大背景下，其中人文道德之「德」的演變歷程約如下圖所示：

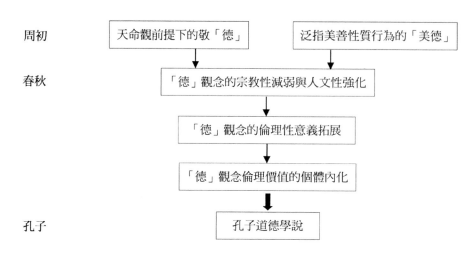

圖一　周初至孔子：人文道德之「德」的意義演變進程

如前已論,孔子道德學說乃是對時代思潮中「道德」之「德」的進一步發展,然而,孔子學說中最核心的概念、用以統攝諸德的概念,是「仁」而不是「德」。在孔子道德學說中,「仁」作為最高道德追求的意義實直承「德」觀念的內中涵義而來,然則何以孔子不繼承「德」概念而用以建構其學說的核心?本文以為,這首先與春秋時期「德」觀念自身的意涵有關。從前文對《左傳》中「德」觀念的涵義分析可見,春秋時期的「德」觀念有著極為複雜的涵義及寬廣的涵攝面,尤其其具有承自傳統的政教性意義,是孔子之前「德」觀念最重要的一大意義面向,而倫理「道德」義只是「德」的諸多涵義中的其中一個面向——儘管它在春秋時期得到了極大拓展而具有重要的思想史意義。綜觀自周代至孔子的「德」觀念意義發展史,政教之「德」始終是「德」觀念最基本、最重要的一個意義面向:自周初提出敬德觀以來,「德」被確立為最高政教理念,其政教意義已影響深遠,無可淡化;至春秋時期,「德」不僅仍作為政教理念得以普遍尊崇與流行,且隨著「德」觀念人文性的進一步強化,「德政」思想亦被賦予了新的生命力且足以代表吾國政治文化的精神傳統而得以傳承,即便在《論語》中,孔子對政治思想的闡發,亦仍必然性地使用德治的概念,前所舉「為政以德」、「道民以德」、「遠人不服則修文德以來之」等皆是。綜觀自周初至孔子的「德」觀念發展史,此種政教之「德」的意義演進趨勢,乃如下圖所示:

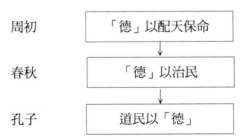

圖二　周初至孔子:政教之「德」的演變進程

由此而觀,若孔子以「德」作為核心概念來建構其道德學說,則如何安置傳統「德」觀念這一濃厚的政教色彩與無可取代的政教意義?故孔子在對「德」之「道德」義作出更進一步的推動後,乃不使用「德」概念來代表個體道德修為上的終極追求,而新提出了「仁」的概念進行替代,進而以「仁」為道德理性本體而建構其道德學說。然而,孔子亦不廢「德」概念,在孔子學說中,乃以「仁」概念專門統攝其道德學說的部分,而政治上「德治」思想的部分則仍

沿用「德」的概念。正由於在學說的理論建構上，「仁」、「德」的意義實已分途：「仁」乃是孔子學說所新創的本體性概念，道德之「德」仍作為常識意義加以使用，本質上並不混淆，故「德」觀念原本固有的其他涵義如德命、德性等義，亦仍在孔子言論中得以保留。

進而須說明的是，「仁」概念亦並非孔子所生造。《尚書·金縢》有「予仁若考」〔註34〕，《詩經》中有「洵美且仁」〔註35〕，而如本文第二章第四節所論，《左傳》、《國語》中亦已出現諸多「仁」字，然綜觀其義，在孔子之前，「仁」主要是作為一種具體德目被使用，其主要涵義為「寬仁」、「慈愛」義，而孔子最大的創新，是為之賦予新的意義，極大地擴充其內涵，且去除其原本具有的功利性意義面向，而將「仁」提高到道德主體最高追求的地位，進而以此為中心概念建構系統性的道德學說。此從理論建構角度而言，即如勞思光先生所言，「哲學家不能自創文字，所用詞語，必是已有之文字，但此並非表示哲學家所用之詞語，只有一般用法中之意義。反之，每一哲學家，必選定某些詞語表示特殊意義，由此以顯示其理論」，因此，「某一字原先是何意義，是一問題；此字在某一思想系統中，或某一哲學家理論中，是何意義，則是另一問題。」〔註36〕孔子對「仁」的改造亦是如此，「仁」原本只是一種德目，其意義並未高於其他德目，但到了孔子學說中，則已是最高的道德追求，是為最重要的道德價值，如《論語》中載：

> 子曰：「君子去仁，惡乎成名？君子無終食之間違仁，造次必於是，顛沛必於是。」（〈里仁〉）

> 子曰：「志士仁人，無求生以害仁，有殺身以成仁。」（〈衛靈公〉）

生命是人之最可珍視者，孔子亦是尊崇生命本身的，如〈述而〉篇子路謂「子行三軍，則誰與？」孔子乃答：「暴虎馮河，死而無悔者，吾不與也。必也臨事而懼，好謀而成者也。」然而，在生死與「仁」的追求之間，孔子乃以成仁貴於生命，故謂「殺身以成仁」；對於君子而言，其道德修身當時時以「仁」為追求，所謂「無終食之間違仁」。此皆可見「仁」在孔子處，已然成為最重要的道德價值。同時，孔子的「仁」作為對君子理想人格的描述，也是最高層次的道德要求，其道德境界高於諸德目，如〈公冶長〉篇子張與孔子

〔註34〕參見〔清〕孫星衍：《尚書今古文注疏》，頁326。
〔註35〕參見〔清〕阮元校刻：《十三經註疏·毛詩正義·鄭風·叔于田》，頁163。
〔註36〕勞思光：《新編中國哲學史》（一），頁87。

這段對話：

> 子張問曰：「令尹子文三仕為令尹，無喜色；三已之，無慍色。舊令
> 尹之政，必以告新令尹。何如？」子曰：「忠矣。」曰：「仁矣乎？」
> 曰：「未知，焉得仁？」「崔子弒齊君，陳文子有馬十乘，棄而違之。
> 至於他邦，則曰：『猶吾大夫崔子也。』違之。之一邦，則又曰：『猶
> 吾大夫崔子也。』違之。何如？」子曰：「清矣。」曰：「仁矣乎？」
> 曰：「未知。焉得仁？」

可見在孔子心目中，「忠」、「清」等德皆未及「仁」的境界。又如〈憲問〉篇：

> 憲問：⋯⋯「克、伐、怨、欲不行焉，可以為仁矣？」子曰：「可以
> 為難矣，仁則吾不知也。」

又可見去除「克、伐、怨、欲」者，雖則在道德修為上已屬難能可貴，但亦不
能與「仁」相提並論。「仁」的道德境界之高，甚至孔子也是自認為是做不到
的，只是為之永遠不懈追求而已：

> 子曰：「若聖與仁，則吾豈敢？抑為之不厭，誨人不倦，則可謂云爾
> 已矣。」（〈述而〉）

同時，「仁」不僅高於諸德目，且用以統攝諸德目，如前引宰予以三年之喪為
期已久，孔子謂為「不仁」，可見「仁」可包「孝」；又如〈憲問〉篇子曰：

> 仁者，必有勇。勇者，不必有仁。

則可知「仁」可包「勇」。而如〈陽貨〉篇：

> 子張問仁於孔子。孔子曰：「能行五者於天下，為仁矣。」請問之。
> 曰：「恭、寬、信、敏、惠。恭則不侮，寬則得眾，信則人任焉，敏
> 則有功，惠則足以使人。」

及〈子路〉篇：

> 樊遲問仁。子曰：「居處恭，執事敬，與人忠。雖之夷狄，不可棄
> 也。」

又可見「仁」可統攝恭、寬、信、敏、惠、敬、忠諸德目。顯然，在孔子學說
中，「仁」是最高的道德追求；從形上理論意義而言，「仁」乃是一道德理性本
體，而諸德皆為其分化，為其部分之表徵。

然則，「仁」原為一具體德目，何以能被孔子上升至最高道德的地位，進
而用以作為其學說的本體性概念呢？本文以為，此當與「仁」原本具有的意
義有關。從周初至孔子之前，「仁」的涵義約如本文第二章所總結，是一個指

涉以「人」為本的意義的概念，其內涵體現著根本的人倫常理與人道精神，如《國語・周語下》：「言仁必及人」，《左傳・僖三十年》「因人之力而敝之，不仁」，定四年「乘人之約，非仁也」，皆呈現此意；而「仁」之「寬仁」、「慈愛」的具體意涵亦於道德理論方面具有極大的詮釋空間，此從第二章所論自春秋中期「仁」亦漸出現「合德」之意義亦可見；又，從以上「仁」的涵義皆可見，「仁」是一個純粹的人文、倫理概念，不似「信」、「孝」等德目那樣原本皆具有宗教色彩，其內涵指涉與屬性皆不複雜，於概念使用上沒有一種歷史負擔。由此，孔子乃將「仁」從普通德目中提升，為之賦予全新的、豐富的內涵，以其為其學說理論中的道德理性本體。

那麼，孔子的「仁」的意義到底為何？《論語》中孔子從多個角度、多個層面、多種語境下描述了「仁」，其中意義最明確者，可見於以下幾條：

> 顏淵問仁。子曰：「克己復禮為仁。一日克己復禮，天下歸仁焉。為仁由己，而由人乎哉？」（〈顏淵〉）

> 樊遲問仁。子曰：「愛人。」（〈顏淵〉）

> 仲弓問仁。子曰：「……己所不欲，勿施於人。」（〈顏淵〉）

> 子貢曰：「如有博施於民而能濟眾，何如？可謂仁乎？」子曰：「何事於仁，必也聖乎！堯舜其猶病諸！夫仁者，己欲立而立人，己欲達而達人。能近取譬，可謂仁之方也已。」（〈雍也〉）

孔子本著「仁」原所固有的以「人」為本的核心意義，乃從「立己」與「推己及人」兩方面為「仁」賦予了全新的詮釋。「克己復禮為仁」著眼的是「立己」，從人自身的道德修為出發，反求諸己；「愛人」為仁著眼的是「推己」，推己之愛以及於他人，此亦將「仁」原有之「慈愛」義進行演繹，融入到孔子系統性的道德學說中；「己所不欲，勿施於人」是從消極的方面闡釋「推己及人」的內義；「己欲立而立人，己欲達而達人」則從積極之正面闡釋了「推己及人」的要義。要之，孔子的「仁」，是由個人的道德自覺出發，本著同理心，「視人如己，淨除私累之境界」〔註37〕，而成一公心，即成就自己的同時而成就他人。如徐復觀先生所論，「就仁的自身而言，它只是一個人的自覺的精神狀態」，它必需包括兩個方面：「一方面是對自己人格的建立及知識的追求，發出無限的要求。另一方面，是對他人毫無條件地感到有應盡的無限地責任。

〔註37〕此二句為勞思光先生論「仁」，參見勞思光：《新編中國哲學史》（一），頁88。

再簡單說一句，仁的自覺的精神狀態，即是要求成己而同時即是成物的精神
狀態。」〔註38〕

　　從成己到成人，「仁」本身亦是一種不斷修為的動態歷程，其最高的道德
境界則在於博施濟眾，此如〈憲問〉篇孔子論管仲之「仁」：

　　　　子路曰：「桓公殺公子糾，召忽死之，管仲不死。」曰：「未仁乎？」

　　　　子曰：「桓公九合諸侯，不以兵車，管仲之力也。如其仁！如其

　　　　仁！」

　　　　子貢曰：「管仲非仁者與？桓公殺公子糾，不能死，又相之。」子

　　　　曰：「管仲相桓公，霸諸侯，一匡天下，民到于今受其賜。微管仲，

　　　　吾其被髮左衽矣。豈若匹夫匹婦之為諒也，自經於溝瀆，而莫之知

　　　　也。」

管仲捨小義而成大仁，輔相齊桓公「九合諸侯，不以兵車」，使生靈免遭塗炭，
「霸諸侯，一匡天下，民到于今受其賜」，可謂濟眾，故孔子許之為「仁」。而
如前引〈憲問〉篇子路問君子且一連追問其進階，孔子乃先後答以「修己以
敬」、「修己以安人」、「修己以安百姓」，正可見「仁」作為君子的理想人格，
乃有從「成己」而到「成人」、再至「博施濟眾」的層層外推的意義，於其最
高境界，孔子乃謂「修己以安百姓，堯舜其猶病諸！」此正與孔子於「如有博
施於民而能濟眾」者而歎「堯舜其猶病諸」同義。堯舜是孔子心目中最高的
道德典範，而猶為堯舜所病的「博施濟眾」，則是「聖」的境界，即孔子所謂
「必也聖乎」，「聖」，代表的是完善人格的狀態，亦是理論上「仁」的最高境
界，然而，完善的人格是現實中人所達不到的，故只有不斷追向完善人格才
是人的道德精神價值所在──此即「仁」的本質意義，故「仁」是切實可行
的，所謂「能近取譬，可謂仁之方也已」。

　　從孔子的「仁」概念的涵義亦可見，孔子的「仁」是沒有絲毫功利性質
的，是純粹自覺的道德修為與精神狀態，但在孔子之前，「仁」曾有一個強調
功效、功用的意涵面向，如《左傳‧昭二十年》「度功而行，仁也」，《國語‧
周語中》「畜義豐功謂之仁」，《魯語上》「夫仁者講功」等，皆可見此種歷史涵
義，到了孔子，乃完全去除了「仁」的這一意涵面向，此亦體現出孔子道德學
說系統的去功利性。

　　然則，孔子以「仁」代「德」為核心理念而建構道德學說，同時在其學說

〔註38〕徐復觀：《中國人性論史》（先秦篇），頁91。

中亦不廢「德」的概念，那麼，在孔子學說中，「仁」、「德」二者的關係究竟是如何的？前輩學者亦皆留意到，「仁」與「德」的意義既有相同處，亦有其區分。從《論語》可見，「仁」與「德」意義相似者有：「德」可用於指全德，如「德不孤，必有鄰」（〈里仁〉），「仁」亦可用於指全德，如「唯仁者能好人，能惡人」（〈里仁〉），「若聖與仁，則吾豈敢」（〈述而〉）；「仁」可統攝諸德目，「德」亦可統攝諸德目，如「主忠信，徙義，崇德也」（〈顏淵〉）。從觀念史發展角度而論，此實極易解釋：因孔子道德學說是對時代「德」之「道德」義的進一步推動與升華，繼而以「仁」代「道德」之「德」而建構學說，同時其學說中亦不廢「德」概念，故「仁」、「德」二者在意涵上必然存在重合之處。

　　對於「仁」與「德」的意義差異，前輩學者如陳大齊先生乃指出，「仁與眾德是總體與成分的關係」，而「德與眾德是大類與小類間的關係」；「仁」是結合眾德而為一個整體，兼具諸德的內容，故僅有某一德目並不能稱為「仁」；而「德」是「抽取眾德的共同性質而成」，「可以周徧而個別地適用於眾德之上」，故某一德目「無一不可以（單獨）稱之為德」，因此，「簡而言之，仁是集體概念，德是普徧概念」〔註39〕。陳大齊先生的意見乃以《論語》內容為本分析而來，所論可謂精闢，但實際上，從孔子學說內部來尋求「仁」、「德」二者的意義差異，是非常不易的，而若從觀念史發展角度來看，二者的區別卻甚明晰。如前所論，孔子乃以「仁」代「德」而建構學說，因此，在孔子哲學思想中，「仁」是本體，而「德」不是本體；「仁」是孔子創新了的概念，是孔子學說特有的概念，「德」則是常識性的、普遍性的概念，「德」的各種意涵在孔子之前業已成熟且為時人所普遍使用；同時，就時代「德」觀念發展至孔子的「仁」的進程而言，「德」觀念的道德倫理意涵是形成孔子的「仁」的基礎，是後者形成的歷史視域，從常識意義上談論道德倫理時，「德」觀念的範疇是大於「仁」的概念範疇的，故孔子在談及道德以外的問題時，常使用「德」而不使用「仁」來作為人之道德精神品質的總體描述，如〈憲問〉篇子曰：

　　　有德者，必有言。有言者，不必有德。

即以「有德」（而非以「有仁」）與「有言」比照：「德」為人內裡的道德修為，「言」則為人發之於外的思想表徵，「言」為言論，不屬於道德的範疇，故以

「德」為道德品質、修為之總稱而與之相對。又如孔子從事教育而立「德行」、「言語」、「政事」、「文學」之四科，後三者皆道德學說之外的專門科目，而以「德行」科來標識孔子的仁學教育。可見，在孔子學說中，「仁」概念作為本體的地位雖高於「德」，但「德」概念的範疇仍大於「仁」的範疇。

　　基於以上理解，再用以詮釋《論語》中「仁」、「德」並立的內容時，二者的意義差異則顯得相對清楚，如〈述而〉篇：

　　　　子曰：「志於道，據於德，依於仁，游於藝。」

此中「道」指正道、常理，即普遍性法則，此亦《論語》中孔子談及價值意義上的「道」概念的主要涵義〔註40〕；「藝」指六藝為代表的知識體系；而「德」與「仁」則皆屬道德學說範疇，意義似相近，但實際上，孔子此處言「德」，乃指總括眾德意義的「德」，是普遍性意義上的「德」，而「仁」則為孔子學說中的特定概念，是為道德理性本體。故以上概念中，「道」、「德」二者是從普遍性意義而言、是常人所共知的價值理念，前者側重表達「普遍原理」，後者側重表達「道德價值」；「藝」則是就知識論而言的學知理念；而「仁」，卻是孔子從自身思想立說，是孔子學說標誌性的特色理念。

　　總言之，本文提出，孔子思想在對時代「德」觀念之倫理「道德」義作出進一步推動後，乃以「仁」代「德」而構建了自己的系統性道德學說。孔子不用「德」而用「仁」作為學說的核心概念，其一與「德」觀念本身複雜的歷史涵義尤其根深蒂固的政教意義有關，雖然春秋時期「德」之「道德」義得到了極大拓展，但「道德」義所代表的倫理性仍不能取代「德」的政教性的地位，思想家既難以對「德」觀念進行徹底的改造和意涵轉化，亦無此必要，故孔子於政治思想上亦是繼承傳統德治思想的；其二則與「仁」概念原本的意涵相關，在孔子之前，「仁」概念即形成以「人」為本、「寬仁慈愛」的意涵，孔子正是在此基礎上，將作為具體德目的「仁」進行意義轉化，賦予其全新的、豐富的內涵，去除其功利性意義面向，將其提高至最高道德追求的地位，以

〔註40〕《論語》中的「道」，不似《老子》的「道」具有形上本體的性質，孔子所言「道」，主要有三個層面的意思，一是事實上的「道路」，如「予死於道路乎」（〈子罕〉）、「道聽而塗說」（〈陽貨〉）中的「道」，二是由事實道路引申出的人所經由以達某一目標的思想路徑，如「道不同，不相為謀」（〈衛靈公〉）中的「道」，三是價值意義上之應當履行的正道常理，此為孔子「道」概念最主要的意義，如「朝聞道，夕死可矣」（〈里仁〉）、「士志於道」（〈里仁〉）、「吾道一以貫之」（〈里仁〉）、「君子道者三」（〈憲問〉）中的「道」，諸「有道」、「無道」之「道」等等。可參陳大齊：《孔子學說論集》，頁 25～27。

至作為其思想理論中的最高本體，用以建構道德學說。此外，雖則孔子學說以「仁」代「德」而作為核心概念，但孔子亦不廢「德」概念，二者意義有其重合處，然亦已有本質性的區別。

貳、攝「禮」歸「仁」

在對待時代「禮」觀念上，孔子學說的創新則體現在對「禮」的精神內義的做了進一步的深化，並最終攝「禮」歸「仁」。本章第一節已論前者，此則專論後者。前已提到，孔子對「德」、「禮」統一關係做出的最重要推進，在於將二者在個體修身層面進行統一，但因孔子學說是以「仁」代「德」而用以描述個體道德修為的理想境界，故孔子對「德」、「禮」之統一關係的推進，實體現在「仁」、「禮」的統一關係上。

如前所論，春秋時代思潮中「德」、「禮」的統一關係呈現出複雜性，有時是並列關係，有時互為表裏關係，有時甚而混然不可分，其落在個體修身層面亦是如此，然而，在孔子道德學說中，「仁」與「禮」的統一關係則是很清楚的，「仁」既是最高本體，故說「禮」亦歸入「仁」的內容中，具體而言，二者的關係為：「仁」以「禮」為表，為不可或缺的外在約束；「禮」則以「仁」為裡，且為「仁」所引領；綜而言之，則如勞思光先生所提出的，是為攝「禮」歸「仁」。

所謂「禮」以「仁」為裡，是指「仁」是「禮」的內在的理性依據。前文曾涉孔子思想中「禮」與「義」的關係，論及孔子承繼時代思潮中「禮以行義」的思想，而謂「義以為質，禮以行之」（〈衛靈公〉），似孔子之「禮」亦以「義」為內質，然而，歸根到底，「義」作為德目，亦為「仁」所統攝，正如徐復觀先生所云，孔子對於「禮」的價值的最基本規定，是比「義」更深一層的「仁」，因為孔子的統一的理念是「仁」而不是其他〔註41〕，此種攝「禮」歸「仁」的思想，明確見於〈八佾〉篇：

> 子曰：「人而不仁，如禮何？人而不仁，如樂何？」

可見，「仁」是「禮」的內在基礎與依據，在孔子開拓的道德人文世界中，「仁」是最基本的原理，人若喪失了內在的道德理性，則禮的秩序或儀節、樂的文飾或輔助皆失去了意義。此亦如韋政通先生所言，「可以看出，孔子是要以仁作為禮在人心中的根據，這樣，當外在的禮文形式僵化或崩壞時，則可由仁

〔註41〕徐復觀：《中國人性論史》（先秦篇），頁 90。

心賦予新生的動力予以救治。」〔註42〕即孔子面對「禮壞樂崩」的現實而提出以「仁」為本體以建立新的禮學，故為「禮」注入「仁」的內質。又如〈八佾〉篇子夏與孔子以詩言禮，亦可從此種意義上理解：

> 子夏問曰：「『巧笑倩兮，美目盼兮，素以為絢兮。』何謂也？」子曰：「繪事後素。」曰：「禮後乎？」子曰：「起予者商也！始可與言詩已矣。」

「素」，如宋朱熹《四書集注》謂：「粉地，畫之質也」，「絢」則「采色，畫之飾也」；「後素，後於素也」，「繪事後素」即《考工記》曰：「繪畫之事後素功」，「謂先以粉地為質，而後施五采，猶人有美質，然後可加以文飾」〔註43〕，而「禮後」則為「禮」在後之意，子夏提出「禮後乎」而孔子大加讚賞，是肯定以「禮」為後，則在「禮」之前尚有一本體：此即「仁心」，故子夏乃以詩中「碩人」之「倩」、「盼」、「絢」及「繪事」所施五采以寓禮文之美，而悟此禮文須有「素」之質地即「仁」為其內裡，才得成就其價值，否則將喪失其價值。

「禮」以「仁」為裡，是為攝「禮」歸「仁」的一個意義面向，同時，「仁」亦以「禮」為表，則為攝「禮」歸「仁」的另一個意義面向。所謂「仁」以「禮」為表，即仁作為道德之追求，亦需要外在的「禮」來約束，《論語》於此表述得亦極為清楚，如〈衛靈公〉篇：

> 子曰：「知及之，仁不能守之；雖得之，必失之。知及之，仁能守之。不莊以涖之，則民不敬。知及之，仁能守之，莊以涖之，動之不以禮，未善也。」

可見道德主體即便做到以「仁」守之，若不加以「禮」的外在約束（或文飾），則仍未能盡善，故為仁終須有禮。更進一步，「仁」以「禮」為表，不僅守仁不以禮是「未善」的，且「禮」實是不可或缺的，如〈泰伯〉篇：

> 子曰：「恭而無禮則勞，慎而無禮則葸，勇而無禮則亂，直而無禮則絞。」

「恭」、「慎」、「勇」、「直」諸德若無「禮」的節制約束，則皆有轉為惡德的可能，而「恭」、「慎」、「勇」、「直」諸德實為「仁」所統攝，此亦言「仁」必須

〔註42〕韋政通：《中國思想史》（上），頁78。
〔註43〕〔宋〕朱熹：《四書章句集注》（北京：中華書局，1983年10月第1版），頁63。

接受「禮」的節制，以其為內在理性的外在形式。實際上，「禮」於「仁」而言乃佔有不可或缺的地位，孔子是進行了直接論述的，見於〈顏淵〉篇：

> 顏淵問仁。子曰：「克己復禮為仁。一日克己復禮，天下歸仁焉。為
> 仁由己，而由人乎哉？」顏淵曰：「請問其目。」子曰：「非禮勿視，
> 非禮勿聽，非禮勿言，非禮勿動。」

此處孔子說「仁」而落在「禮」上，以「禮」詮解「為仁」的方法。其中，「克己」強調的是個體內在的道德自覺，而「復禮」則明示「為仁」的外在表現。孔子進而以「非禮勿視，非禮勿聽，非禮勿言，非禮勿動」為「克己復禮」之細目，可見，「禮」當為「仁」的決定標準，如陳大齊先生所論，由此推之，「仁亦當接受禮的指導，有合於禮，才成真正的仁，不合於禮，祇是似仁而實非仁。」〔註44〕故孔子學說之中心概念中，「仁」為本體，為「禮」的內在理性依據，而「禮」亦為「仁」不可或缺的外在節制、約束，此所謂「仁」以「禮」為表的真正意義。

然而，須指出的是，「禮」與「仁」相對，呈現出一種外在約束的性質，但與時代思潮中的「禮」觀念相比，孔子對「禮」的實踐卻是一種內發的行為，即孔子的「禮」，是經過了內面化的一種外在約束體系。在春秋時代思潮中，「禮」的終極來源被詮釋為出自「天」，即出自「外在」，而孔子的「禮」乃出自道德主體之內心，是內發的，故〈八佾〉篇林放問「禮之本」，孔子乃謂「禮，與其奢也，寧儉；喪，與其易也，寧戚」，即見孔子乃將「禮」的根本置於人的道德與內心。而如《左傳·成十三年》所載劉子之語，則突出體現春秋時代思潮中「禮」的意義，其謂：

> 民受天地之中以生，所謂命也。是以有動作禮義威儀之則，以定命
> 也。能者養以之福，不能者敗以取禍。是故君子勤禮，小人盡力。

「民受天地之中以生」的「命」，是人人皆有的，劉子提出「動作禮義威儀之則」的產生，是用以「定命也」，即劉子認為「禮」的產生是為了「定命」，這樣的「禮」，乃是一種強制性的外在約束，且有著功利性的目的——「禮」所定之「命」是與福、禍直接相關的，這與孔子的「禮」有著本質區別，如徐復觀先生所指出，「劉子的禮只是外鑠的方法」，而孔子的「禮」則是「以禮來克掉各人仁心由內顯現的障礙。」〔註45〕即，孔子的「禮」不只是外在於人性

〔註44〕陳大齊：《孔子學說論集》，頁64。
〔註45〕徐復觀：《中國人性論史》（先秦篇），頁60～61。

的條文和形式，由於孔子賦予了「禮」以內在的「仁」的基礎，使得禮的實踐成為了內發的行為，最終達到自我控制的地步，而非由外在驅動或強制。

要之，春秋時期「德」、「禮」觀的倫理價值之個體內化的演變進程，到了孔子處而有了歷史性的總結與創新轉化，在孔子學說中，「仁」概念的提出，成為「德」之倫理「道德」義進展的成熟標誌，「仁」成為了道德理性本體；由此本體生發，在「仁」、「禮」關係上，孔子學說乃攝「禮」歸「仁」，以「仁」為「禮」的內在理性依據，而「禮」則為道德理性的外在形式，由此將「禮」的內義亦整合統一到「仁」學中。

參、從內在到外在的價值實現之途的開創

通過以「仁」代「德」、攝「禮」歸「仁」，孔子建構了其學說的基本中心概念體系，以此為中樞發動，乃實現哲學上的一種「內向超越」。具體而言，這一「內向超越」體現在以下方面：

首先，孔子由此開闢了內在的人格世界〔註 46〕。在孔子之前，春秋「德」、「禮」觀雖然皆呈現出一種從「外在」向「內在」的意義發展進程，即道德之「德」經由從外在「他律」走向內在「自律」，「禮」的意義亦從外在制度層面走向精神內義的深化，走向個體之內化，然而，這種演變尚不徹底，無論履行「德」或「禮」，時人思想中仍存有或多或少的外在「他律」性，即便有少數賢人君子秉持道德之自覺或以「禮」為立身原則，亦只可視為一種可貴的人文修養，而尚未在其思想中形成一種系統性理論，然而到了孔子，乃對傳統與時代思潮中零散分佈的「德」、「禮」思想進行了總結與質的升華，進一步推動了時代「德」、「禮」觀念在倫理層面走向個體內面化的發展趨勢，於是以「仁」代「德」為道德理性本體，同時攝「禮」歸「仁」，建構起系統的道德學說。孔子的「仁」是去宗教性、去功利性的，以「反求諸己」作為其道德實踐理論的基點，是道德主體純粹自覺的活動與精神狀態，由此，他開闢了個人生命意義中內的道德宇宙，如徐復觀先生指出，「人只有發現自身有此一人格世界，然後才能夠自己塑造自己，把自己從一般動物中，不斷地向上提高，因而使自己的生命力作無限的擴張與延展，而成為一

〔註 46〕論「由孔子開闢了內在地人格世界」，為徐復觀先生提出，但徐氏認為在孔子之前，「所謂智愚賢不肖，都是表現在外面的知識、行為，都是在客觀世界的相互關係中所比定出來的」，本文觀點於此則稍異。參見徐復觀：《中國人性論史》（先秦篇），頁 69。

切行為價值的無限源泉。」〔註47〕

正因此種內在的道德宇宙具有「無限融合及向上之機」〔註48〕，由此，孔子亦開創了一條從內在到外在的個體價值實現之坦途。與春秋時代觀念史發展進程相比，在個體修身層面，時代「德」、「禮」觀乃皆呈現出一種從「外在」到「內在」的意義演變趨勢，然而，到了孔子學說中，通過「仁」與「禮」的意義創新，孔子開創了一條反向的路途：即以道德主體內心的道德宇宙為基點，在道德精神層層外推的過程中，達到從「內在」到「外在」的價值實現，此如〈憲問〉篇子曰：

> 不怨天，不尤人。下學而上達。

「不怨天，不尤人」，是為不向外尋求，嚴格自律，反求諸己；「下學而上達」，則為君子先通過「下學」而「成己」，由內在而後向外在的意義生發，無限向上而實現普世的價值意義。

這樣由內而外的價值實現，不僅體現在個人道德人格的完善中，亦體現在社會責任的承擔上，孔子謂「夫仁者，己欲立而立人，己欲達而達人」（〈雍也〉），所謂「己」，如趙中偉先生所論，不是一個孤立絕緣的個體，而是一個關係網絡的中心點，這種關係網絡涵攝人的社會性、感通性和溝通性，即這個「己」，不是小我的自身，而是從「成己」──自身人格的完美、智慧的完善，再不斷地向外拓展〔註49〕，推己及人，而通往他人、通往大眾，終以「博施濟眾」之大愛的實現為最高道德修為之境界。此亦勞思光先生所指出，一方面，孔子「將道德生活之根源收歸於一『自覺心』中，顯示「主體自由」，另一方面，又由「仁」、「禮」等中心概念體系，「使價值意識由當前意念，直通往生活秩序或制度，於是有『主體自由之客觀化』」〔註50〕。

總言之，面對春秋時期兩大時代命題，即社會秩序的重建與個人內心生活的調理問題，作為一位偉大的思想家，孔子從哲學層面對這兩個問題作出了直接的回應，即主張道德主體以「仁」為道德修身之引領，在自身道德完善的同時，本著同理心，推己及人，由成一己之君子，而成就他人，達於博愛，最終實現整體性秩序的重建。如韋政通先生指出，孔子之前及與他同時

〔註47〕徐復觀：《中國人性論史》（先秦篇），頁69～70。
〔註48〕徐復觀：《中國人性論史》（先秦篇），頁69。
〔註49〕參趙師中偉：〈孔門「為己之學」的闡釋──以《論語》為例〉，頁1。
〔註50〕勞思光：《新編中國哲學史》（一），頁115。勞先生並加入「義」的概念，以「仁、義、禮」三者為孔子學說中心概念體系。

代的富有人文思想色彩的政治人物，已開始面對這些問題，稍晚興起的諸子，亦或多或少或深或淺地在時代命題的挑戰下，發展出他們自己的思想。但孔子是在他前後的人物中，最具代表性的一個，因為他對當時的問題認識很深，且沒有一個人能像他關心全面性的問題〔註51〕，並由此提出根源性的、系統性的解決方案。

第三節　小結

在論述了春秋時代大背景中「德」、「禮」觀念的演變進程後，本節集中討論了時代思潮中的「德」、「禮」觀與孔子學說中心概念的關係。

從分析可見，時代「德」、「禮」觀對孔子學說實有著直接的影響，成為其中心概念形成的重要思想基礎。此體現在：其一，《論語》中的「德」、「禮」及諸德目的概念內涵，皆在時代「德」、「禮」觀的意涵範疇之內；其二，孔子所論「德」、「禮」的意義，亦合於時代「德」、「禮」觀的意義演變進程：孔子的「德」是去宗教性的，合於時代「德」觀念人文化的演進趨勢；孔子的「德」以「道德」義為重點，合於時代「德」觀念之倫理性意義拓展及個體內化的演變趨勢；孔子對禮的政治功用之推崇，乃是孔子之前「禮」觀念的政治意義得以強化的一種反映；孔子亦強調禮作為立身原則的意義，且論禮的重心已轉至立身、修身方面，則見孔子對時代「禮」觀念倫理價值之個體內化的進一步推進；孔子對「禮」的詮釋重在精神內義，亦合於時代「禮」觀念之精神內義深化的趨勢。其三，傳統和現實尚給孔子思想帶來其他若干影響，如孔子對其中心概念的一些論述是直接吸收傳統思想而來，又如，同時代賢者的思想、現實政治亦皆對孔子「德」、「禮」觀的形成產生直接影響。以上因素，皆共同構成孔子「德」、「禮」思想視域的重要方面。

孔子正是在時代「德」、「禮」觀念發展的基礎上，進行了重要的意義創新與轉化，建構了學說的基本中心概念體系。此則體現在：

其一，孔子將時代「德」觀念之「道德」義發展得更為徹底。孔子的「道德」義是去功利性的，在孔子道德學說中，君子之修德，非出自天命、功利或他人，而是從個體自身出發、完全自覺的道德行為。

其二，孔子以「仁」代「德」而為其學說最高本體。孔子的「仁」作為最

〔註51〕韋政通：《中國思想史》（上），頁68～69。

高的道德追求，其意義實直承「德」概念的內中涵義而來，然而孔子不用「德」而用「仁」以建構學說的核心，其原因在於，一則「德」觀念具有複雜的歷史涵義，尤其「德」觀念具有淵遠且根深蒂固的政教意義，雖則春秋時期「德」之「道德」義得到極大拓展，但「道德」義所代表的倫理性並不能取代「德」的政教性的地位，故孔子於政治思想上亦是繼承傳統德治思想的；二則與「仁」概念原本意涵與性質有關，孔子是在「仁」概念原有的以「人」為本、「寬仁慈愛」等意涵的基礎上，將作為具體德目的「仁」進行了意義轉化，賦予其全新的、豐富的內涵，去除其功利性意義面向，將其提高至最高道德追求以至道德理性本體的地位，而用以建構其道德學說。

不過，孔子亦不廢「德」概念，在孔子學說中，二者意義有其重合處，然亦已有本質性的區別，其中，「仁」是本體，而「德」不是本體；「仁」是孔子創新了的概念，是孔子學說特有的概念，而「德」是常識性的、普遍性的概念；且就觀念史角度而言，「德」觀念是形成孔子的「仁」的基礎，「仁」作為道德倫理概念的意義，仍在「德」觀念的大範疇之內。

其三，孔子學說對時代「禮」觀念亦進行了重大創新，在以「仁」為本體及進一步深化「禮」的精神內義的基礎上，最終攝「禮」歸「仁」，由此將「禮」觀念整合統一到「仁」學中。須指出的是，「禮」與「仁」相對，乃呈現出一種外在約束的性質，但與時代思潮中的「禮」觀念相比，孔子對「禮」的實踐卻是一種內發的行為，即孔子的「禮」，是經過了內面化的一種外在約束體系。

通過以「仁」代「德」、攝「禮」歸「仁」，孔子建構了其學說基本的中心概念體系，以此為中樞發動，實現了哲學上的「內向超越」。由此，孔子開闢了個體生命意義上的內在的道德宇宙，且由其無限向外生發，開創了一條由內在到外在的價值實現之坦途。

總而言之，孟子謂：「孔子之謂集大成」〔註52〕，在先秦思想史上，對於傳統文化的繼承和轉化，沒有一人能扮演孔子那樣重要的角色〔註53〕。正是在時代造就的「前理解」的基礎上，沿著「德」、「禮」觀念史的發展進程，孔子做出了階段性的思想總結，建構了以「仁」為本體的道德學說，開創了儒學理論，從而成為吾國思想文化「軸心突破」的先聲與重鎮。

〔註52〕〔清〕阮元校刻：《十三經註疏・孟子註疏・萬章下》（台北：藝文印書館，民國102年3月初版），頁176。
〔註53〕此韋政通先生語，參見韋政通：《中國思想史》（上），頁90～91。

結　論

　　本文之研究，是對探討孔子之前「德」、「禮」觀念史的一個嘗試，並沿
著論述邏輯，分析了春秋時代「德」、「禮」觀與孔子學說中心概念之間的關
係。全文的展開從一個具體的問題開始，即，孔子作為周文的繼承者、詮釋
者、集大成者，是如何對周文傳統進行承接及革新的？自周初文化建設至孔
子儒學，兩者之間隔了約五個世紀，其間的思想史是個怎樣的歷程？孔子對
周文的詮釋是由思想史發展的漸變而來還是屬於一個突變的現象？基於各種
考量，本文乃選擇以《左傳》為主要研究文本，從「德」、「禮」兩個核心觀念
入手，集中探討了春秋時期的相關觀念史進程，在此基礎上，從本文角度對
上述問題提出了解答。所得結論具體如下：

　　其一，基於問題的前提，本文從「德」、「禮」觀的角度，在追溯「德」、
「禮」觀念的起源和分析《尚書》中的「德」、「禮」概念後，對周文傳統中
「德」、「禮」觀的具體指涉得出初步認識，提出：周文傳統中的「德」從根本
性質而言，是一個天命觀前提下的最高政教理念；周代「德」的核心涵義為
「美德」義，與自周代之前「德」即具有的表中性的「德性」義相比，周代的
「德」多用於指「美善」之德，然此「美德」義非專指個體的道德，而是泛指
人及事物的美善性質與行為。總體而言，周代的「德」觀念，一方面在濃郁的
宗教鬼神信仰的氛圍中仍保留著宗教性質，有著「天命」的意義面向；另一
方面則因其對人本身的肯定，而顯耀出強烈的人文性質。

　　周代的「禮」，在文獻中尚未見到作為一種抽象理念被討論，其實際指涉
的當是一套事實存在的政教文化設施，即周代禮制。周初文獻中出現的極少
的「禮」字，皆指涉與事神致福之本義直接關聯的「禮儀」義，本文認為，至

　　周公制禮，周代方確立下以宗法分封政治制度為核心，包含祭祀制度、儀文制度、日常規範規則等一整套秩序體系的周代禮制，此種禮制從本質而言是以血緣和等級關係為基礎的，亦具有強烈的人文性質。由周代敬德觀與禮文化為表徵，實形成周代最重要的人文精神傳統。

　　其二，以周文傳統中「德」的意涵體系為參照，本文在分析了《左傳》等文獻的基礎上，結合春秋時期的社會思想與政治背景，則得到以下認識：

　　春秋時期的「德」相比周文傳統中的「德」，其意涵大為拓展，「德」的人文性得以繼承與進一步強化，同時其宗教性日漸減弱；而在「德」的人文性意義中，亦呈現內在的意義演變趨勢，一方面「德」的政教性意義繼續發展，另一方面，「德」的倫理性意義日益凸顯。

　　從「德」的內在意涵而言，春秋時期的「德」仍延續周文傳統中「德」的意涵，主要用作政教理念之「德」、「美德」義等，但在這些意義面向上又皆產生了拓展與變化，其中，政教之「德」與「天」、「命」並提的情況已很少見，且在「德－禮」、「德－刑」的理念結構下被界定出越來越具體的內涵，此可見「德」觀念的宗教性減弱與人文性的增強；而「德」之「美德」義亦得到進一步的詮釋，從泛指意義而更多地轉為指涉倫理層面的「道德」義，此則見「德」觀念的倫理性意義之凸顯。

　　從「德」的意義演變進程而言，春秋時期的「德」觀念主要是在三個角度和層面上發生演變：一是在天人關係中，「德」的人文意義得到了強化。「天道遠，人道邇」、「鬼神非人實親，惟德是依」等宣言，皆顯示時至春秋，殷代以來鬼神與人的關係已發生根本性的轉向，人文理性之「德」漸突破宗教思想之束縛，取得質的進展。二是在「德」的人文性意涵中，產生內在的意義分化，即政教性意義發展的同時，其倫理性意義亦日益凸顯；同時，前孔子時代，諸德目亦漸形成較為固定的倫理性意涵，其中，「仁」主要用作一個具體的德目，核心涵義為以「人」為本，「寬厚」、「慈愛」等義。三是在個體層面，「德」觀念從「他律」的性質漸走向「自律」的性質，尤其春秋中晚期，「德」觀念越來越多地指涉個體的道德自覺。

　　其三，對於春秋時期的「禮」觀念，本文則認為，春秋時人日益透過周代禮制之實體，對「禮」觀念進行了大量的意義詮釋，總體上，春秋時期的「禮」觀念主要指涉三個層面的涵義：一是儀文儀節層面的「禮儀」義；二是制度、規範層面的「禮制」義；三是精神內義層面的「禮意」義。雖則前承周

代發達的禮文化，「禮儀」義仍是春秋時期「禮」觀念最常見的所指，但「禮」的精神內義卻是春秋時期得到最大拓展、且最具有思想史意義的所指。春秋時期「禮」觀念的意義演變趨勢則體現為：一是「禮」的政治意義得到強化；二是「禮」的精神內義不斷走向深化，尤其「禮」與「德」形成彼此相依的統一關係，極大豐富和提升了「禮」的內義；三是「禮」的倫理價值越來越多地落實到個體層面，成為個體立身的重要原則。

透過對春秋時期「德」、「禮」觀念史的考察可知，在孔子之前，構成周代人文精神傳統的兩種核心理念實已經歷了一個複雜且較長的歷史發展進程，尤其皆呈現出從集體本位的政教意義逐漸走向個體本位的倫理道德意義的趨勢，並進而出現二者在個體修身層面相統一的關係。此實對孔子思想中心概念的形成具有極為重要的意義。

其四，循著春秋時期「德」、「禮」觀念史的發展進程，結合對孔子學說中心概念意義的剖析，本文提出：時代「德」、「禮」觀對孔子學說實產生直接的影響，成為其中心概念的形成的重要思想基礎；而孔子正是在前者的基礎上，對其進行了重要的意義創新與轉化，即，在進一步推動時代「德」之倫理道德義發展的基礎上，孔子將原先作為一種的具體德目的「仁」，經由創變而成為道德理性本體，從而以「仁」代「德」而作為最核心概念，且攝「禮」歸「仁」，為「禮」賦予內在的道德理性根據，由此建構了學說的基本中心概念體系。

相比周文傳統中的「德」，孔子的「德」沿著時代「德」觀念的意義發展，在政教層面上已去宗教性，在倫理層面上則去功利性，在孔子的道德學說中，君子之修「德」非出自任何「他律」，而純是出自個體自覺的道德行為。而在自周代至春秋晚期的「德」的觀念史進程上，孔子最大的創新即在於將「道德」的最高追求轉化為「仁」的概念，進而以「仁」為本體專門承擔其道德學說，且以此為中樞發動，實現其哲學上的「內向超越」。

相比周文傳統中的「禮」，孔子的「禮」沿著春秋時代「禮」觀念的發展，其意義更為豐富與深化，而孔子於「禮」最大的創舉，是將「禮」的內義統一到「仁」學中。由此，既與周代的「禮」為一事實存在的政教文化設施不同，且與時代之「禮」主要為一外在約束體系不同，孔子的「禮」是經過了內面化的一種外在約束體系，孔子學說主張的「禮」的實踐乃是一種內發的行為。

　　由孔子對周文傳統中「德」、「禮」觀的承繼與創新發展的具體情形，可知，孔子學說中心概念的形成乃是基於思想觀念史的長期演變進程，此如謝大寧先生所指出，孔子作為一位「具有原創性的詮釋者」，「固然可能在邏輯可能性的範圍內，以及在原來語言的結構中，發揮個人的自由度，以創發出新概念，從而改變了原來前理解的結構。然而這個概念原應是一種逐漸豐富、逐步重組的過程，而不是突然地斷裂，或是形成某種思想史的跳躍」〔註1〕。綜而言之，孔子學說之「仁」、「禮」中心概念的形成，是在周代以來「德」、「禮」觀念史漸變基礎上出現的思想飛躍，是周代人文精神成熟的一種體現。〔註2〕

　　自孔子儒學建立，「德」之倫理道德義的發展乃轉化為「仁」學之發展，吾國文化的道德人文主義特質可謂正式形成，然而與此同時，在孔子同時代及後世的不斷詮釋中，「德」觀念的其他意涵亦仍在發展，如《老子》「為天下谿，常德不離，復歸於嬰兒」、「常德不忒」、「常德乃足」〔註3〕中的「常德」概念，及第一章所引《莊子》「物得以生，謂之德」，及《易·繫辭下》「天地之大德曰生」〔註4〕中的「德」，皆非「道德」之「德」，此則可見，先秦思想史中「德」觀念的意涵具有極大的複雜性及可拓展性，在特定的哲學理論、在不同的時代中，「德」觀念會被詮釋出不同的意義。又如「禮」的內義的深化趨勢，其在後儒的詮釋中乃在天、人範疇中皆得以繼續推進，如〈易·序卦〉：

　　　　有天地，然後有萬物；有萬物，然後有男女；有男女，然後有夫婦；
　　　　有夫婦，然後有父子；有父子，然後有君臣；有君臣，然後有上下；
　　　　有上下，然後禮義有所錯。〔註5〕

又如〈禮記·喪服四制〉：

　　　　凡禮之大體，體天地，法四時，則陰陽，順人情，故謂之禮。訾之
　　　　者，是不知禮之所由生也。〔註6〕

〔註1〕 謝大寧：〈儒學的基源問題——「德」的哲學史意涵〉，頁4。
〔註2〕 以孔子儒學為周代人文精神成熟的表現，可參見勞思光：《新編中國哲學史》
　　　　（一），頁106。
〔註3〕 參見樓宇烈：《老子道德經注校釋》（北京：中華書局，2008年12月第1版），
　　　　頁73～74。
〔註4〕 〔清〕阮元校刻：《十三經注疏·周易正義》，頁166。
〔註5〕 〔清〕阮元校刻：《十三經注疏·周易正義》，頁187～188。
〔註6〕 〔清〕阮元校刻：《十三經註疏·禮記註疏》，頁1032。

其中融合了春秋晚期即已出現的「禮出自於天」的思想，以及「禮」用以規範
人倫秩序的內義而進一步發展，將「禮」的來源從天地推至人倫，在天人合
一的意義上詮釋「禮」之所生。而如《荀子・禮論》：

> 禮起於何也？曰：人生而有欲，欲而不得，則不能無求。求而無度
> 量分界，則不能不爭；爭則亂，亂則窮。先王惡其亂也，故制禮義
> 以分之，以養人之欲，給人之求，使欲必不窮於物，物必不屈於欲。
> 兩者相持而長，是禮之所起也。〔註7〕

又如《禮記・坊記》：

> 小人貧斯約，富斯驕；約斯盜，驕斯亂。禮者，因人之情而為之節
> 文，以為民坊者也。〔註8〕

則皆是在戰國時期人性論流行的思想背景下，從人性的角度去詮解「禮」之
起源，以「禮」之內義起於對人情的約束，此與春秋晚期晏子之從人性討論
道德起源的言論亦可建立起思想聯繫。

　　要之，隨著歷史及其時代思潮的演變，「德」、「禮」觀念皆沿著其內在意
義上的邏輯性，呈現出一個長期的、動態的、多面的意義發展過程。而思想
史研究者的任務，乃必須直面時代之命題，深入觀察社會倫理結構、思想觀
念背景中根本性要素的改變，而為文化核心觀念的演變進行深入的剖析，繼
而為文化核心觀念的內涵、意義及其進展提出新的詮解，此種工作實任重道
遠，本文之探討，不過是一個初步的嘗試，有著諸多不成熟之處，尚須深入
研究，不懈努力。

〔註7〕安小蘭譯註：《荀子》（北京：中華書局，2007年12月第1版），頁158。
〔註8〕〔清〕阮元校刻：《十三經註疏・禮記註疏》，頁863。

主要徵引文獻

壹、古籍類

一、傳世文獻及譯註類

1. 〔漢〕司馬遷撰，楊家駱主編：《新校本史記三家注並附編二種》，臺北：鼎文書局，民國 69 年 3 月第 3 版。

2. 〔漢〕司馬遷：《史記》，北京：中華書局，1982 年 11 月第 2 版。

3. 〔漢〕班固撰，楊家駱主編：《新校本漢書並附編二種》（二），臺北：鼎文書局，民國 86 年 10 月第 9 版。

4. 〔漢〕班固撰，〔唐〕顏師古注：《漢書》（六），北京：中華書局，1962 年 6 月第 1 版。

5. 〔漢〕許慎撰，〔清〕段玉裁注：《說文解字注》，台北：洪葉文化事業有限公司，2016 年 10 月第 3 版，原經韻樓藏版。

6. 〔漢〕鄭玄：《六藝論》，台北：藝文印書館，1974 年。

7. 〔魏晉〕杜預註：《春秋經傳集解》，台北：七略出版社，2005 年第 2 版，原相臺岳氏本。

8. 〔唐〕魏徵等：《隋書》（新校本廿五史）（二），新北：史學出版社，民國 63 年 5 月臺一版。

9. 〔宋〕程頤：《易傳》，台北：學生書局，民國 56 年 10 月初版。

10. 〔宋〕朱熹：《四書章句集注》，北京：中華書局，1983 年 10 月第 1 版。

11. 〔清〕阮元校刻：《十三經註疏·周易正義》，台北：藝文印書館，民國

102 年 3 月初版，影印清嘉慶重刊宋本。

12. 〔清〕阮元校刻：《十三經註疏·尚書正義》，台北：藝文印書館，民國 102 年 3 月初版，影印清嘉慶重刊宋本。

13. 〔清〕阮元校刻：《十三經註疏·毛詩正義》，台北：藝文印書館，民國 102 年 3 月初版，影印清嘉慶重刊宋本。

14. 〔清〕阮元校刻：《十三經註疏·周禮註疏》，台北：藝文印書館，民國 102 年 3 月初版，影印清嘉慶重刊宋本。

15. 〔清〕阮元校刻：《十三經註疏·禮記正義》，台北：藝文印書館，民國 102 年 3 月初版，影印清嘉慶重刊宋本。

16. 〔清〕阮元校刻：《十三經註疏·春秋左傳正義》，台北：藝文印書館，民國 102 年 3 月初版，影印清嘉慶重刊宋本。

17. 〔清〕阮元校刻：《十三經注疏·春秋公羊傳注疏》，台北：藝文印書館，民國 102 年 3 月初版，影印清嘉慶重刊宋本。

18. 〔清〕阮元校刻：《十三經注疏·春秋穀梁傳注疏》，台北：藝文印書館，民國 102 年 3 月初版，影印清嘉慶重刊宋本。

19. 〔清〕阮元校刻：《十三經註疏·論語註疏》，台北：藝文印書館，民國 102 年 3 月初版，影印清嘉慶重刊宋本。

20. 〔清〕阮元校刻：《十三經註疏·孟子註疏》，台北：藝文印書館，民國 102 年 3 月初版，影印清嘉慶重刊宋本。

21. 〔清〕孫星衍：《尚書今古文注疏》，北京：中華書局，1986 年 12 月第 1 版。

22. 〔清〕郭慶藩撰：《莊子集釋》（中），北京：中華書局，2004 年 1 月第 2 版。

23. 〔清〕顧棟高：《春秋大事表》，台北：鼎文書局，民國 63 年 10 月初版。

24. 〔清〕蘇輿：《春秋繁露義證》，北京：中華書局，1992 年 12 月第 1 版。

25. 〔清〕孔廣森：《公羊春秋經傳通義》，上海：上海古籍出版社，2002 年 《續修四庫全書》影印清嘉靖㙭軒孔氏刻本。

26. 何寧：《淮南子集釋》（中），北京：中華書局，1998 年 10 月第 1 版。

27. 屈萬里：《尚書今注今譯》，上海：上海辭書出版社，2015 年 12 月第 1 版。

28. 屈萬里：《詩經釋義》，台北：中國文化大學出版部，民國82年12月新一版。

29. 金兆梓：《尚書詮釋》，北京：中華書局，2010年8月第1版。

30. 徐元誥：《國語集解》，北京：中華書局，2002年6月第1版。

31. 程俊英、蔣見元：《詩經注析》，北京：中華書局，1991年10月第1版。

32. 楊伯峻：《春秋左傳注》，北京：中華書局，2009年10月第3版。

33. 雒江生：《詩經通詁》，西安：三秦出版社，1998年7月第1版。

34. 樓宇烈：《老子道德經注校釋》，北京：中華書局，2008年12月第1版。

二、出土文獻及釋文類

1. 于省吾：《甲骨文字詁林》，北京：中華書局，1996年5月第1版。

2. 中國社科院考古研究所：《殷周金文集成釋文》（第一、二、三、四、六卷），香港：香港中文大學出版社，2001年10月第一版。

3. 李學勤：《清華大學藏戰國竹簡》（壹），上海：中西書局，2010年12月第1版。

4. 李學勤：《清華大學藏戰國竹簡》（參），上海：中西書局，2012年12月第1版。

5. 李學勤：《清華大學藏戰國竹簡》（伍），上海：中西書局，2015年4月第1版。

6. 李學勤：《清華大學藏戰國竹簡》（捌），上海：中西書局，2018年11月第1版。

7. 李松儒：《清華簡〈繫年〉集釋》，上海：中西書局，2015年10月。

8. 胡厚宣主編：《甲骨文合集釋文》（一），北京：中國社會科學出版社，1999年8月第1版。

貳、專著類

1. 王國維：《觀堂集林》，北京：中華書局，1959年6月第1版。

2. 王師初慶：《曙青春秋三傳論叢》，台北：洪葉文化事業有限公司，2013年10月初版。

3. 加達默爾著，洪漢鼎譯：《真理與方法》（第一卷），臺北：時報文化出版企業股份有限公司，1993年10月初版。

4. 白川靜著，溫天河、蔡哲茂譯：《甲骨文的世界》，台北：巨流圖書公司，民國 66 年 9 月初版。

5. 史中一：《倫理學》，台北：國立編譯館，民國 76 年 10 月初版。

6. 李玄伯：《中國古代社會新研》，上海：開明書店，民國 37 年 9 月初版。

7. 李澤厚：《歷史本體論》，北京：生活・讀書・新知三聯書店，2003 年 5 月第 1 版。

8. 李澤厚：《中國古代思想史論》，台北：三民書局，2012 年 3 月第 2 版 1 刷。

9. 余英時著：《論天人之際──中國古代思想起源試探》，臺北：聯經出版事業股份有限公司，2014 年 1 月初版。

10. 林啟屏：《從古典到正典：中國古代儒學意識之形成》，台北：台灣大學出版中心，2007 年 7 月初版。

11. 周何：《古禮今談》，台北：國文天地雜誌社，民國 81 年 5 月初版。

12. 韋政通：《中國思想史方法論文選集》，臺北：大林出版社，民國 70 年 10 月。

13. 韋政通：《中國思想史》（上），臺北：水牛出版社，民國 87 年 10 月第 12 版。

14. 胡適：《中國古代哲學史》（一），臺北：臺灣商務印書館，民國 50 年 1 月臺二版。

15. 郭沫若：《青銅時代》，北京：中國人民大學出版社，2009 年 11 月。

16. 郭沫若：《十批判書》，北京：東方出版社，1996 年。

17. 郭偉川編：《周公攝政稱王與周初史事論集》，北京：北京圖書館出版社，1998 年 11 月第 1 版。

18. 徐復觀：《中國人性論史》（先秦篇），臺北：臺灣商務印書館，1969 年初版。

19. 徐復觀：《中國思想史論集》，台北：台灣學生書局，民國 77 年 2 月第 8 版。

20. 徐復觀：《中國思想史論集續編》，臺北：時報文化出版事業有限公司，民國 71 年 3 月初版。

21. 徐復觀：《周秦漢政治社會結構之研究》，台北：學生書局，民國 63 年 5 月再版。

22. 晁福林:《天命與彝倫:先秦社會思想探研》,北京:北京師範大學出版社,2012 年 3 月第 1 版。

23. 晁福林:《春秋戰國的社會變遷》(上、下冊),北京:商務印書館,2011 年 9 月第 1 版。

24. 陳大齊:《孔子學說論集》,台北:正中書局,民國 47 年 6 月臺初版。

25. 陳來:《古代宗教與倫理——儒家思想的根源》,北京:北京大學出版社,2017 年 4 月第 1 版。

26. 陳來:《古代思想文化的世界——春秋時代的宗教、倫理與社會思想》,北京:北京大學出版社,2017 年 4 月第 1 版。

27. 馮友蘭:《中國哲學史》(上冊),臺北:臺灣商務印書館,2002 年 11 月增訂臺一版。

28. 張素卿:《敘事與解釋——《左傳》經解研究》,臺北:書林出版公司,1998 年 4 月一版。

29. 張榮明:《殷周政治與宗教》,台北:五南圖書出版有限公司,民國 86 年 5 月初版。

30. 張亞初、劉雨:《西周金文官制研究》,北京:中華書局,1986 年 5 月初版。

31. 勞思光:《新編中國哲學史》(一),臺北:三民書局,民國 76 年 10 月增訂三版。

32. 童書業:《春秋左傳研究》,上海:上海人民出版社,1980 年。

33. 童書業:《春秋史》,北京:商務印書館,2010 年 12 月第 1 版。

34. 楊寬:《古史新探》,上海:上海人民出版社,2016 年 7 月第 1 版。

35. 楊向奎:《宗周社會與禮樂文明》,北京:人民出版社,1992 年 5 月第 1 版。

36. 楊伯峻:《春秋左傳注》,北京:中華書局,2009 年 10 月第 3 版。

37. 楊茂義:《左傳之禮研究》,北京:中國社會科學出版社,2015 年 3 月初版。

38. 鄭開:《德禮之間——前諸子時期的思想史》,北京:生活·讀書·新知三聯書店,2009 年 1 月第 1 版。

39. 劉清河、李銳:《先秦禮樂》,台北:雲龍出版社,1995 年 2 月初版。

40. 錢穆:《兩漢經學今古文平議》,臺北:東大圖書股份有限公司,民國 78 年 11 月臺三版。

41. 錢穆：《錢賓四先生全集·中國思想史》（24），臺北：聯經出版事業公司，1998 年 5 月初版。

42. 錢穆：《國史大綱》，北京：商務印書館，1996 年 6 月修訂第 3 版。

43. 錢鍾書：《管錐篇》（第一冊），北京：生活·讀書·新知三聯書店，2008 年 6 月第 2 版。

參、論文類

1. 王明娟：〈清華簡《說命》集釋〉，安徽大學碩士學位論文，2016 年 4 月。

2. 成中英：〈中國倫理體系及其現代化〉，《哲學與文化》，1990 年 7 月第 17 卷第 7 期。

3. 沈清松：〈對應快速科技發展的道德教育之人類學基礎〉，《哲學與文化》，1985 年 6 月第 12 卷第 6 期。

4. 李德龍：〈先秦時期「德」觀念源流考〉，吉林大學博士學位論文，2013 年 6 月。

5. 吳車：〈左傳禮學的根本精神〉，《勤益學報》，1988 年第 11 期。

6. 邱豐饒：〈卜辭德字暨《周書》「德」字涵義考釋〉，《國立嘉義大學通識學報》，2012 年 11 月第 10 期。

7. 周洪：〈春秋時期的戰爭禮〉，《江西師範大學學報（哲學社會科學版）》，2007 年 10 月第 40 卷第 5 期。

8. 韋政通：〈傳統與孔子〉（四川大學哲學系：中國儒學網 http://www.confuchina.com/15%20jiuwen/chuantong%20yu%20kongzi.htm。

9. 馬承源：〈何尊銘文初釋〉，《文物》，1976 年 1 月第 1 期。

10. 柯岳君：〈《左傳》禮意與政治社會研究〉，淡江大學中國文學系博士論文，民國 105 年 6 月。

11. 晁福林：〈先秦時期「德」觀念的起源及其發展〉，《中國哲學》，2005 年第 9 期。

12. 陳一弘：〈春秋時期之道德：以《左傳》《國語》為中心〉，國立政治大學博士論文，2015 年 7 月。

13. 許華滋（Benjamin Schwartz）著，張永堂譯：〈關於中國思想史的若干初步考察〉，收入韋政通編：《中國思想史方法論文選集》，臺北：大林出版社，民國 70 年 10 月。

14. 許嘉璐：〈禮、俗與語言〉，收入《中國古代禮俗辭典》，北京：中國友誼出版公司，1991 年 6 月。

15. 張以仁：〈關於左傳「君子曰」的一些問題〉，《孔孟月刊》，民國 53 年 11 月第 3 卷第 3 期。

16. 張光直：〈華北農業村落生活的確立與中原文化的黎明〉，《中央研究院歷史語言研究所集刊》，1970 年 10 月。

17. 張君蕊：〈《春秋左傳》禮制研究〉，鄭州大學博士學位論文，2014 年 5 月。

18. 過常寶：〈《左傳》虛飾與史官敘事的理性自覺〉，《北京師範大學學報（社會科學版）》，2006 年第 4 期（總 196 期）。

19. 湯夢甜：〈班簋銘文集釋〉，華東師範大學碩士學位論文，2017 年 6 月。

20. 黃凌倩：〈清華伍《厚父》、《封許之命》集釋〉，安徽大學碩士學位論文，2016 年 3 月。

21. 黃秋韻：〈先秦儒家道德基礎之研究——兼論「惡」的問題〉，輔仁大學哲學研究所博士論文，民國 90 年 6 月。

22. 趙師中偉：〈周代親親倫理思想之承襲——以先秦孔孟為探討〉，未刊稿。

23. 趙師中偉：〈孔門「為己之學」的闡釋——以《論語》為例〉，未刊稿。

24. 趙思木：〈《清華大學藏戰國竹簡（壹）》集釋〉，華東師範大學博士學位論文，2017 年 6 月。

25. 魯士春：〈禮的起源〉，收入張偉保等編：《觀瀾索源——先秦兩漢思想史新探》，台北：萬卷樓圖書股份有限公司，2018 年 10 月。

26. 劉瑞箏：〈左傳禮意研究〉，國立台灣師範大學博士論文，1998 年 6 月。

27. 錢穆：〈論春秋時代人之道德精神〉（上）、（下），收入《錢賓四先生全集·中國學術思想史論叢（一）》（18），臺北：聯經出版事業公司，1998 年 5 月初版。

28. 錢昭萍：〈尚書「德」概念研究〉，輔仁大學哲學研究所碩士論文，民國 68 年 5 月。

29. 謝大寧：〈儒學的基源問題——「德」的哲學史意涵〉，《鵝湖雜誌》，1996 年 6 月第 16 期。

後　記

　　論文完成了，儘管還遺留下不少問題。但我將此篇論文的完成看作是這五年以來學習階段的結束，而將遺留的問題看作是通往下一探索階段的橋樑，故暫且定稿。

　　通過做這篇論文，我在學知上對一個點上的問題有了些許瞭解與認識，但實際上，在這個求知的過程中，我所得到的收穫卻遠超於這些認識之上。除去前期的準備外，論文的寫作共運行了一年零四個月，一般我每週寫五、六天，每天寫六、七個小時，雖然緊張，一切卻井然有序地運行——因為，在與我的指導教授初慶師討論好大綱、及每次確定或調整好下一步的計劃之後，每一個環節研究的推進、每一章寫作的執行，基本能達到預期的計劃，基本都與預期的時間相符，即便遇到了困難，也能有序地解決，所以當它完成後，我覺得這事情本身就是完成了一個嚴謹的邏輯，獲得一種理性上的完滿感。

　　所以，這件事情首先使我學習到，如何去有效地貫徹一個完整的計劃，並讓這計劃的每個環節既在能力範圍內，又盡可能地進行發揮和探索。我想，這是我的導師在言傳身教中給予我的最直接的一個教導。

　　為使論文計劃順利推進，保持良好的體能和精力，我也進行了極其規律的運動鍛煉，每天走一萬步，隔天跑步五公里，這又收到一種意外的良效，我虛弱的體質得到了極大改善，並與思想上取得的進展一起，共同治愈了我的長期失眠症。醫生說，這是一個奇蹟。

　　我想說，這並非奇蹟，我體會到，在精神生命的成長歷程中，人是可與心魔共處，並最終駕馭它的。但這需要心靈的力量，而我對這力量的獲得，

則必然地跟這幾年的求知、尤其做論文過程中獲得的生命體驗相關。

我認為，我在讀博期間最大的、生命意義上的收穫，是老師們尤其我的指導教授對經學要義的講授，將我領入了一條康莊大道。正所謂「志於道，據於德，依於仁，游於藝」，持志而往，使我體驗到，在切實地踐道之行中，我已堂堂正正地走在這天地之中，勇往直前，毫無畏懼！

且在這堂堂正正之中，心既是理性而堅定的，又是溫暖而柔和的。

為此，我深深地感謝這幾年給予我教導的老師們。首先要感謝的是我的指導教授，他既是一位嚴師，又像父親一樣。常常在向老師請教、與老師討論而退出後，我總感歎野蠻生長的自己一次次得到規正與引導，且得到的是「道」的指引，而非僅是「藝」上的啟發。

同時，我也特別感謝在輔仁大學所問學的趙中偉教授、蔡哲茂教授、李毓善教授、金周生教授、吳哲夫教授等諸位老師。中偉師對先秦思想史的講授以及他那種從內發出的蓬勃的生命激情，毓善師對禮學的講授以及那樣敦厚、大氣、高雅而又樸質自然的精神氣質，吳老對古籍版本學、文物鑒賞的講授以及他隨和的性情、充滿人生智慧的話語，都予我以終生的受益；而蔡哲茂老師在講授甲骨學、古文字中展現的一流學識與視野，則總令我產生一種恨不得將畢生擲入學術的豪情，以及他耿直、率真、慷慨、豪爽的個性，更令人傾倒；金周生老師那種在我們學習上時時的提點、在生活中潤物細無聲一般的關照，亦令人感動，在我寫論文的幾百個孤獨靜寂的日子中，金老師每日發來搞笑視頻和趣味帖子的微信鈴聲，成為了我生活中必不可少的響聲。另外，我也要感謝雅芬老師、朝陽老師等諸位老師等對我的指教與鼓勵。

老師們都以各自的學問、品格和魅力，感染著學生，將我們導入學問與修身之途。

現在，我將從學校離開，換言之，也是我將從這裡再次出發，我想，經過這五年在輔大的學習，此後，我都將確定無疑地走在道德生命所導向的康莊大道上。